Rainer Alf-Jähnig, Thomas Hanke,
Birgit Preuß-Scheuerle

Teamcoaching

Konzeption, Methoden und Praxisbeispiele für den Teamcoach

D1697548

managerSeminare Verlags GmbH

Rainer Alf-Jähnig, Thomas Hanke, Birgit Preuß-Scheuerle
Teamcoaching
Konzeption, Methoden und Praxisbeispiele
für den Teamcoach

© 2008 managerSeminare Verlags GmbH
Endenicher Str. 282, D-53121 Bonn
Tel: 0228–977 91-0, Fax: 0228–977 91-99
shop@managerseminare.de
www.managerseminare.de/shop

ISBN: 978-3-936075-67-0

Lektorat: Jürgen Graf
Cover: istockphoto
Druck: Kösel GmbH und Co. KG, Krugzell

Inhalt

4. Der Coach im Prozess

5. Ein komplettes Prozessbeispiel

Anhang

Ein Hinweis zu den Icons

Jede Teamcoaching-Situation ist einzigartig, weshalb die im vorliegenden Buch beschriebenen Prozesse und Abläufe auch überwiegend anhand von Fallbeispielen erläutert werden. Die folgenden Icons sollen Ihnen als Leserin und Leser den schnellen Zugriff auf jene Informationen, Tools und Analysehilfen erleichtern, die Sie in unterschiedlichen Kontexten nutzen können, um sich kurzfristig Anregungen und Denkanstöße für Ihre aktuelle Coaching-Arbeit zu holen.

 Wichtiger Tipp oder Hinweis, den der Coach in der geschilderten Situation beachten sollte

 Checkliste / Analysehilfe

 Allgemeingültige Beschreibung eines Tools oder einer Übung

 Reflexionsphasen des Coaches, die zentrale Aspekte der zuvor geschilderten Situationen vertiefen und analysieren

Vorwort

Wozu brauchen Sie dieses Buch?

Wir sind der Meinung: für Ihre alltägliche Arbeit!

Wir haben es geschrieben, weil wir in unserer Teamcoaching-Praxis immer wieder mit schwierigen Situationen im Coaching-Prozess konfrontiert sind und uns einen pragmatischen Ratgeber gewünscht haben – genau wie viele Kolleginnen und Kollegen von uns auch. Weil es ihn nicht gab, haben wir uns schließlich selbst an die Arbeit gemacht.

Pragmatisch heißt für uns, dass genau die schwierigen und unsicheren Situationen geschildert werden, in die ein Teamcoach geraten kann. Pragmatisch bedeutet für uns aber auch, all die Irrungen und Wirrungen, die in solchen Prozessen entstehen, ehrlich und nicht beschönigend darzustellen und zu reflektieren.

Wir haben ein Buch geschrieben, das es ermöglicht, „mal eben schnell" nachzuschlagen, was der nächste Schritt im Coaching-Prozess sein könnte. Es lässt sich aber ebenso als Leitfaden nutzen, der einen Coaching-Prozess von A bis Z beschreibt und eine kontinuierliche Selbstreflexion ermöglicht.

Sie finden im ersten Kapitel eine Auseinandersetzung mit der Definition von Teams und Coaching. Dies schafft Klarheit in der Auftragsklärung und ist Grundlage für eine strukturierte Analyse.

Im zweiten Kapitel schildern wir den kompletten Weg vom Kontakt zum Kontrakt mit allen Stolperfallen und Schwierigkeiten, die er mit sich bringt. Sie begleiten uns vom ersten Kontakt über eine Ist-Analyse des Teams bis hin zu einem fertigen Konzept und dem Controlling des Coachings.

Das dritte Kapitel ist den verschiedenen Coaching-Methoden gewidmet. Sie können ein Live-Coaching erleben oder sich in ein Einzelcoaching vertiefen. Die Vermittlung zwischen Streithähnen ist dabei genauso spannend wie der Verlauf der zwei Teamtrainings im Rahmen der jeweiligen Teamcoaching-Prozesse. Unsere Beispiele entstammen aus unserer Praxis. Selbstverständlich haben wir die geschilderten Situationen anonymisiert. Sie stehen stellvertretend für Situationen, die immer wieder auftreten können und mit denen Sie im Rahmen Ihrer Coaching-Arbeit vermutlich auch schon konfrontiert waren.

Aus diesem Grund haben wir im vierten Kapitel den Trainer und Coach selbst in den Mittelpunkt gestellt. Hier geht es um Auswirkungen, die durch das Verhalten des Coaches ausgelöst werden. Welche Unterstützung braucht ein Coach in komplexen Teamcoaching-Prozessen? Wann verliert er die Neutralität? Auf welcher Seite steht er und in welchen Fällen ist es sinnvoller, doch einmal einen Auftrag abzulehnen oder abzugeben? Wie viele Rollen kann man in einem Teamcoaching-Prozess spielen, ohne die Glaubwürdigkeit und den Überblick zu verlieren? Eine kritische Betrachtung der eigenen Arbeit und des eigenen Verhaltens sind für uns wichtige Kompetenzen eines Coaches.

Zum Schluss haben Sie Einblick in den kompletten Teamcoaching-Prozess eines Unternehmens und erleben dessen Dynamik von A bis Z.

Eine Anmerkung noch: Wenn wir von Trainern und Coaches sprechen, sprechen wir selbstverständlich Frauen und Männer gleichermaßen an. Wir konnten uns mit dem Begriff der „Coachin" nicht anfreunden und haben uns deshalb für die Variante „Trainer" und „Coach" entschieden.

Und nun wünschen wir Ihnen viel Spaß beim Eintauchen in verschiedene Teamcoaching-Prozesse.

Lohmar, im Dezember 2007   Rainer Alf-Jähnig, Thomas Hanke
                              und Birgit Preuß-Scheuerle

Was ist Teamcoaching?

Warum eine Teamdefinition wichtig ist

Sie arbeiten bereits als Coach oder werden zukünftig als Coach arbeiten? Wie genau müssen Sie Ihren Arbeitsbereich definieren können? Muss ein Teamcoach wissen, was ein Team ist? Es könnte schließlich sein, dass Ihr Auftraggeber Sie fragt: Sagen Sie mal, was ist denn eigentlich ein Team jenseits der bekannten Abkürzung „Toll, ein anderer macht's"? Vielleicht werden Sie auch direkt vom Team gefragt: „Sind wir eigentlich ein richtiges Team? Gibt es dafür eine Definition?"

Sie stimmen uns sicher zu, dass Sie in dieser Situation in der Lage sein sollten, mehr als eine vage Antwort zu geben. Die gute Nachricht ist: Es gibt eine Definition. Die schlechte ist: Es gibt keine einheitliche Definition. Deshalb widmen wir das erste Kapitel der Annäherung an eine pragmatische Teamdefinition. Diese soll Ihnen zum einen helfen, aufkommende Fragen Ihrer Auftraggeber oder Ihres zu coachenden Teams zu beantworten, zum anderen stellt sie aber auch eine wichtige Grundlage für die stringente Konzeptentwicklung eines jeden Teamcoachings dar.

Eine pragmatische Teamdefinition: Wichtig für die Konzeptentwicklung

In den folgenden Kapiteln widmen wir uns dann vor allem der Praxis des Teamcoachings und Sie werden die vielfältigen Spielarten von Teams anhand von konkreten Beispielen kennenlernen. Auch dabei streuen wir immer wieder theoretische Grundlagen ein, damit Sie Ihre eigenen Konzepte nicht nur aus einem pragmatischen Ansatz betrachten. Dieser Theorie-Input soll Sie bei der Analyse und der Entwicklung von Controllinginstrumenten unterstützen, um einen distanzierten Diagnoseblick auf das Team zu werfen.

Und last, but not least hoffen wir, dass Sie zukünftig sowohl sprachgeschichtlich als auch soziologisch in Ihren Antworten beim Auftraggeber mit Ihrer Kompetenz punkten können.

1.2

Team und Coaching sprachgeschichtlich betrachtet

Team

Sprachgeschichtlich ist der Begriff Team auf die Begriffe „Tierkoppel" und „Gespann" zurückzuführen, die ursprünglich aus dem mittelhochdeutschen Wort Zoum = Zaumzeug abgeleitet wurden. Im Altenglischen stand Team für ein ganzes Gespann von Zugtieren, meist Ochsen. Weil es ein einzelner Ochse oft nicht schaffte, den Karren alleine zu ziehen, musste ein „team of oxen" vorgespannt werden. Dazu war dann auch ein „Teamleader" notwendig, „der mit Zaumzeug, Lenkriemen und Zureden dafür sorgte, dass die Rindviecher nicht in verschiedene Richtungen loszogen." (Comell; 2003, S. 172)

Ein Team braucht eine Richtung. Bleiben wir bei diesem – zugegeben nicht ganz schmeichelhaften – Bild, dann schaffen es die Mitarbeiter nur, den Karren aus dem Dreck zu ziehen, wenn sie sich alle in eine Richtung bewegen und die Teamleitung mit Regeln und Überzeugungskraft das Team in die richtige Richtung dirigiert. So gesehen, müsste man mit Trainings oder Coachingmaßnahmen lediglich bei der Teamleitung ansetzen.

Doch im Gegensatz zu Ochsen treiben Teammitglieder mehr eigene Ideen, Vorstellungen, Wünsche und Ängste um, was die Angelegenheit wesentlich diffiziler werden lässt. Hinzu kommt: Waren die Besitzverhältnisse früher einfach zu durchschauen, so ist der zu bestellende „Acker" heute global und vernetzt. Und last, but not least muss die „Erde" mehr als nur umgepflügt werden.

Diese Veränderung verlangt vom Coach, die gesamten Rahmenbedingungen zu berücksichtigen, in denen ein Team arbeitet. Andere „Ochsengespanne" konkurrieren und der „Teamleiter" hat andere

Führungskräfte, die die Richtung vorgeben. Hierarchien, Weisungs-
befugnisse, der Stand, den ein Team im Unternehmen hat sowie die
Konkurrenzsituation, in der es steht, sind ebenfalls Bedingungen,
die die Teamarbeit nachhaltig beeinflussen.

Will ein Coach in dieser Situation gute Arbeit leisten, ist es unerlässlich, die gesamte Situation, in der sich ein Team befindet, mit
allen spezifischen Details zu analysieren und in der Konzeptentwicklung zu berücksichtigen.

Coaching

Aus dem Englischen übersetzt, bedeutet „Coaching" trainieren
oder pauken. Natürlich können Sie mit dem Team die Inhalte und
Regeln von Teamarbeit pauken. Doch wie viel haben Sie selbst
von dem umgesetzt, was Ihnen Ihre „Pauker" damals in der Schule
beigebracht haben? Der Begriff der Nachhaltigkeit zeigt die Grenzen des Paukens auf. Viel Theorie und wenig Praxis lässt einzelne
Weiterbildungsmaßnahmen schnell verpuffen.

Der Begriff des Trainierens verdeutlicht schon eher die Intention
des Coachings. Im Fußballtraining ist es der Trainer, der das Team
zum Erfolg führt – oder bei dauerhaftem Misserfolg seinen Hut
nimmt. Doch als Coach in der Wirtschaft haben Sie wenig Interesse
daran, dauerhaft ein Team zu coachen. Und ebenso ist die Frage,
wer für die schlechte Teamleistung die Verantwortung übernimmt,
wesentlich differenzierter zu betrachten. So ist Ihr Coaching-Auftrag in Abgrenzung zum Fußball dann auch zeitlich kürzer und
inhaltlich genauer definiert.

*Coaching in der
Wirtschaft ist keine
Dauereinrichtung.*

Doch das alleine reicht noch nicht für eine klare Definition des
Begriffs Teamcoaching und erst recht reicht es nicht, um konkrete
Konzepte zu entwickeln. Ein Blick in die wissenschaftliche Diskus-
sion über Team und Coaching bringt mehr Definitionsschärfe.

1.3

Team und Coaching genauer betrachtet

Coaching

Wenden wir uns zuerst dem einfacheren Teil der Definition zu, dem
Coaching. Eine, wie wir finden, gelungene Definition lautet: „Coaching ist die individuelle Beratung einzelner Personen oder Gruppen in auf die Arbeitswelt bezogenen, fachlich-sachlich und/oder
psychologisch-soziodynamischen Fragen bzw. Problemen durch den
Coach." (Heinz-Kurt E. Wahren 1997, zitiert nach Christopher Rauen)

Zudem legen fast alle Autorinnen und Autoren, die meisten davon
Psychologen, zu Recht großen Wert auf die Abgrenzung des Coachings von der Psychotherapie. Coaching dient nicht zur Therapie
psychischer Störungen oder Krankheiten. Hier ist der Coach mit
seiner Fachkompetenz und seinem Verantwortungsbewusstsein gefragt, damit er diese Linie nicht überschreitet und zur rechten Zeit
an den Psychologen verweist.

Coaching regt zur
systematischen
Reflexion an und ist
zielgerichtet.
Coaching aktiviert den intensiven und systematischen Reflexi-
onsprozess bei Personen und Gruppen. Nach Christopher Rauen
werden dabei kurz- und langfristige Ziele und Gefühle, situative
Bedingungen, Verhalten und Erwartungen reflektiert. Ebenso
werden Möglichkeiten und Mittel zur Verbesserung der Zielerreichung erarbeitet. Diese Definition kommt aus der Praxis und sie
passt – ganz pragmatisch betrachtet – auch zu unserer Praxis und
Vorgehensweise. Die Unterscheidung zwischen Gruppe und Team ist
hingegen diffiziler.

Team – oder Gruppe?

Der aktuelle Diskussionsstand hat mehrere Aspekte: Zum einen werden immer wieder Teammerkmale definiert, zum anderen werden in
der Literatur mindestens ebenso häufig Differenzierungskriterien

diskutiert, die eine Gruppe von einem Team unterscheiden. Nimmt man die Teammerkmale verschiedener Psychologen und Sozialwissenschaftler wie Greif, Born und Eiselin sowie Johnson und Johnson zusammen, dann ergeben sich folgende Teammerkmale:

Merkmale eines „wirklichen" Teams

- ▶ Es existiert ein Klima gegenseitiger Wertschätzung.
- ▶ Es herrscht Einigkeit über Hauptziele und Werte.
- ▶ Konflikte werden schnell und konstruktiv gelöst.
- ▶ Die Hauptziele werden gemeinsam engagiert vertreten.
- ▶ Die Zusammenarbeit ist kooperativ.
- ▶ Die Gruppe hat gelernt, effizient und selbstorganisiert zu arbeiten (Regeln der Zusammenarbeit und technische Fähigkeiten).
- ▶ Die Gruppe sieht sich selbst als gutes Team.
- ▶ Es gibt einen starken inneren Zusammenhalt und ein starkes Engagement, da es eine gemeinsame Aufgabenorientierung gibt.
- ▶ Es gibt einen gemeinsamen Arbeitsansatz und eine Kontrolle des Arbeitsablaufs.
- ▶ Es gibt keine Trennung zwischen denen, die arbeiten und denen, die denken.
- ▶ Es gibt ein gleichberechtigtes Nebeneinander von individueller und wechselseitiger Verantwortung.
- ▶ Synergien werden erschlossen, die über die Summe der Einzelleistungen hinausgehen.
- ▶ Die Teammitglieder bringen ihre Ideen und Gefühle klar, deutlich und ehrlich zum Ausdruck.
- ▶ Das Team besitzt Entscheidungsstrategien und die Flexibilität, diese Strategien an veränderte Situationen anzupassen.
- ▶ Dem Team stehen angemessene Problemlösungsstrategien zur Verfügung.
- ▶ Es existieren gut funktionierende Beziehungen und selbstorganisierte Kommunikationsmuster.

Eine idealistische Liste ...

Müssten alle Merkmale zutreffen, gäbe es auf unserem Planeten vermutlich kein einziges Team, zumindest kein funktionierendes. Aber natürlich sind diese Merkmale oft Anlässe für ein Teamcoaching, wenn sie noch nicht oder nicht mehr zutreffen.

Um Gruppe und Team genauer voneinander abzugrenzen, greifen Dr. phil. Willy Christian Kriz und Dr. rer. Soc.oec. Brigitta Nöbauer (2002) zu folgenden Kategorien:

Worin sich Gruppe und Team unterscheiden

▶ Ziel
▶ Synergie-Effekte
▶ Fähigkeiten der Team- und Gruppenmitglieder
▶ Verantwortung und Selbstorganisation

Genau diese Kategorien fließen auch in die Konzeptentwicklung für ein Teamcoaching mit ein. Die Fragen respektive Problemstellungen lauten:

Zentrale Problemstellungen ...

▶ Haben die Teams ein Ziel?
▶ Erzielen sie Synergie-Effekte?
▶ Sind sie fachlich kompetent und teamfähig?
▶ Übernehmen sie Verantwortung und sind sie in der Lage, sich selbst zu organisieren?
▶ In welcher Kategorie hakt es am meisten?
▶ Wo ist es sinnvoll und effektiv mit Maßnahmen anzusetzen?

Die eingehende Betrachtung der Kategorien unterstützt nicht nur die Entwicklung von Konzepten, sie hilft zudem, Aufträge genauer zu definieren:

... und ihre Auswirkung auf das Coaching

▶ Ist es Ihre Aufgabe, aus einer Gruppe ein Team zu formen oder sollen Sie ein Team weiterentwickeln?
▶ Ist Teamarbeit für diese Zielsetzung sinnvoll oder reicht es, wenn die Arbeitsgruppe eine Gruppe bleibt?

Das Ziel

Bei einem Team ist die funktionale Aufgaben- und Zielorientiertheit stärker ausgeprägt als in der Arbeitsgruppe. Arbeitsgruppen werden hauptsächlich zum Austausch von Informationen und Wissen geschaffen, damit die Mitglieder dann im eigenen Arbeitsbereich wieder effizienter arbeiten können.

Teams dagegen handeln auch gemeinsam. Arbeitsteams haben sehr exakt definierte Arbeitsziele, Arbeitsgruppen dagegen eher allgemeine globale Ziele. Daher ist jedes Team eine Gruppe, aber nicht jede Gruppe ein Team.

Die **Frage des Coaches** lautet daher:
▶ Ist das Teamziel exakt definiert?

Die Synergieeffekte

Ein Team ist mehr als die Summe seiner Einzelleistungen. Da der Synergie-Effekt aber erst im Nachhinein beurteilt werden kann, ist dieses Kriterium problematisch. War das Team kein Team, wenn es keinen Synergie-Effekt vorweisen kann? Im Gegensatz zur Arbeitsgruppe wird bei einem Team davon ausgegangen, dass es gruppendynamische Gefahren erkennt, wirksam gegensteuert und dadurch die effektiven Ergebnisse der Teamarbeit sichert.

Die **Frage des Coaches** kann hier nur lauten:
▶ Soll ein Synergie-Effekt erzielt oder erhöht werden?"

Genau an diesem Punkt braucht ein Team oft Unterstützung, denn die gruppendynamischen Gefahren werden von Team und Teamleiter häufig unterschätzt. Auch ein Coach erliegt ab und zu dieser Gefahr, wie wir anhand unserer Praxisbeispiele noch erläutern werden.

Meist unterschätzt: Die Gruppendynamik

Fähigkeiten der Team- und Gruppenmitglieder

In der Arbeitsgruppe sind die Kompetenzen und das Wissen der Gruppenmitglieder nicht immer aufeinander abgestimmt. Im Team dagegen ist es essenziell, dass sich die Fähigkeiten und das Fachwissen der Teammitglieder ergänzen.

Das gilt aus unserer Sicht, wenn Teams „am grünen Tisch" neu zusammengestellt werden. Im Alltag vieler Unternehmen arbeiten in den Teams jedoch immer wieder Menschen zusammen, deren Fähigkeiten nicht unbedingt hundertprozentig zusammenpassen. Dennoch sind diese Gruppen aus unserer Sicht Teams, die auch gute Leistung bringen können, aber eben nie ein Hochleistungsteam sein werden.

Gefragt: Zusammenspiel der Kompetenzen

Die **Frage des Coaches** lautet daher:
▶ Welche Kompetenzen sollen weiterentwickelt werden?

19

Verantwortung

In Teams wird Verantwortung geteilt. Das Verhalten der Teammitglieder bei Entscheidungen ist partnerschaftlich, es werden partizipative Entscheidungsprozesse durchgeführt. Es gibt keine Trennung zwischen denen, die arbeiten und denen, die entscheiden. Auch Führungsaufgaben werden miteinander geteilt, Führungsrollen gewechselt. In Arbeitsgruppen werden Führungsaufgaben nicht notwendigerweise geteilt. Klare Hierarchie und Machtstrukturen sind weiterhin gegeben.

Auch Teams kennen Hierarchien und Macht.

Wenn wir diesen Aspekt der Definition nehmen, dann haben wir bisher kein einziges Team gecoacht. Denn in allen Teams, die wir kennengelernt haben, gab es weiterhin klare Machtstrukturen, etwa in der Person des Teamleiters. Unser Definitionsansatz für Teams bewegt sich daher auf der Ebene der Verantwortung für das Arbeitsergebnis und der partizipativen Entscheidungsprozesse.

> Die **Fragen des Coaches** lauten daher:
> ▶ Welche Verantwortung hat die Einzelperson im Team?
> ▶ Welche Verantwortung hat die „Gruppe"?
> ▶ Welche Ziele sollen erreicht werden?
> ▶ Welche Aufgaben müssen erledigt werden?
> ▶ Ist das Umfeld so, dass dies auch erreicht werden kann?

Selbstorganisation

Wie frei kann und darf das Team agieren?

In Arbeitsgruppen bestehen im Vergleich zu Teams stärkere Einschränkungen in der Autonomie der Gruppe. Das Team besitzt Freiheiten, was die Wahl der Teamstrukturen, Methoden zur Zielerreichung oder den eigenen Arbeitsstil angeht. Entscheidungsfindung, Problemlösung, Kontrolle, Reflexion und Koordination der Arbeitsprozesse werden vom Team selbst gesteuert. Die Teammitglieder sind bevollmächtigt, operative Entscheidungen zu treffen, wie sie ihre Arbeit am effizientesten ausführen können.

Die Teams, die wir aus unserer Arbeit kennen, haben in den Unternehmen diesbezüglich sehr unterschiedliche Voraussetzungen. Dieses Kriterium ist für uns daher ein wichtiges Merkmal für die Analyse und die anschließende Entwicklung effektiver Maßnahmen.

Die **Fragen des Coaches** lauten deshalb:
▶ Was kann das Team entscheiden?
▶ Wo müssen Entscheider entscheiden?
▶ Wer muss wo mit einbezogen werden?

Ausführlich werden diese Aspekte in Kapitel 2 ab Seite 29 beschrieben.

Unsere Teamdefinition betrachtet auch die verschiedenen Formen von Teams, denn sie beeinflussen auch die Auswahl der Coaching-Maßnahmen. In einem stabilen Team, das dauerhaft zusammenarbeitet, gibt es meist andere Problemstellungen als in einem Projektteam, das gerade erst zusammengestellt wurde, oder einem virtuellen Team, in dem sich die Mitglieder noch nie persönlich gesehen und gesprochen haben. Kriz und Nöbauer differenzieren zudem nach Mitgliedschaft und Aufgabentypus. Dabei unterscheiden sie:

Team auf Dauer oder Team auf Zeit?

▶ **Stabile Teams**, die permanent zusammenarbeiten und einen sehr unterschiedlichen Autonomiegrad haben können.
▶ **Projektteams** als stabile Gruppen, die verschiedene neue Aufgabe bearbeiten. Dazu gehören aus unserer Sicht auch Teams, die je nach Aufgabe für einen bestimmten Zeitraum zusammenarbeiten, die also keine konstante Mitgliedschaft haben.
▶ **Cabin Crews**, die immer gleiche Aufgaben in unterschiedlicher Zusammensetzung bewältigen. Es können aber auch Beraterteams sein, sofern sie gleichartige Projekte in unterschiedlicher Zusammensetzung betreuen.
▶ **Evolutionäre Teams**, also langfristige Projektteams, bei denen jeweils neue Mitglieder etappenweise Aufgaben bewältigen.

Sechs Typen von Teams

Zwei weitere Kategorien von Teams wollen wir an dieser Stelle noch ergänzen, da Führungsteams auch im vorliegenden Buch eine wichtige Rolle spielen und die virtuellen Teams in der Arbeitswelt auf dem Vormarsch sind.

▶ **Führungsteams** sind nach unserer Definition Teams, in denen Führungskräfte auf der gleichen Ebene zusammen an derselben Aufgabe, aber in unterschiedlichen Bereichen arbeiten.

▶ **Virtuelle Teams** als jüngste Form der Zusammenarbeit im Zeitalter globalisierten Wirtschaftens. Virtuelle Teams sind nicht nur international besetzt, sondern auch auf der ganzen Welt verteilt. Die Arbeitsaufgabe ist dieselbe, auch das Ziel ist ein gemeinsames, die Teammitglieder sitzen jedoch zum Beispiel in China, USA, Schweden und Deutschland. Sie kämpfen mit der Zeitverschiebung und müssen dadurch häufig Überstunden machen. Sie kämpfen mit der Technik, um kommunizieren zu können. Sie haben unterschiedliche kulturelle Hintergründe und sprechen verschiedene Sprachen. Sie sind Pioniere einer neuen Arbeitsform, die sich aber gleichzeitig einem üblichen Coachingansatz entzieht. Teamtrainings zum gegenseitigen Kennenlernen sowie Einzelcoachings sind häufige Maßnahmen, um die Zusammenarbeit zu optimieren.

Was ist nun Teamcoaching?

Coaching ist Begleitung im Entwicklungsprozess

Teamcoaching ist für uns im Sinne der oben genannten Team- und Coaching-Definition die Begleitung eines Teams in einem Entwicklungsprozess. Dieser Entwicklungsprozess fördert die effektive, nachhaltige Zusammenarbeit, damit Teams ihre Arbeitsziele schneller und besser erreichen. Die Teammitglieder sind in der Lage, ihre Kompetenzen optimal einzusetzen, damit Synergie-Effekte entstehen. Nachhaltig arbeiten Teams, wenn sie fähig sind, Probleme und Konflikte konstruktiv zu lösen und auch nach Erreichen des Ziels für weitere Herausforderungen gestärkt oder in der Lage sind, sich aufzulösen und neue Teams zu bilden.

Als Teamcoaches begleiten wir Teams auf diesem Weg durch ein strukturiertes methodisches Vorgehen, das Zusammenhänge eines Problems sichtbar macht und lösungsorientierte Handlungsoptionen eröffnet.

Warum braucht unser Team ein Coaching?

„In unserem Bereich haben wir ein Problem. Die Mitarbeiter über-nehmen keine Verantwortung, die Führungskräfte sind sich unter-einander nicht grün und entsprechend schlecht ist die Stimmung. Ich verliere den Kontakt zu meiner Mannschaft." So formuliert eine Führungskraft die Problematik im Team, die sich Hilfe suchend an den Teamcoach wendet. Und so oder so ähnlich stellt sich die Situ-ation in vielen Teams dar.

Die Ursachen für die „schlechte Stimmung" sind vielfältig. Teams sehen sich heute vielen Zwängen ausgesetzt. Die Rahmenbedingun-gen, in denen sie arbeiten, verschärfen sich und erhöhen den Druck gerade unter denen, die Teams zur Leistung führen sollen. Zeit, Tempo, Komplexität, Leistungsdruck und die Anforderungen an die Qualifikation sind die wichtigsten Eckpunkte, die die Situation der Teams und damit auch des Coaches beeinflussen.

Rahmenbedingungen, die die Teamleistung beeinflussen

Die Zeit

Wir haben zwar unbegrenzt Zeit, dennoch ist sie eine „knappe Res-source". Veränderungen am Markt zwingen Unternehmen, schneller zu reagieren. Produktion, Innovation und Liefergeschwindigkeit sind umkämpfte Wettbewerbsvorteile mit weitreichenden Konse-quenzen für die Mitarbeiter. Schnelleres und innovativeres Arbeiten erhöht den Druck auf jeden Einzelnen und auf die Teams in Unter-nehmen.

Auch als Coach wird von Ihnen erwartet, dass Sie in kurzer Zeit Ergebnisse erreichen. Im Training zeichnet sich dieser Trend schon lange ab. Immer mehr Teilnehmende sollen in kürzerer Zeit mehr lernen und natürlich auch umsetzen. Ein Teamcoaching-Prozess soll in kurzer Zeit maximale Ergebnisse bringen. Der Druck auf den Coach wächst dadurch ebenfalls.

Keine Zeit – das gilt auch für den Coach.

Das Tempo

Das Tempo von Veränderungsprozessen hat sich kontinuierlich erhöht. Kaum ist eine Umstrukturierung überstanden, kündigt sich schon die nächste an. Flexible Arbeitsabläufe und die persönliche Flexibilität der Beschäftigten sind entscheidende Faktoren für den Erfolg eines Unternehmens.

Tempo verlangt vom Coach Flexibilität.

Für den Coach bedeutet das, flexibel zu bleiben, denn mitten im Prozess verändern sich häufig die Rahmenbedingungen: Das ursprüngliche Konzept wird Makulatur, wenn plötzlich Teammitglieder versetzt oder entlassen werden, obwohl dies mit den Führungskräften anders vereinbart war. Trotzdem soll der Prozess für den Kunden jederzeit transparent und überprüfbar sein. Wer sich in einer solchen Situation nicht im Klaren ist, wie ein Prozess sinnvoll weitergehen kann, verliert sich schnell im Prozessdschungel.

Die Komplexität

Komplexität vervielfacht die Konfliktfelder.

Nicht nur die fachliche Komplexität erhöht sich, auch die Vernetzung der Mitarbeiter nimmt zu. Die Zusammenarbeit mit Zulieferern, Kunden und ausgelagerten Unternehmensteilen erfordert eine feinere Abstimmung. Die Globalisierung bringt andere Kommunikationsformen mit sich. War es früher noch möglich, mit dem Kollegen auf dem anderen Stockwerk ein Problem zu diskutieren, so geschieht dies heute via Telefon- und Videokonferenzen. Die Kommunikation in einer Fremdsprache, die Kenntnis der verschiedenen Kulturen und Interessen verändert die Kommunikation und verlagert die Konfliktlinien. Problemdiskussionen per E-Mail führen häufig zu überflüssigen Missverständnissen, die Konflikte schneller eskalieren lassen.

Die Anforderungen an die Kommunikations- und Konfliktfähigkeit der einzelnen Mitarbeiterinnen und Mitarbeiter wächst. Ein Coach braucht daher genauere Situationsanalysen und ein differenzierteres Konzept für jedes Team. Natürlich kann dieses Konzept aus standardisierten Modulen bestehen, die sich dann in unterschiedlicher Zusammensetzung kombinieren lassen. Eine Standardlösung für alle Teams greift jedoch nicht und ist verständlicherweise auch vom Kunden nicht gewollt.

Der Leistungsdruck

Der Leistungsdruck für die Mitarbeiterinnen und Mitarbeiter erhöht sich kontinuierlich. Weniger Personal, längere Arbeitszeiten und weniger Alternativen auf dem Arbeitmarkt führen zu mehr Druck für den Einzelnen. Die Erhöhung des Renteneintrittsalters wird diese Problematik noch verschärfen. Durch mehr Druck verschärfen sich auch Konfliktsituationen.

Diesem stetig wachsenden Leistungsdruck kann sich auch der Coach nicht entziehen. Der Kunde will mehr Input in kürzerer Zeit, er will messbare und sichtbare Ergebnisse bei einem Minimum an Personalaufwand. Die Konkurrenz auf dem Trainermarkt ist groß und nur die wenigsten Coaches lehnen einen Auftrag mit der Begründung ab, dass dieser nicht ihrer Kernkompetenz entspräche.

Mehr Input in weniger Zeit

Die Anforderungen an die Qualifikation

War es bisher möglich, durch die Qualifizierung einzelner Mitarbeiter Erfolge zu erzielen, reicht diese Maßnahme angesichts der heutigen Komplexität häufig nicht mehr aus. Maßnahmen für das gesamte Team sollen dort Erfolge bringen, wo klassische Schulungen an ihre Grenzen stoßen. Als Coach sind Sie gefordert, unter komplexen Rahmenbedingungen ein Team zu einer besseren Zusammenarbeit zu führen.

Coaching soll da Erfolge bringen, wo konventionelle Qualifikation versagt.

Auch an die Qualifikation von Coaches werden höhere Anforderungen gestellt. Bisherige Trainingskonzepte reichen nicht mehr aus, um die Kommunikations- und Konfliktfähigkeit des Teams zu verbessern, damit anstehende Fragestellungen schnell und effektiv gelöst werden können. Für internationale und virtuelle Teams braucht ein Coach interkulturelle Erfahrung. Der Coach kann nicht mehr als Einzelkämpfer agieren. Der Rolle als Berater, Coach und Trainer in einer Person kann keiner gerecht werden. Teamarbeit ist deshalb die Arbeitsweise, die auch von einem Coach erwartet wird.

In diesen Rahmenbedingungen bewegen sich alle Unternehmen, Teams und Coaches, die in diesem Buch als Beispiele genannt werden. Ist die jeweilige Situation auch immer einzigartig, so trugen zur Entscheidung für ein Teamcoaching letztlich einer oder mehrere der im Folgenden genannten Gründe bei.

Teams brauchen Unterstützung, wenn ...

- ein neu gebildetes Team so schnell wie möglich eine wirkungsvolle Zusammenarbeit entwickeln soll.
- sich Teammitglieder erst kennenlernen müssen, da sie auf dem gesamten Globus verteilt sind.
- neue Teammitglieder oder Führungskräfte dazukommen.
- Teammitglieder durch Reorganisation das Team wechseln.
- Teams durch Umstrukturierungen plötzlich Konkurrenz bekommen.
- es Konflikte und Irritationen im Team gibt, die einer effizienten und nachhaltigen Zielerreichung im Wege stehen.
- sich Arbeitsaufgaben und Arbeitsbedingungen so verändern, dass die Rollen im Team neu definiert werden müssen.
- Teams durch jahrelange Zusammenarbeit etwas träge geworden sind.
- der Krankenstand auffällig steigt.
- Teams miteinander Konflikte haben.
- die oben genannten Merkmale (vgl. S. 17) für ein Team nicht mehr oder noch unzureichend vorhanden sind.

Die Maßnahmen innerhalb des Teamcoachings können dabei vielfältig sein. Sie reichen vom Einzelcoaching, Teilgruppencoaching oder Teamtrainig über die Prozessbegleitung bis hin zum Live-Coaching oder zur Konfliktvermittlung.

Und was braucht der Coach, wenn er als Coach angefragt wird? Ein klares und flexibles Konzept, Kreativität, Einfühlungsvermögen, Klarheit über den Prozess, Analysefähigkeiten, Selbstkritik usw. Und wann braucht ein Coach Unterstützung?

Coaches brauchen Unterstützung, wenn ...

- das System zu komplex wird.
- zu viele Rollen auf einmal gelebt werden.
- der Coach im System versinkt und die Eigenheiten des Systems adaptiert.

Doch woher bekommt der Coach Unterstützung? Kolleginnen und Kollegen in gut funktionierenden Netzwerken sind in dieser Hinsicht genauso wichtig wie Supervisionsgruppen und unter Umständen sogar ein eigener Coach. Um für diese Problematik etwas zu sensibilisieren, schildern wir in unserem Buch nicht nur Teamcoaching-Prozesse von A bis Z, sondern auch die nötige Selbstreflexion des Coaches sowie die vielfältigen Verirrungen und Verwirrungen im Verlauf eines Teamcoachings.

Auch der Coach braucht Coaching.

Die Prozesse im Teamcoaching

Schnellfinder

Die Prozessschritte im Teamcoaching oder: Der Weg zum fertigen Konzept

Wir haben bereits festgestellt, wann ein Team ein Team ist und vor allem, wann ein triftiger Grund für ein Coaching bestehen kann. Doch wie kommt nun das Team zu einem guten Coaching und der Coach zu einem Konzept? Indem die Beteiligten im Teamcoaching grundsätzlich sechs Prozessschritte durchlaufen:

Die sechs Prozessschritte im Teamcoaching

- ▶ Der Kontakt
- ▶ Die Rahmenbedingungen
- ▶ Die Analyse
- ▶ Das Konzept
- ▶ Umsetzung/Methoden
- ▶ Überprüfung/Evaluation

Der Kontakt (Kapitel 2.2)

Alles beginnt mit einer angemessenen Kontaktaufnahme des Coaches zu den Bezugspersonen, der Herstellung der notwendigen Beziehung und der Entwicklung des ersten Grobkonzepts. Hat der Coach den Zuschlag für ein Teamcoaching, sollten die wesentlichen Inhalte vertraglich festgelegt werden. Ein Vertragsmuster finden Sie in diesem Abschnitt.

Die Rahmenbedingungen (Kapitel 2.3)

Vieles gilt es beim Teamcoaching zu berücksichtigen, insbesondere im Anfangsstadium. Hier hat es sich bewährt, einen systematischen

Blick auf die relevanten Rahmenbedingungen zu werfen, in dessen Kontext sich ein Team bewegt. Unternehmerische, wirtschaftliche, unternehmenspolitische oder strukturelle Einflussgrößen geben Ihnen Hinweise auf die Stärke des Beeinflussungspotenzials bzw. auf konkreten Handlungsbedarf.

Die Analyse (Kapitel 2.4)

Nun geht es ans „Eingemachte". Eine gute Analyse ist die Basis effizienter Teamcoaching-Arbeit (aber tatsächlich nur die Basis). Verschiedene Möglichkeiten der Analyse von Team und Umfeld sowie Tests finden Sie in diesem Kapitel.

Die Rolle der Führungskraft im Coaching-Prozess (Kapitel 2.5)

haben wir als Prozessschritt bewusst an dieser Stelle mit hineingesetzt. Der Rolle der Führungskraft kommt im Teamcoaching-Prozess eine wesentliche Bedeutung zu. Genau diese gilt es zu klären – bevor der Teamcoach ein Konzept erstellt. Daher gehört dieses Kapitel noch mit zur Analyse.

Das Konzept (Kapitel 2.6)

Die ersten Schritte sind im Grobkonzept der Kontaktphase bereits aufgezeigt. Nach der Analyse gilt es, das Konzept nun genauer auszuarbeiten. Es stellt den Fahrplan, die Coaching-Agenda dar und dient dem Coach als „roter Faden", um sich im Prozess sicher zu fühlen. Dem Team dient sie als Orientierung („Wo stehen wir gerade?") und dem Auftraggeber gibt sie das sichere Gefühl, das Richtige zu tun.

Umsetzung/Methoden (siehe Kapitel 3, ab S. 109)

Im Teamcoaching-Prozess folgt an dieser Stelle die eigentliche Umsetzungsphase. Hier geht es sozusagen in medias res. Zahlreiche Elemente und Details sind zu beachten, unterschiedliche Methoden kommen zur Anwendung, flexibles Reagieren und zielorientiertes Vorgehen müssen ausbalanciert werden. Aus diesem Grund haben wir diesem Prozessschritt ein eigenes Kapitel gewidmet. Dort werden „Live"-Coaching, Einzelcoaching und Konfliktvermittlung innerhalb von Teamcoaching-Prozessen beschrieben und außerdem zwei Trainingskonzepte vorgestellt. Der vollständigen Darstellung des Prozessverlaufs wegen erfolgt daher an dieser Stelle bereits ein Hinweis auf Kapitel 3.

„Der Spielverlauf ändert sich" (Kapitel 2.7)

Teamcoaching-Prozessschritte nehmen nur in Ausnahmefällen den vom Kontakt bis zum Controlling geplanten, linearen Verlauf. Dieses Kapitel beschäftigt sich mit dem Normalfall der Unwägbarkeiten. Konkret geht es um

▶ neue Mitspieler im Prozess sowie
▶ Veränderungen der Einflussstrukturen und der Rahmenbedingungen,

die immer wieder vorkommen. Beantwortet wird die Frage: Wie kann ein Teamcoach auf diese Veränderungen reagieren?

Überprüfung/Evaluation (Kapitel 2.8)

Überprüfbare Zwischenschritte, erledigte Prozesse sowie Abschlussgespräche stellen den Inhalt dieses Kapitels dar, das sowohl zur Steuerung als auch für den Abschluss des Coaching-Prozesses unerlässlich ist.

All diese Prozesse bauen aufeinander auf. Gerade zu Beginn eines Teamcoaching-Prozesses sollte jeder Teamcoach die einzelnen Prozesse isoliert betrachten. Jeder Aspekt hat seine besondere Bedeutung und die Erfahrung zeigt, dass es sich später gnadenlos rächt, wenn einzelne Punkte unterschätzt werden.

Klarheit in den Prozessschritten schafft Platz für Flexibilität.

Im Verlauf des Teamcoachings wird es jedoch unumgänglich sein, wieder zu einzelnen Prozessen zurückzuspringen: eine weitere Analyse wird fällig, neue Ziele tauchen auf oder es kommt plötzlich ein neues Teammitglied dazu, das befragt, eingestimmt und integriert werden muss. Sobald die sechs Prozessschritte jedoch klar sind, wird jeder sensibel agierende Teamcoach zwischen den Prozessen sicher und angemessen wechseln können.

Oftmals reicht es jedoch nicht aus, wenn nur der Teamcoach sich darüber im Klaren ist, in welchem Prozessschritt man sich gerade befindet. Neben der Selbsterkenntnis ist es wichtig, auch das Team

in dieses Wissen mit einzubeziehen. „Klarheit" ist in diesem Zusammenhang eines unserer Lieblings-Schlagworte, um dem Team zu
verdeutlichen, wo es steht. Im Idealfall ist allen beteiligten Personen bewusst: „Zurzeit befinden wir uns in diesem Prozessabschnitt
– und daher ist genau das jetzt zu tun."

Vertrauen erweitert den Handlungsspielraum des Coaches.

Vertrauen in die Arbeit des Coaches kann dabei eine Menge Auf-
klärungsarbeit ersparen. Hat der Teamcoach erst einmal Vertrauen
erworben, gewährt man ihm eine Menge Freiheiten – natürlich auch
die, von Schritt zu Schritt zu springen. Doch wie erreicht er dies?
Zu Beginn sicherlich über einen gelungenen ersten Kontakt.

Vom Kontakt zum Kontrakt

Hurra ein Auftrag! Wie auch immer die verworrenen Wege waren, der Coaching-Auftrag ist endlich da – und damit schon das erste Problem: Wie will ich ihn festzurren, damit Auftraggeber und Auftragnehmer gleichermaßen genug Klarheit haben, wie die nächsten Schritte ausschauen? Der Auftraggeber – vielleicht sogar in Person des Teamleiters – will verständlicherweise nicht die Katze im Sack kaufen. Der Coach wiederum will sich die Flexibilität des Coaching-Prozesses erhalten. Auch ist zu diesem Zeitpunkt der Auftrag noch nicht 100-prozentig erteilt worden, der eigentliche Kontrakt noch nicht geschlossen. Erfahrungsgemäß entscheiden jetzt gegenseitige Sympathie und der professionelle Umgang des Coaches mit den Rahmenbedingungen über den gelungenen Abschluss.

Sympathie und Professionalität entscheiden.

1. Schritt: Kontaktaufnahme zur Bezugsperson

Ein Telefonat oder ein persönliches 4- bis 6-Augen-Gespräch, schon steckt der Coach in der Bredouille: Ziele und Rahmenbedingungen sind analytisch zu erfassen, gleichzeitig gilt es, einen guten Eindruck zu hinterlassen, Sympathie aufzubauen, professionell aufzutreten, empathisch zu sein – doch mit welchem Ziel?

Um schlichtes Auftrags-Catching und Verkaufen geht es ausdrücklich nicht. Der Kontakt ist hergestellt, Gelassenheit lautet jetzt die Devise, um in die angemessene Rolle zu schlüpfen – doch welche ist das? Betrachten wir die Kontaktaufnahme genauer, so schälen sich zwei Phasen heraus:

Phase 1: Warum gerade ich?

In dem ersten Kontakt möchte der Auftraggeber (unabhängig davon, ob es ein interner Coach, z.B. in Person der Personalentwicklerin, oder ein externer Teamcoach ist) Sicherheit, dass er es mit der richtigen Person zu tun hat. Richtig bedeutet an diesem Punkt: Der Coach muss kompetent die nächsten Schritte einleiten können. Legen Sie Ihre Erfahrungen dar, die Sie befähigen, das Teamcoaching in die richtige Richtung zu lenken – aber bitte nur die dafür relevanten Erfahrungen. Die Erwähnung von Studium, Auslandsaufenthalten, früheren Berufstätigkeiten etc. zählen beim Coaching eines Automotive-Produktionsteams nur dann, wenn damit eindeutig ein Zusammenhang zum Teamcoaching oder dem Umfeld des Teams hergestellt werden kann. Ansonsten folgen Sie besser Goethe: „Die Vöglein schweigen im Walde."

Phase 2: Worum geht es genau?

Gefordert: Der Coach als Sherlock Holmes

Hier setzen wir uns die praxiserprobte „Sherlock-Holmes-Mütze" auf. Sherlock Holmes wurde vor allem durch seine Arbeitsmethode berühmt, die ausschließlich auf detailgenauer Beobachtung und nüchterner Schlussfolgerung beruhte. Er gilt bis heute als Symbolfigur erfolgreichen analytisch-rationalen Denkens. Und genau in diese Rolle muss der Teamcoach nun schlüpfen: Nach außen hin freundlich und der Herausforderung gegenüber aufgeschlossen (gut, da war Holmes nicht immer Vorbild), nach innen in der Rolle des Analytikers und scharfen Beobachters.

Hier ist es wichtig zu unterscheiden, dass sich die *Beobachtung* von der reinen *Wahrnehmung* durch das Streben nach Beobachterunabhängigkeit unterscheidet. Ergo: Wir fordern Sie an dieser Stelle auf, nahezu sämtliche Vertriebs- und Marketingkünste zu vergessen, gedanklich (mit Sherlock-Holmes-Mütze) in einen Hubschrauber zu steigen und von „oben" die Sachlage zu durchleuchten. Die folgende Checkliste hilft Ihnen bei der Klärung der Lage.

Messerscharfe Analyse und Motivsuche!

Checkliste Kontakt

- ▶ Wer will was?
- ▶ Wer ist/sind mein(e) Ansprechpartner?
- ▶ Worum geht es? Eine grundsätzliche Beschreibung der Problemlage
- ▶ Was ist das Ziel? Was soll anschließend anders/besser sein? Warum?

> ▶ Welche wichtigen Rahmenbedingungen gelten für das Team?
> ▶ Welche Rahmenbedingungen für den Auftrag sind erst einmal wichtig? Umfang, Intensität, Angebot/Ablauf, Zeit zum „Beschnuppern" etc.
> ▶ Handelt es sich hierbei überhaupt um ein Teamcoaching?
> ▶ Wo stockt mein Gesprächspartner, wo ist er/sie emotional berührt?
> ▶ Gibt es Tabu-Themen?
> ▶ Gibt es Vorerfahrungen mit anderen Trainern?
> ▶ Was sind die Erwartungen an den Coach?

Nicht immer können Sie diese Fragen direkt stellen, doch Sie sollten sie nach dem ersten Kontakt beantworten können.

2. Schritt: Beziehung klären

Hier geht es vor allem um drei Aspekte:

Rollenklarheit: Wie sieht meine Rolle als Teamcoach aus? Kann, darf und will ich diese Rolle übernehmen?

Jetzt kommt die „Gretchen-Frage": Passt es? Passt der Auftrag wirklich zu mir? Bin ich die richtige Frau/der richtige Mann, um diesen Prozess zu begleiten? Bin ich der Rolle gewachsen? Für viele Newcomer gehört schon ein bisschen Mut dazu sich einzugestehen, dass die geforderte Leistung eine Nummer zu hoch und die Zielgruppe nicht adäquat ist oder die Branchenkenntnisse nicht ausreichen. Je cooler (coolness = Gelassenheit) ich an die Sache herangehen kann und je ehrlicher und realistischer ich die Situation einzuschätzen vermag, desto objektiver wird auch meine Beurteilung ausfallen. Also: Versetzen Sie sich genau in diese Lage. Wohl dem, der dazu über Partner und Kollegen verfügt, die sich über ihre individuellen Fähigkeiten im Klaren sind und sich die „Fälle" gegenseitig in die Hände spielen.

Unerlässlich: Der Coach braucht ein realistisches Selbstbild.

Persönlich ist uns bis heute kein Fall bekannt, bei dem Auftraggeber verständnislos reagierten, weil nach oder beim Erstkontakt der Coach *nicht* mit einem: „Ich bin Ihr Mann!" geantwortet hat. Im Gegenteil, die Vermittlung vom Spezialisten wird als professionell angesehen, genauso wie die begründete persönliche Absage. Uns sind jedoch eine ganze Reihe von Fällen bekannt, bei denen der Coaching-Prozess zur veritablen Bruchlandung führte, da der Coach aus den oben genannten Gründen nicht mehr Herr bzw. Frau der Lage wurde (siehe hierzu auch Kap. 4.1, „Ich bin der Coach – holt mich hier raus!", S. 217ff.). Damit tut sich dieser auch selbst keinen Gefallen.

Macht/Einfluss: Ist der Handlungsspielraum o.k.?

Vorsicht bei starker Fremdbestimmung – Ihre Rolle bestimmen Sie!

Das Thema Macht wird in Kapitel 2.4 Möglichkeiten der Ist-Analyse eines Teams (siehe S. 55ff.) noch tiefer behandelt. In der Kontaktphase zählen zunächst einmal nur Ihr erster Eindruck und damit Ihr Bauchgefühl. Bringen Sie Beobachtung und Theorie in Einklang, indem Sie ein kurzes Teamcoaching-Szenario für sich entwickeln und sich dabei fragen, ob Sie Ihren erforderlichen Handlungsspielraum, den des Teams und auch den der relevanten Teammitglieder als groß genug erachten. Sollte bei Ihnen bereits in dieser Phase ein Gefühl einer starken Fremdbestimmung aufkommen, so ist Gefahr im Verzug. Direktive Ansätze seitens des Auftraggebers sind keine Seltenheit. Oft soll der Coach das „durchdrücken", wozu sich die Führungskraft des Teams nicht in der Lage sieht. Sind Sie erst einmal in der Rolle des Peitschenschwingers, haben Sie Ihre Unabhängigkeit verloren und es gestaltet sich als ausgesprochen schwierig, das Vertrauen des Teams danach wiederzugewinnen. Stellen Sie in der Kontaktphase daher offensiv die Frage nach Ihrem Handlungsspielraum.

Offenheit: Kann ich mit den Grenzen leben?

Wie viel Offenheit kann und darf ich als Teamcoach erwarten? Mythen vom „Retter in der Not" bleiben in der Regel leider Mythen. Dass Sie vorbehaltlos mit offenen Armen sowohl im ersten Kontaktgespräch als auch beim Team empfangen werden, ist eher unwahrscheinlich. Vertrauen seitens des Coaches aufzubauen, ist das Gebot der Stunde – und dies gelingt nur durch offene, klare und ehrliche Kommunikation. Hier gehen Sie als Coach in die Vorlage. Aber dennoch gibt es eine Restriktion: Sie müssen in der Lage sein, eine unabhängige Analyse durchführen zu können. Ein gesunder respektvoller Abstand zum Auftraggeber ist dazu unerlässlich, ansonsten setzen Sie Ihre Unabhängigkeit aufs Spiel. Ein altes Sprichwort bringt die Sache auf den Punkt: „Wer nach allen Seiten offen ist, der kann nicht ganz dicht sein!"

Sollten sich bereits in dieser Phase „Geschlossenheiten" blockierend in den Weg stellen, mit denen Sie als Teamcoach nicht arbeiten können, dann ist das beim Auftraggeber zur Sprache zu bringen. Eine Entscheidung zur Fortsetzung dieses Prozesses sollte dann gut bedacht sein und es sollten sich gute Gründe dafür finden – nicht nur finanzielle.

Das Grobkonzept erstellen

„Dann schicken Sie mir mal was zu!" – Nun gilt es, das im Erstgespräch oder -telefonat erlangte Wissen in ein Konzept umzuwandeln. Und damit steht der Coach wieder vor dem Problem, den Königsweg zwischen Festzurren und Flexibilität in seinem Grobkonzept zu meistern. Ernst nehmen sollte der Coach den Wunsch des Auftraggebers allerdings schon – auch, wenn er als interner Coach agiert. Kundenbefragungen unsererseits haben allerdings gezeigt, dass es dem Auftraggeber dabei gar nicht so sehr auf Tiefgang und Details ankommt, sondern vielmehr auf die Logik des Konzepts. Auf diese Aspekte kommt es an:

Nicht Tiefgang, aber Logik ist gefragt.

Eine einfache /übersichtliche Vorgehensweise

Klarheit und Plausibilität im Vorgehen wird natürlich erwartet. Also: Was (schluss-)folgern Sie aus den erhaltenen Informationen, wie die nächsten Schritte auszusehen haben? Legen Sie Ihre Argumente dar, warum Sie das, was Sie tun wollen, so und nicht anders tun. Achten Sie auf die Logik Ihrer Argumentation. Hypothesen, Vorannahmen oder gar Vorurteile haben hier nichts zu suchen.

Warum tun Sie, was Sie tun?

In einem Praxisfall wurde uns bereits im Kontaktgespräch eine tief gehende psychologische Beschreibung eines Teammitglieds geliefert, so dass wir gar nicht umhinkamen, diese Begebenheit im Grobkonzept zu berücksichtigen. Laut Schilderung handelte es sich dabei um extrem schwankende Emotionen zwischen hoher Aggression und depressivem In-sich-Gekehrtseins. Wie groß die Einflussnahme des Teammitglieds auf das Teamgeschehen war, ließ sich allerdings kaum einschätzen. So berücksichtigten wir die Person in der Analyse in einem speziellen Unterpunkt, mit der Zielsetzung, in zweierlei Hinsicht Klärung zu schaffen: Inwieweit nehmen die Schilderungen tatsächlich Einfluss auf den Teamprozess? Wie steht es um den möglichen Grad der Offenheit bei der betreffenden Person sowie bei den übrigen Teammitgliedern?

Meilensteine/Check-Points

Zur Absprache und Standortbestimmung mit dem Auftraggeber sind Meilensteine sowohl für Auftraggeber als auch für den Coach eine wesentliche Hilfe. Sie geben die Richtung der weiteren Zusammenarbeit vor. Bestandteil eines jeden Meilensteins sollte daher auch die Art und Weise der Zusammenarbeit sein – einschließlich ihres Abbruchs, wenn dies nötig werden sollte.

Finanzieller Rahmen/Aufwand

Was kommen konkret für Kosten auf den Auftraggeber zu? Auch interne Coaches haben ihren Preis. Teamcoaching ist wertvolle Arbeit und sollte auch über den Preis wertgeschätzt werden. Wir empfehlen in dieser Konzeptphase eine zeitliche Aufstellung der verschiedenen Konzeptteile nach Tagen und Stunden, wofür eine generelle Kostenpauschale – gewöhnlich der Tagessatz – angesetzt wird. Stundenweise Abrechnungen sollten anteilig auf den Tagessatz erfolgen, wobei der Tag aber sicherlich nicht mit acht Stunden abgerechnet wird, sondern auf der Basis von sechs oder sieben Zeitstunden.

Den Kontrakt vereinbaren

Jetzt haben Sie den Zuschlag! In vielen Firmen existieren Verträge bzw. Vertragsmuster zur Zusammenarbeit, auf die vor allem im Einzelcoaching zurückgegriffen wird. Teamcoaching-Verträge gibt es hingegen seltener. In dem nachfolgenden Kasten (siehe rechte Seite) ist inhaltlich ein solcher Vertrag skizziert. Die unter dem „*" angegebenen Punkte sind auszuformulieren. Nicht alle genannten Elemente in einem solchen Vertrag sind ein Muss, wichtige, im Vorgespräch elementare Punkte (elementar bzgl. der Zielerreichung) müssen aber auf jeden Fall hinein.

Vertrag über ein Teamcoaching

Herr / Frau (*Auftraggeber*) und Herr / Frau (*Teamcoach*) schließen folgenden Vertrag:

1. Vertragsgegenstand

* *Ziel*
Das Teamcoaching erfolgt auf Grundlage der geführten vorbereitenden Gespräche. Der Vertrag beruht auf Kooperation und gegenseitigem Vertrauen. Angewandte Methoden, ihre Funktionsweisen, Zweck und Risiken sind bei Bedarf vom Teamcoach offenzulegen.
* *Vereinbarung des Stillschweigens*

2. Dauer des Coachings

* *Beginn*
* *Anzahl von Analysetagen/Sitzungen/Abstimmungstagen*
Eine Verkürzung oder Verlängerung ist nach Absprache möglich.

3. Ort und Zeit des Teamcoachings

* *Orte der Durchführung (wichtig für Fahrtkostenabrechnung)*
* *Grundlage: z.B. das Grobkonzept*
Terminänderungen sind spätestens in der vorhergehenden Aktion/Sitzung abzusprechen. Sitzungen in denen der/die Besprechungspartner des Teamcoaches nicht erscheint /erscheinen, sind voll zu bezahlen.

4. Honorar und Zahlungsweise

Das Honorar beträgt ...
* *km-Pauschale*
Der Teamcoach erteilt *monatlich* eine Rechnung über den getätigten Aufwand.
* *Fälligkeit der Rechnungen*

5. Vorzeitige Vertragsbeendigung

Der Vertrag ist für beide Seiten zum *... kündbar.

6. Schlussklausel

* *Datenspeicherung*
* *Salvatorische Klausel* (hat den juristischen Zweck, den Vertrag als Gesamtes aufrechtzuerhalten, auch wenn Teile des Vertrags als unwirksam erklärt werden)

Ort/Datum/Unterschriften

2.3

Die Rahmenbedingungen oder: Was muss ich berücksichtigen?

Was erwartet mich als Trainer vor Ort? Und was muss ich alles berücksichtigen? Um es auf den Punkt zu bringen: Es erwartet Sie in
der Regel ein Fass ohne Boden. Selbstverständlich gibt es die Analytiker, die bis in die kleinste Nuance alle Detailfragen beantwortet
haben wollen, bis hin zu den „Spring-ins-Feld"-Coaches, die durch
ihre Spontaneität glänzen. Bedenken Sie bei Ihrer Betrachtung,
dass wir es mit einem Teamcoaching und nicht mit einer Unterneh-
mensberatung zu tun haben. Das heißt: Alle (Rahmen-)Bedingun-
gen sind relevant, aber nur die, die wirklich in direkter Auswirkung
auf das Team stehen.

Im Zeitalter der Systemik, also der Betrachtung aus der systemi-
schem Perspektive, greifen wir an dieser Stelle auf ein methodisch
einfaches Vorgehen zurück – wir zeichnen ein Bild:

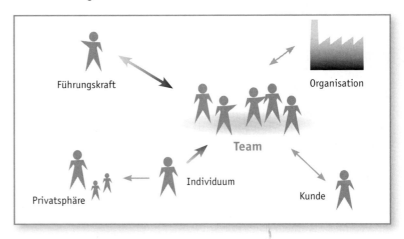

Abb.: Beispiel für die Visualisierung der Einflussfaktoren, Beziehungen und
Abhängigkeiten auf ein Team

In der Mitte steht das Team. Von dort aus beginnen Sie nun, sämtliche Kontakte, Abhängigkeiten und Beziehungen nacheinander einzuzeichnen. Natürlich kann dieses Bild nie vollständig sein und alle Möglichkeiten abbilden. Ebenso sind Tiefe und Angemessenheit abhängig von den Informationen, die Sie erhalten – und nicht zuletzt von Ihrer persönlichen Erfahrung.

Eine wichtige Hilfe: Die Visualisierung von Beziehungen und Einflussfaktoren.

In der nun folgenden Aufzählung möchten wir auf Rahmenbedingungen aufmerksam machen, die nach unserer Erfahrung in Teamcoaching-Fällen eine Rolle spielen (siehe Abb. unten). Nehmen Sie diese Bedingungen mit in Ihr Bild auf und lassen Sie sich davon inspirieren. Im Kontext Ihres Teams ergeben sich daraus automatisch Hinweise auf die Stärke des Beeinflussungspotenzials bzw. auf konkreten Handlungsbedarf.

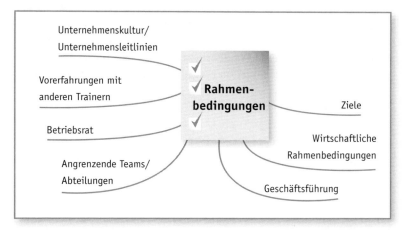

Abb.: Rahmenbedingungen, die im Teamcoaching eine Rolle spielen

1. Ziele

Hierbei handelt es sich *nicht* um die Coaching-Ziele, sondern vielmehr um die zentralen Teamziele:

Team-, nicht Coaching-Ziele analysieren!

▶ Was soll das Team erreichen?
▶ Wofür steht das Team?
▶ In welcher Verantwortung steht das Team?

Oftmals liegt hier schon der Ansatzpunkt bzw. die Grundlage für viele Probleme, Missverständnisse oder Orientierungslosigkeit. Ein

Team ohne Wissen und Klarheit über sein gemeinsames Ziel wird auf Dauer nicht bestehen. Das Ziel ist die Grundlage für jegliche Teamprozesse.

In einem Praxisfall stellten wir nach einer Outdoor-Übung im Rahmen eines Teamtrainings fest, dass sich die in der Übung festgestellte Ziellosigkeit 1:1 auf das Team übertragen ließ. Auch die anschließende Suche nach einem gemeinsamen Ziel verlief erfolglos. Die bisherigen Maßnahmen wie ein halbjährlicher Wissensaustausch reichten natürlich nicht aus, um einen Teamgeist zu motivieren. Das seit 1,5 Jahren bestehende Team wurde konsequenterweise bei einer zwei Monate später vollzogenen Umorganisation aufgelöst.

Gibt es wirkliche
Teamziele oder nur
Einzelziele?

Auch die Struktur der Ziele kann von Bedeutung sein. Bestehen die Ziele für das Team hauptsächlich aus „Einzelzielen", also Zielen, die von jedem Teammitglied allein zu erreichen sind, oder gibt es auch gemeinsame Ziele? Gerade im ersteren Fall gilt es, die Ziele herauszufinden, die von mehreren Teammitgliedern gemeinsam gefordert werden.

Verbinden das Team
informelle Ziele?

Die oben genannte Frage, für was das Team gemeinschaftlich und nach außen vertretend steht, führt zu den mehr informellen Zielen, d.h. den Zielen, die im Unterbewussten vom Team gelebt oder wertgeschätzt werden: Ziele, die den sozialen Umgang miteinander betreffen, der Unterstützung und Ausübung von Fähigkeiten oder auch deren Umsetzung dienen. Hier werden persönliche Werte (aus-)gelebt.

Das Wissen um die Teamziele, die offiziellen wie die inoffiziellen, gibt dem Coach eine erste Möglichkeit zur Empathie mit dem Team. Er erhält einen Eindruck über die Auswirkung der Ziele auf das Team (Druck, Herausforderung ...) und kann sich ein erstes Bild vom Rahmen machen, in dem sich das Team bewegt. Die Interpretation und Bewertung dieses Rahmens ist natürlich subjektiv und kann (noch) sehr unterschiedlich ausfallen. Eine fundierte und objektivere Einschätzung liefert dann die Ist-Analyse (siehe Kap. 2.4, Möglichkeiten der Ist-Analyse eines Teams, S. 55ff.).

Der Objektivität dienlich ist auf jeden Fall die Darstellung der Ziele aus gruppendynamischer Sicht (Erarbeitung im Team). Anhand von

Ereignissen, die Gruppendynamiken auslösen, werden die jeweiligen Ziele (auch Teilgruppen-Ziele) analysiert und verdeutlicht.

Tipp: Fragen Sie das Team nach seinen Zielen. Nach einer ersten (meist sprudelnden Phase) lassen Sie das Team nach bewegenden gruppendynamischen Momenten suchen. Nehmen Sie eine solche Situation und fragen Sie nach den Dingen, die das Team für den Einzelnen und für alle in dieser konkreten Situation leisten soll.

2. Unternehmenskultur/Unternehmensleitlinien

„Ach Gott, na das Kapitel kann ich ja schnell überspringen – Unternehmensleitlinien (gähn) ..." Überspringen Sie dieses Kapitel ruhig, aber nehmen Sie die Thematik ernst! Wir meinen hiermit nicht leblose Hochglanzbroschüren, sondern tatsächliche Kultur – also der ganze Komplex an Kenntnissen, Glaubensvorstellungen, Moralauffassungen, Recht, Bräuchen und sonstigen Fähigkeiten, die der Mitarbeiter als Mitglied des Unternehmens erworben hat. Um sich als Coach auf die wesentlichen Prozesse des Teams konzentrieren zu können und sie natürlich erst einmal zu erkennen, benötigen Sie ein Gefühl für den Unternehmensgeist.

Betrachten Sie die Unternehmenskultur als die Wertelandschaft, in der sich das Team befindet, und die Leitlinien als dessen Glaubenssätze. „Wir sind die Kellerkinder!" – diese Aussage stammt von einem Team, das tatsächlich im untersten Stock eines großen Bürokomplexes über mehrere Jahre hinweg „abgestellt" wurde. Diese Aussage entpuppte sich dann auch als Glaubenssatz, der das Auftreten und das Selbstbild dieses Teams geradezu sprichwörtlich prägte. Auch im gesamten Unternehmen war dieser Glaubenssatz bekannt und akzeptiert; wurde also entsprechend gelebt.

Welche Glaubenssätze prägen das Team?

„Was ist denn so wichtig in Ihrem Unternehmen, auf was müsste ich als neuer Mitarbeiter besonders achten?" Mit dieser Frage kommen Sie dem Kern der Unternehmenskultur schon sehr nahe. Je nachdem, wem Sie diese Frage stellen und in welchem Kontext diese Person zu Ihrem Team steht, erhalten Sie wertvolle Informationen, um den Rahmen des Teams auszumalen.

Natürlich kann es auch hilfreich sein, vorhandene Leitlinien zu studieren. Fast jedes mittelständische Unternehmen hat sich schon mit dieser Thematik beschäftigt. Im Zweifel gibt der Personalleiter gerne Auskunft. Doch erst die Konfrontation der „offiziellen" Aussagen mit den Kommentaren der Teammitglieder gibt Aufschluss über die Relevanz dieser Leitlinien im Teamcoaching-Prozess. Oftmals werden diese auch als „Übel von oben" negiert und alleine der Bezug dazu als Fauxpas empfunden. Nichtsdestotrotz ist eine gut gemachte Beschreibung der Unternehmenskultur und deren Leitlinien immer ein Abbild derer, die für dieses Unternehmen unterschreiben und es unternehmerisch gestalten. Inwieweit diese Gestaltung bei dem Team ankommt und inwieweit das Team oder einzelne Mitglieder des Teams daran beteiligt waren, ist in der Regel schnell herausgefunden.

Spannend: Was bleibt von den Unternehmensleitlinien beim Team übrig?

3. Geschäftsführung

„Wie der Herr, so sein Gescherr ..." Von den berühmten Ausnahmen abgesehen, können wir im Regelfall davon ausgehen, dass die Geschäftsführung immensen Einfluss auf das Betriebsklima und damit auf das Teamverhalten hat. Zudem haben wir es im Teamcoaching mittlerweile häufig mit Führungsteams zu tun, d.h. mit Teams, die direkt unter der Geschäftsführung angesiedelt sind bzw. in denen die Leitung sogar als Teammitglied unmittelbar Einfluss nimmt.

Der Balanceakt: Den Kontakt zur Geschäftsführung suchen...

Für den Teamcoach ist der Kontakt zur Geschäftsführung ebenso wichtig wie heikel. Zum einen besteht nicht immer die Möglichkeit zur direkten Kontaktaufnahme mit der Geschäftsführung. Wenn immer dies möglich ist, sollte der Coach die Chance jedoch nutzen. Dies stärkt die Rolle des Coaches – Informationen, die für die Analyse der Rahmenbedingungen erforderlich sind, können direkt fließen.

... ohne deren Einflussnahme zu unterliegen

Andererseits ist seitens der Geschäftsführung die Versuchung der Einflussnahme groß. Entsprechend häufig werden Offerten an den Coach herangetragen, sich doch gelegentlich zwecks „Informationsaustausch" zu treffen: Achtung, hier ist Gefahr im Verzug! Schnell kann die Vertrauenswürdigkeit des Coaches schwinden, wenn dessen Nähe zur Geschäftsführung vom Team als undichte Stelle gefühlt wird. Ja, Sie haben richtig gelesen: Misstrauen wird gefühlt! Und alleine das Gefühl, die Emotion ist ausreichend, selbst wenn mitunter nur Neid, Missgunst oder ähnliche (An-)Triebe dahinterstecken oder vielleicht tatsächlich schon negative Erfahrungen gemacht wurden. Abhilfe schafft hier nur ein stabiles Vertrauensverhältnis zum Coach und Klarheit darüber, dass alle Informationen letztlich dem Team zugute kommen. Und da ist der Coach in der „Beweispflicht".

In dieser Situation tut der Coach gut daran, sich bei seiner Arbeit an zwei Maximen zu orientieren: Vertraulichkeit und Zielorientierung. Auch einem Geschäftsführer kann und muss ich als Coach vertrauliche Dinge vorenthalten. Ebenso können Informationen im Gespräch mit der Geschäftsführung vertraulich sein. Je klarer ich dies als Coach kommuniziere und je disziplinierter ich dies beachte, desto bereitwilliger werden die Informationen fließen und desto größer wird die Arena des Wissens um die Rahmenbedingungen, in denen sich das Team bewegt. Nach außen, also Richtung Auftraggeber, sollte ich dann in der Kommunikation zur Geschäftsführung auf eine zielorientierte Darstellung des Teamprozesses achten. In aller Regel respektiert die Geschäftsführung die Vertraulichkeit des Coaches gegenüber seinem Team ohne Vorbehalte, wenn Klarheit über den Weg zum vereinbarten Ziel, also Klarheit im Prozess, herrscht.

Vertraulichkeit und Zielorientierung sind Handlungsmaximen für den Coach.

4. Angrenzende Teams und Abteilungen

Nicht immer ist es notwendig, bereits zu Beginn eines Teamcoaching-Prozesses alle wesentlichen Fakten zu angrenzenden Teams bzw. Abteilungen zu kennen. Dennoch werden Sie als Coach mit diesem Thema konfrontiert, denn das Team gibt es vor. Vergleiche werden gezogen, ein Feindbild ist aufgebaut oder vermeintliche oder tatsächliche Einmischungen anderer Teams in den eigenen Arbeitsbereich werden über Gebühr thematisiert. Dies geschieht jedoch meist zu einem späteren Zeitpunkt, da in der Regel ja Unstimmigkeiten im eigenen Team der eigentliche Anlass des Teamcoachings sind.

Die andere Abteilung: Das liebste Feindbild

Bevor allerdings die Zusammenarbeit mit anderen Teams und damit auch die Öffnung für deren Probleme zum Thema wird, sollte das eigene Team bereits einen hohen Entwicklungsstand erreicht haben. Befindet sich das Team erst in der Kontakt aufbauenden oder gar in der „Storming"-Phase, die durch interne Positionskämpfe und scheinbar unvereinbare individuelle Vorstellungen geprägt ist, so ist dieses mit Fragen teamübergreifender Zusammenarbeit schlichtweg überfordert und die Diskussionen verlaufen gleichermaßen unbefriedigend wie ergebnislos.

Fatal: Endlich ein Gegner, der von eigenen Problemen ablenkt ...

In einem selbst erlebten Fall versuchte ein Coach, die abteilungsübergreifende Zusammenarbeit schon zu einem frühen Zeitpunkt zu thematisieren, da diese Teil der Zielsetzung war. Das Team, obwohl sichtlich überfordert, ließ sich bereitwillig auf das Thema ein. Das Ergebnis war eine Situation, in der sich das Team zusammenraufte (es hatte jetzt ja einen Gegner!), sich sogar polarisierte und gemeinsam ausrichtete (natürlich auf den Gegner!), so dass eine erste Konfrontation der beiden Teams in einem Desaster endete. Somit hatte sich das eine Team zwar gefunden, musste jetzt allerdings mühsam von dem Glaubenssatz befreit werden, dass es dafür notwendig ist, ein „gegnerisches" Team abzuschießen. Des Weiteren gab es nun Handlungsbedarf bei dem anderen Team, das jetzt lautstark auch einen Coach anforderte, um in dem Kampf mithalten zu können. Wir bitten alle Leser eindringlich, dies nicht als Möglichkeit der Arbeitsbeschaffung anzusehen. Vielmehr gilt:

Tipp: Bevor Sie sich im Teamcoaching mit der Analyse von Außenbeziehungen beschäftigten, sollte das Team seine eigenen Streitigkeiten, Probleme und Zielsetzungen reflektiert und angegangen haben. Sonst droht eine Eskalation von Konflikten.

Der Hang zur Abgrenzung: Indiz für den Entwicklungsstand des Teams

Ebenso gilt: Gruppendynamische Abgrenzung ist ein Symptom des Entwicklungsstands eines Teams und muss als solches analysiert und thematisiert werden. Das angrenzende Team als Feindbild kann aber genauso gut andere Quellen haben:

Die Abteilungsleiter-Fehde

Konflikte auf der Führungsebene haben immer gruppendynamische Konsequenzen. In den meisten Fällen bleibt dem Team nichts anderes übrig, als sich mit dem eigenen Vorgesetzten zu solidarisieren. Nicht selten haben die beiden Streithähne ihren Konflikt bereits beigelegt und trotzdem sind die gruppendynamischen Auswirkungen zwischen den Teams immer noch spürbar.

Als Coach ist es riskant, in eine solche Situation hineingezogen zu werden. Schnell wird man als Gefolgsmann des anderen angesehen (auch wenn die Coaching-Inhalte anderes beweisen) und so systematisch „zum gegnerischen Abschuss" vorbereitet. In diesem Fall hilft nur proaktives Handeln und Konfrontation. Sollte es zu einer Mediation kommen, sind Rollen und Besetzung für Coach und Mediator zu klären. Auf keinen Fall kann der Coach beide Rollen übernehmen.

Klassische Abteilungs-Gegnerschaften (z.B. Vertrieb vs. Konstruktion vs. Produktion)

Zerwürfnisse wie beispielsweise zwischen Vertriebs- und F&E-Abteilung ergeben sich aus den verschiedenen Aufgabenfeldern, die oftmals völlig konträre Ziele haben. Obwohl altbekannt, haben sie interessanterweise nur in den seltensten Fällen an Brisanz verloren. Die Pflege dieser Feindschaften ist in erster Linie von den jeweiligen Abteilungsleitern abhängig.

Führungskräfte sind häufig Treiber von Abteilungskonflikten.

Matrixorganisation

Die Matrixorganisation ist ein Organisationsgebilde, das eine dicke Scheibe Konfliktpotenzial birgt, gleichwohl aber in vielen Unternehmen Einzug erhalten hat und die Zusammenarbeit von Teams prägt. Gleichzeitig ist sie ein schönes Beispiel, wie Teamzugehörigkeit tatsächlich definiert wird – nämlich über die Emotionalität, also das Gefühl zu einem Team dazuzugehören oder eben nicht. Reine Logik oder Kausalität versagt hier völlig. Oft haben wir uns bei Teamzusammensetzungen gefragt, warum das eine oder das andere Teammitglied in das Team gerutscht ist. Aus den Aufgaben und Kompetenzen erschloss es sich jedenfalls nicht. Als Begründungen wurden dann auch die waghalsigsten Argumentationen geliefert („Der hat eine ähnliche Situation in seinem Team ...", „... hat immer gute Ideen ..." etc.), bis im Laufe des Prozesses immer klarer wurde, dass letztlich alleine die Person mit ihren integrierenden Verhaltensweisen (Teamrolle) die entscheidende Rolle gespielt hat.

Teamzugehörigkeit als Wohlfühlfaktor

Historie des Teams

Bei der Betrachtung der angrenzenden Teams kann auch die Historie von Teams von Bedeutung sein. Aufgrund der hohen Geschwindigkeit der Organisationsveränderungen werden selbst gut funktionierende Teamstrukturen häufig zerschlagen. Teammitglieder, die früher gut und intensiv zusammengearbeitet hatten, befinden sich plötzlich in angrenzenden Teams. Dies kann gerade in teamübergreifenden Netzwerken eine nützliche Rolle spielen. Es kann aber auch dazu führen, dass mittlerweile getrennte Streithähne auf einmal wieder zusammenkommen und ihre historischen Gefechte zum Schaden des Teams neu aufnehmen.

Zur Historie von Teams und deren Aufbereitung, gehört auch das Thema „Abschiednehmen"/Trauerarbeit (siehe hierzu Kap. 2.7, Ein Teammitglied verlässt das Team, S. 92ff.).

5. Wirtschaftliche Rahmenbedingungen

Veränderte wirtschaftliche Rahmenbedingungen können aus gut und intensiv performenden Teams eine Gruppe Müßiggänger werden lassen – und umgekehrt. Folgende typische Situationen stellen das Spektrum der Möglichkeiten dar:

Anlaufstress/heftiger Kundendruck

Teams leiden häufig unter einem überdimensionalen Arbeitsaufkommen.

Unter Anlaufstress sind interne Faktoren wie ein Werks- und Bereichsaufbau gemeint, genauso wie große Projekte, die in ihr Endstadium kommen. Aber auch heftiger Kundendruck kann sich stark auf ein Team auswirken. Dabei ist es relativ egal, ob es sich dabei um einen internen oder externen Kunden handelt. Entscheidend ist, dass Druck und Arbeitsaufkommen in meist überdimensionalem Umfang auf dem Team lasten. Typische Merkmale hierfür sind ein hohes Arbeitsaufkommen, schwierige Terminabsprachen, viele Arbeitsstunden (häufig werden Termine nach 18.00 Uhr vereinbart) sowie in fortgeschrittenem Stadium auch körperliche Anzeichen bei den Teilnehmern. In diesem Fall ist eine angespannte Atmosphäre zwischen den Teammitgliedern schon deutlich spürbar.

Sollte es sogar zu einem Todesfall im Unternehmen gekommen sein – wie bei einem internationalen Unternehmen, zu dem wir daraufhin zwecks Analyse gerufen wurden – geht dies über den Rahmen eines Teamcoachings hinaus. Hier müssen dann andere Aktionen greifen, die in Richtung Entspannung und Work-Life-Balance zielen.

In solchen Drucksituationen hilft es selten, mit den gängigen Entspannungsszenarien Unterstützung zu bieten. Zeit – auch knapp bemessene – wird zu einem kostbaren Gut und dementsprechend ist der Coachingaufwand zu gestalten. Effizienz schlägt in diesem Fall Quantität. Coaching on the job und Prozessbegleitung (siehe Kap. 3.1, S. 109ff.) können hilfreiche Instrumente sein. Das Coaching eines Teil-Teams oder auch das Herausziehen einzelner Teammitglieder hat Vorrang vor der Gruppendynamik. Und dennoch: Nicht selten werden solche Termine – obwohl für Coach und Team so immens wichtig – kurzfristig verschoben.

Auch Coaching muss der Effizienz Rechnung tragen.

Lethargie

Nun kommen wir vom Regen in die Traufe. Was beim einen Team zu hektisch war, läuft beim anderen allzu ruhig. Trägheit, geringe Disziplin, schleppende Kommunikation und auch Desinteresse prägen das Außenbild des Teams. Nicht selten fällt die Aussage vom „Dienst nach Vorschrift". Die Teammitglieder zeichnen sich vor allem durch ein gemeinsames Merkmal aus: geringe Motivation. Die wirtschaftlichen Ursachen dafür sind unterschiedlich: über Jahre gewachsene und unangefochtene Marktführerschaft, mangelnder Wettbewerb, eine boomende Branche mit üppigen Wachstumsraten. Aber auch Perspektivlosigkeit in Verbindung mit dem dazugehörigen Alltagstrott führen zur Lethargie.

Geringe Motivation und „Dienst nach Vorschrift"

Trotzdem: In der Regel verbirgt sich dahinter ein Führungsproblem, das die günstigen wirtschaftlichen Rahmenbedingungen zum Führungsdilemma haben ausufern lassen. Dieses Dilemma muss dabei aus Sicht des Teams nicht direkt auf der nächsthöheren Ebene zu suchen sein: in Person einer selbst demotivierten Führungskraft. Die oben beschriebenen „Ruhe-Erscheinungen" erweisen sich bei näherer Analyse häufig als äußerst oberflächliche Angelegenheit, unter der ein tief liegendes Konfliktpotenzial schlummert. Ein Konfliktpotenzial, das bei bereits lang andauerndem Zustand der Lethargie schon so weit verdrängt sein kann, dass es bei den Teammitgliedern schon im Unterbewussten angelangt ist – bis es beim deutlichen Bewusstmachen im Verlauf des Coaching-Prozesses wieder hochkommt.

Unter der Lethargie lauern häufig tiefe Konflikte.

Hier heißt es, Herausforderungen zu schaffen, Sinn und Perspektive aufzuzeigen, um so die Teamaufgaben wieder in motivierendem

Licht zu sehen. Dies aber ist eindeutig eine Führungsaufgabe; der Coach sollte hier die Führungskraft sensibilisieren!

Existenzprobleme

Lethargie und Existenzangst ähneln sich.

Existenzielle Angst im Team wirkt sich in sehr unterschiedlicher Weise auf die Zusammenarbeit aus. Zum einen kommt sie in einer Form vor, die der der Lethargie ähnelt. Vielleicht sollten wir sie „Lähmung" nennen, bedingt durch das ohnmächtige Gefühl, dass alles, was im Team geschieht, ja letztlich doch nichts bringt. Interessanterweise sind die Symptome von Lethargie und Existenzangst meist zum Verwechseln ähnlich: Dienst nach Vorschrift, Demotivation, Bedrücktsein ...

Zum anderen kann sich gerade bei latenten Existenzängsten aus der Ohnmacht heraus auch Ärger, Wut und offene Aggression entwickeln. Diese Emotionen haben in der Regel kein festes Ziel und sie können sich folglich auch ohne Weiteres gegen den Coach richten.

Tipp: Verständnis, Zuhören und gezieltes Dampfablassen können bei Existenzproblemen Prozesse beschleunigen und auf diese Weise auch zum Beenden bringen. Ist es dann gelungen, das Team wieder auf die Zielgerade zu bringen, so stehen Dinge wie Ausdauer, Durchhaltevermögen und Energieschöpfen auf der Coaching-Agenda.

Übernahme

Das „Alles-ist-möglich"-Szenario für das Team

Die Übernahme des Unternehmens stellt per se für alle Mitarbeiter immer eine emotionale Achterbahnfahrt dar. Bezogen auf ein Team ist es dabei von entscheidender Bedeutung, ob es unmittelbar intern von der Übernahme betroffen ist oder in eine Wettbewerbssituation zu einem anderen Team gerät. Unter interner Betroffenheit meinen wir den Wechsel, Verlust oder das Hinzukommen von Teammitgliedern. Dies erfordert in jedem Fall den Neuaufbau der Teamstruktur, macht manchmal aber auch Trauerarbeit (Abschiednehmen von Kollegen, Aufgaben, Prozessen) oder die Neuauflage der Rollenfindung nötig. Ist das Team extern, also in seiner Gänze betroffen, so kann dies zum einen eine beflügelnde Wirkung haben („Denen werden wir es zeigen! Jetzt erst recht!") zum anderen aber auch das Abrutschen in die Lethargie bewirken („Was soll das jetzt noch alles? Wozu machen wir das noch?") und zwar meistens dann, wenn es durch Übernahme und Umstrukturierung seine Teamziele verloren hat.

In der Praxis wartet man üblicherweise ab, bis sich die emotionale Gemengelage gesetzt hat. Dies geschieht allerdings meist aufgrund der fehlenden Fähigkeiten, auch mit Unschärfen arbeiten zu können. Nicht alles muss allerdings immer genau geregelt sein, bevor der Integrationsprozess beginnt. Im Gegenteil, hier kann der Teamprozess, d.h., der klar aufgezeigte und miteinander geplante Weg, den das Team gehen wird, zum Wegbereiter für die Gestaltung eines endgültigen Bildes von der gemeinsamen Zukunft werden. Im Teamcoaching muss daher schnell die Veränderung thematisiert und an deren Konsequenzen gearbeitet werden. Hier ist der Coach in der Pflicht, die Teammitglieder zu sensibilisieren und die Initiative zu einer solchen Teamprozessplanung zu ergreifen.

Der Coach muss die Initiative ergreifen.

6. Betriebsrat

Der Betriebsrat kann sich in drei unterschiedlichen Rollen bemerkbar machen. In vielen Führungsteams ist er das Feindbild: „Wir gegen den Betriebsrat." Da jedes Team sowohl eine Herausforderung als auch einen Gegner braucht, kann dies für den Prozess der Teamzusammenführung durchaus fruchtbar sein. Dennoch sollte sich der Coach hierbei um Neutralität bemühen. Verrennt sich das Team zu sehr in die Gegenpolarisation, verliert der Coach die Objektivität.

Feindbild, Einflussnehmer – und bisweilen auch selbst Teammitglied

Gerade in Produktions- bzw. produktionsnahen Teams nimmt der Betriebsrat oft Einfluss, indem er in Teamprozesse bewusst oder unbewusst interveniert. Dabei kann es sich beispielsweise um Absprachen mit anderen Teams, Arbeitszeitregelungen oder auch Arbeitsaufteilungen handeln. Hier tut der Coach gut daran, sich vorab über das jeweilige Mitspracherecht des Betriebsrats zu informieren, um nicht unter die Räder zu geraten. Frühzeitige Information bis hin zur gezielten Integration des Betriebsrats können mit dem Team abgesprochen und ob ihrer Bedeutung jeweils analysiert werden. Funktioniert dies nicht, so kann es schon mal zu Frust oder Missverständnissen kommen, wenn mühselige Teamarbeit auf einmal Grenzen der Handlungsfähigkeit via Betriebsrat aufgezeigt bekommt. Dies ist hier und da ganz heilsam, muss jedoch unbedingt reflektiert werden.

Die dritte Rollenkonstellation besteht darin, dass Mitglieder des Betriebsrats selbst Teammitglieder sind. Hier ist es lohnenswert, die Doppelfunktion und die damit verbundenen gegenseitigen Erwartungen zu klären. Gemeinsame Werte, Vertrauen und Disziplin spielen eine große Rolle, damit sowohl das Team als auch das Betriebsratsmitglied für seine Doppelrolle Klarheit im Verhalten erhält.

7. Vorerfahrungen mit anderen Trainern

Andere Trainer nicht als Konkurrenz, sondern als Wegbereiter verstehen

Auch als Coach ist man nicht allein auf der Welt. Und dass Teams Entwicklung und Coaching benötigen, hat sich mittlerweile herumgesprochen. So kommt es immer häufiger vor, dass der engagierte Coach bereits beackertes Team-Land vorfindet. Seminare und Workshops haben stattgefunden, interne und externe Trainer haben sich ausgetobt und der eine oder andere Personalentwickler hat bereits auch so manche Stunde in das Team gesteckt. Hier hilft nur eines: weg mit der Scheu vor der Konkurrenz! Je klarer und deutlicher der bereits vollzogene Weg des Teams dargestellt werden kann, desto besser. Der Coach sollte also vor allem danach Ausschau halten, was vom Team bereits gut angenommen worden ist, und nicht wie ein Geier darauf achten, was die Konkurrenz so alles verbockt hat. Es gilt, die Anker zu identifizieren, die durch die verschiedenen Entwicklungsstationen beim Team bereits gesetzt worden sind.

Unter Ankern sind positive wie negative Erfahrungen zu verstehen, die sich noch abrufen lassen, das Team beeinflusst haben und nunmehr entweder noch einzubuddeln (positive Anker) oder aber vom Grund zu lösen sind (negative Anker). Zu unterscheiden sind zudem die Bodenanker, die das Team im Verhalten fixieren und natürlich die Sicherungsanker in der zu bewältigenden Felswand der Entwicklung, die dem Team auf seinem Weg nach oben Halt geben. Sicherungsanker in diesem Sinne sind positive Erfahrungen, die bereits einmal Entwicklung ermöglicht haben.

In einem Team wurde z.B. die Verhaltensweise, sowohl „bottom-up" als auch „top-down" zu denken und die Erkenntnisse daraus zu einer gemeinsamen Lösung zu bringen, als „Irrel-Syndrom" bezeichnet. Während eines Trainings in dieser schönen Kleinstadt in der Eifel wurde die Verhaltensweise als nötig erkannt und war so noch Jahre nach dem Training präsent und jederzeit abrufbar.

Möglichkeiten der Ist-Analyse eines Teams

Eine gute Analyse ist die Basis effizienter Teamcoaching-Arbeit. Das Team beschäftigt sich dabei mit dem Status quo, thematisiert Probleme und macht sich den Idealzustand sowie das Ziel des Teams bewusst. Wichtig wird die Teamdiagnose auch beim Abschluss eines Teamcoaching-Prozesses, wenn es um die Frage der Zielerreichung geht. Denn die Qualität der Veränderungsbeschreibungen ist letztlich von der detaillierten Beschreibung der Ausgangssituation abhängig.

Ohne Kenntnis der Ausgangssituation lässt sich auch kein Fortschritt erkennen.

Nachfolgend zeigen wir verschiedene Möglichkeiten der Analyse von Teams bzw. von Umfeldfaktoren, die deren Arbeit beeinflussen. Die hier vorgestellten Methoden und Tests sind in der Praxis erprobt und gut anzuwenden. Dies gilt auch für viele hier nicht benannte Möglichkeiten, die vorzustellen jedoch den Rahmen des Buches sprengen würden. Zur Analyse stehen verschiedene Möglichkeiten zur Verfügung:

▶ Vorgespräche,
▶ Beobachtung des Teams in Aktion,
▶ Tests.

1. Vorgespräche

Hiermit sind in der Regel Einzelgespräche gemeint. Nun könnte man auf den Gedanken kommen, die seien doch längst geführt. Schließlich wurde bereits im Rahmen der Aufgabenklärung mit dem Vorgesetzten und/oder Personalleitung gesprochen.

Vorgespräche liefern wichtige Interna.

An dieser Stelle geht es jedoch um vertrauliche Informationen. Informationen, die nicht offiziell und politisch korrekt fließen. Selbst wenn mit den gerade erwähnten Personen das Auftragsge-

Der Coach muss Vertraulichkeit zusichern.

spräch vollzogen wurde, so kann ein Einzelgespräch danach dennoch Sinn machen. Das Vorurteil der grundsätzlichen Ablehnung solcher Gespräche können wir nicht bestätigen. Vielmehr ist es oft erstaunlich, wie schon nach einer Viertelstunde Dinge offenbart werden, die in einem gruppendynamischen Setting oft Tage beansprucht hätten. Absolute Vertraulichkeit ist dabei allerdings Trumpf und muss bereits in der Einleitung des Gesprächs thematisiert werden. Vertraulichkeit bedeutet in einem solchen Kontext, dass in der späteren Besprechung der Analyse keine Namen und eindeutige Zuordnungen von Personen zum Gesagten deutlich werden. Wir sprechen in diesem Zusammenhang von persönlicher Vertraulichkeit und struktureller Offenheit.

Erfolgt diese Thematisierung nicht, so braucht sich der Coach nicht zu wundern, dass das Gespräch an der Oberfläche bleibt. Natürlich trifft man bisweilen auch auf Kameraden, die trotzdem „keinen Ton verraten" wollen. In einem konkreten Fall hatten wir es einmal mit einem Produktionsarbeiter zu tun, der es schaffte, sich innerhalb von zehn Minuten drei Fingerkuppen blutig zu knibbeln. In solchen Fällen sollte man als Coach allein aus gesundheitlichen Gründen ein Einsehen haben und den guten Mann erlösen.

Strukturierte Fragen erleichtern die Analyse.

Bei der Befragung von mehreren Mitgliedern einer bestimmten Personengruppe – seien es nun das gesamte Team, Kollegen einer Hierarchie-Ebene oder auch angrenzende Teams – macht es Sinn, mit strukturierten Fragen zu arbeiten (siehe Kasten).

Beispiele für strukturierte Fragen

- ▶ Beschreiben Sie die Arbeitsatmosphäre im Team!
- ▶ Welche Einflussmöglichkeiten auf die Arbeitsatmosphäre haben Sie bzw. müssten Sie persönlich wahrnehmen?
- ▶ Wie ist die Qualität (hinsichtlich der Effizienz) der Zusammenarbeit?
- ▶ Wo ist Ihr Team stark, wo schwach?
- ▶ Wie würden Sie das Verhalten der Teamführung beschreiben?
- ▶ Gibt es Konfliktpotenziale in Ihrem Team?
- ▶ Was sollte ich als Teamcoach noch unbedingt wissen?

Zum einen liefern diese Fragen dem Teamcoach eine klare Orientierungshilfe im Vorfeld (was will ich eigentlich genau wissen?), zum anderen erleichtern diese bei einer späteren, strukturierten Darstellung der Analyse die Arbeit immens. Zudem wird durch die immer gleiche Anwendung von Fragemustern eine Objektivität erzeugt, die auch den Coach von Sympathien oder Antipathien befreit und trotzdem ein Ergebnis bringt.

Es gibt allerdings keinen allgemeingültigen Fragenkatalog, der alle Fragen, die im Teamkontext wichtig sind, beinhaltet; dazu sind Teams und deren Rahmenbedingungen zu unterschiedlich. Aber es gibt eines, auf das sich der Teamcoach verlassen kann: seinen guten alten Menschenverstand. Fragen Sie sich einfach: „Was will ich über das Team wirklich wissen?" Persönlich greifen wir an dieser Stelle gerne auf die Mind-Map-Methode zurück. Mit deren Hilfe haben Sie die wesentlichen Punkte schnell erarbeitet. Diese im Anschluss als Fragen auszuformulieren geht meistens einfach. Aber Achtung! Ziehen Sie das intellektuelle und soziale Niveau Ihrer Gesprächspartner in Betracht. Pillepalle-Fragen werden erfahrungsgemäß genauso schräg kommentiert wie zu weit abgehobene. Ob Ihre Fragen angemessen sind, können Sie nicht selten an der Geschwindigkeit erkennen, in der Ihre Gesprächspartner sich zu öffnen bereit sind. Doch betrachten wir nun die einzelnen Ebenen der möglichen Gesprächspartner:

Als Coach dem eigenen Menschenverstand vertrauen

Vorgespräche mit dem Leiter/Chef/CEO

Vor dem Erfahrungshintergrund von vielen Jahren Teamcoaching hat die Anzahl der zu coachenden Führungsteams deutlich zugenommen. Dabei ist es mittlerweile die Regel, dass der Chef entweder Teil oder aber direkter Vorgesetzter des Teams ist.

Ist der Chef Teil des Coaching-Teams, so agiert er in einer Doppel-Funktion: Zum einen gibt er die Coaching-Ziele vor, zum anderen spielt er als Teammitglied bei der Umsetzung dieser Ziele selbst eine aktive Rolle. In einem Vorgespräch ist dabei vor allem dessen Bereitschaft zur persönlichen Reflexion auch im Beisein der anderen Teammitglieder (ergo: seinen Mitarbeitern) zu prüfen.

Der Chef als Teil des Teams

Ist der Chef Leiter des Teams, ohne direkt im Teamcoaching-Prozess dabei zu sein, so sind an dieser Stelle die Ziele zu definieren. Seine Sichtweise bzgl. jedes Teammitgliedes ist genauso wichtig wie die

Darstellung des persönlichen Einflussbereiches und seine Einschätzung der tatsächlich möglichen Zielerreichung. Dokumentieren Sie diese persönlichen Einschätzungen, um sie zu gegebener Zeit zu spiegeln.

Vorgespräche mit HR/Personalentwicklung/Personalabteilung

Das reizvolle an diesen Gesprächen: herauszufinden, was die eigentliche Motivation des HR-Verantwortlichen zu dieser Teamcoaching-Maßnahme ist. Klärungsbedarf besteht für den Teamcoach hinsichtlich der Fragen, wer welches Interesse hat, wer letztlich den Auftrag vergibt und wann dieser unter welchen Prämissen als erfüllt anzusehen ist.

Das gute Zusammenspiel zwischen Coach und HR kann Berge versetzen.

Die Erfahrung zeigt, dass vom politisch motivierten Kalkül bis zum „Schwester-Hildegard-Helfersyndrom" eigentlich alles vertreten ist. Für den künftigen Informationsaustausch und die zu erwartende Unterstützung seitens der HR ist dieses Wissen für den Coach von immenser Wichtigkeit. Rollenklärung und Erwartungen an die Teamcoach-Rolle hinsichtlich Information, Gestaltungsraum und Vertraulichkeit sind Grundlage für eine positive und Erfolg versprechende Zusammenarbeit. Das Zweier-Team aus Coach und HR kann – in professioneller Weise agierend – Berge versetzen. Selbst das altbekannte Zusammenspiel von „gutem und bösen Polizisten" ist in diesem Zusammenhang möglich.

Auch die Möglichkeit, dass sich der Personaler mit im Coaching-Team befindet, ist in Top-Führungsteams die Regel. Dann ist diese Person ebenfalls in einer Doppelfunktion mit dabei. Diese Tatsache gilt es in das Bewusstsein zu holen und bei strategischen Planungen zu berücksichtigen. Die besten Erfahrungen haben wir in solchen Fällen damit gemacht, die 3er-Kombination aus Coach, Leiter und Personaler an einen Tisch zu holen. Dies ist aber unbedingt dem Team zu kommunizieren, Vorgehen und Rollenverhalten sind zu klären, gerade wenn der Personalverantwortliche Teil von Konflikten ist.

Vorgespräche mit einzelnen Teammitgliedern

Unerlässlich für den Vertrauensaufbau

Diese Gespräche sollten obligatorisch sein. Zum einen wird hier die Vertrauensbasis zum Coach gelegt, zum anderen erhält das Teammitglied dadurch die Möglichkeit, wichtige Themen anzusprechen und ein offenes Ohr für sein Anliegen zu finden. Der Zeitaufwand ist durchaus überschaubar. Oftmals reichen 30 Minuten pro Teammitglied, um eine vertrauensvolle Arbeitsbeziehung aufzubauen und das Wesentliche zu erfahren. Wir betrachten dieses Vorgehen als definitives Element des Teamcoachings. Im Laufe des Prozesses wird es immer wieder erforderlich sein, das ein oder andere Einzelgespräch zu führen. Umso besser ist es, wenn Rollenverständnis, gegenseitige Erwartungen, das gemeinsame Problem- und Zielbild klar sind und eine gute und arbeitsfähige Beziehung aufgebaut ist. Einzelgespräche fördern diesen Prozess enorm. Die eingangs erwähnten strukturierten Fragen müssen dabei vor allem intellektuell auf die Teammitglieder abgestimmt werden.

Vorgespräche mit Kollegen

Betrachtet man Teamcoaching ausschließlich von der systemischen Seite, so sind diese Gespräche ein Muss, können sie doch viel Erhellendes vom Außenbild des Teams liefern. Dieser Personenkreis – also die Kollegen des zu coachenden Teams oder die Kollegen der Führungskraft des Teams – steht zwar nicht im direkten, eigentlichen Hauptprozess des Coachings. Nichtsdestotrotz werden die Gespräche von Seiten des Teams unter Umständen auf eigene Weise interpretiert. Gerade zu Beginn eines Coachings schaut das Team mit Argusaugen darauf, wie vertrauenswürdig der Coach agiert. Gespräche wie diese müssen also offen angegangen und kommuniziert werden. Sollte dies nicht geschehen, ist der spätere Schaden oftmals nicht wieder gutzumachen.

Achtung! Wird das Teamcoaching nicht offen kommuniziert, ist der Schaden groß.

Ob und inwieweit Kollegen eingebunden werden, hängt von mindestens zwei Faktoren ab: Zum einen spielt Vertraulichkeit eine Rolle. Nicht immer wird das Teamcoaching offen kommuniziert. Der Glaubenssatz „Das geht die anderen gar nichts an!" ist häufig weit verbreitet und sollte vom Coach sehr ernst genommen werden. Erst wenn sich dieser Glaubenssatz aufgelöst hat, die wesentlichen internen Probleme des Teams gelöst sind und eine externe Sichtweise im Team Gespräche nach außen möglich machen, kann der richtige Zeitpunkt gekommen sein. Die Angst von Vorgesetzten und Teammitgliedern vor übler Nachrede oder auch Versagen („Schau mal, die bekommen das alleine nicht mehr geregelt!") ist groß. Dies gilt gleichermaßen für den zweiten großen Faktor: Die Angst vor Veränderung („Was kommt da auf uns zu?"). Spielen jetzt auch noch externe Personen in diesen Prozess hinein, wird der gesamte Coaching-Kontext für viele nicht mehr überschaubar – Blockade kann die Folge sein.

Hier entstehen schnell Gruppendynamiken, an denen der Coach natürlich auch seinen Anteil hat. Nach der förmlichen, freundlichen Kontaktphase kommt die Phase des inneren Ordnens und Veränderns. Dabei macht die Gruppe nach außen hin zu. Diese Gesetzmäßigkeit kann durch zu früh erzwungenes Öffnen gestört werden.

Resümee: Das Einbinden von Kollegen und die Gespräche mit diesen können sinnvoll sein, sollten jedoch nur bei ganz hoch erachteter Wichtigkeit und dann auch nur direkt zu Beginn eines Teamcoaching-Prozesses stattfinden.

Vorgespräche mit dem Betriebsrat (BR)

Der BR muss auf jeden/darf auf keinen Fall hinzugezogen werden. Nein, hier handelt es sich nicht um einen Druckfehler, auch nicht um mangelnde Entscheidungsfreudigkeit der Autoren! Dem Thema Betriebsrat hatten wir bereits Tribut gezollt (vgl. Kap. 2.3, Rahmenbedingungen, S. 42ff.). Hier konzentrieren wir uns auf den Inhalt eines solchen Gesprächs, wenn es dann stattfinden soll.

Informieren, ohne ins Detail zu gehen

Bis auf einen Fall, wo die Zustimmungspflicht des Betriebsrats seitens des Managements (bewusst) unterlaufen wurde, haben wir nur positive Erfahrungen bei der rechtzeitigen Kontaktaufnahme zum Betriebsrat gemacht. Bei Betriebsratsangelegenheiten geht es im Wesentlichen um Macht und Einflussnahme – und von daher um Information. Wird ihm diese vorenthalten, reagiert der Betriebsrat zickig. Allerdings zeigen die Erfahrungen, dass der Informationsgehalt, den ein Coach vonseiten des Betriebsrats erhalten kann, auch eher als gering einzustufen ist. Auch das ist aber letztlich personenabhängig. Eine gute Strategie ist es daher, den Betriebsrat zu informieren, dabei Sinn, Zweck und Ziele der Maßnahme zu benennen, ohne jedoch ins Detail zu gehen. Vertraulichkeit wird hier gerne respektiert und auch erwartet. So haben Sie als Coach Ihre Informationspflicht und der Betriebsrat seine Rolle erfüllt – don´t worry, be happy!

2. Beobachtung des Teams in Aktion

„Teamcoaching – das ist doch eigentlich ständige Analyse!" Sollten Sie dieses Selbstverständnis verinnerlicht haben, so sind wir ganz bei Ihnen. Trotzdem wollen wir uns ein paar dezidierte Möglichkeiten anschauen, wie vor allem zu Beginn eines Teamcoaching-Prozesses die Analyse im Team betrieben werden kann. Standen in den Vorgesprächen eher die Einzelpersonen im Fokus, so ist es hier tatsächlich das Team. Aufgabe des Coaches ist es, dem Team Klarheit darüber zu verschaffen, wo es in seinem Entwicklungsprozess steht, sowie unbewusstes und unkontrolliertes Verhalten überhaupt an- und besprechbar zu machen.

In diesem Kapitel werden noch Teamrollen, besondere Fähigkeiten, typisches Einzelverhalten, Konfliktpotenziale aufgrund der Verhaltensmuster Einzelner und Ähnliches mehr erörtert. In diesem Abschnitt geht es hingegen zunächst einmal um die Gruppendynamik, um Situationen, die bei der Zusammenkunft der gesamten Gruppe, aber auch in Teilen der Gruppe, geschehen. Es geht also um das typische Gruppenverhalten. Interessanterweise treten die Merkmale dieses Gruppenverhaltens in der Regel völlig losgelöst von der Umgebung zutage. Wo auch immer sich dieses Team trifft, das beobachtbare Verhalten ist praktisch identisch; die typische Grundstruktur ist immer erkennbar. Diese Tatsache hat eine Methode hervorgebracht, die wir sehr gerne zu Beginn eines Teamcoachings vor allem für die erste Analyse einsetzen:

Im Fokus: Das „typische" Gruppenverhalten

Outdoortraining

Bei der gezielten Anwendung dieser Methode werden oft Prozesse sichtbar und auch anschließend besprechbar, die ansonsten tief in der Verdrängungskiste schlummern. Das eigentliche Erlebnis ist für die didaktische Planung dabei sogar von nachrangiger Bedeutung. Action, Fun, Survival, Lagerfeuer oder welche Slogans auch immer locken, sind indes hervorragende Rahmenbedingungen um, angepasst auf die Fähigkeiten und Sensibilitäten des Teams, zusätzlich zu wirken. Sie machen die Methode langfristig wirksam, was auch durch wissenschaftliche Untersuchungen (Examensarbeit an der Uni Bonn, Zerner 1998) belegt ist. In unserem Fall geht es um die Start-Analyse; es geht darum, den Bogen zum Praxisalltag des Teams zu schlagen und es mit Klarheit im gruppendynamischen Verhalten, über typische Muster und mit ersten Verbesserungsansätzen wieder in den nächsten Arbeitstag zu entlassen. Und zwar so zu entlassen, dass das Team handlungsfähig ist und bereit für den nächsten Entwicklungsschritt.

Der ungewohnte Kontext bringt Verborgenes ans Licht.

Leider wurden wir bereits häufiger zu „Team-Baustellen" gerufen, auf denen völlige Verwirrung herrschte, da Teamprozesse in Outdoortrainings zwar aufgerissen, jedoch nicht mehr so geschlossen wurden, dass das Team eigenständig darauf aufbauen konnte. Chaos, Missverständnisse, Ohnmacht waren die Folge.

Dies zu vermeiden und – im Gegenteil – die Naturanteile des Erlebnisses als „Nachbrenner" zu nutzen, kann nur gelingen, wenn das Outdoor-Szenario einen hohen und unmittelbaren Wiedererkennungswert mit dem Alltag besitzt und direkt auf die berufliche Situation der Betroffenen abgeleitet werden kann. Da sich innerhalb eines solchen Trainings die Teammitglieder eigene Rollen suchen können, Situationen innerhalb eines Projektes gruppendynamisch gestaltet und somit vom Team selbst bestimmt werden, erhalten Sie als Teamcoach eine hervorragende Plattform für die Teamanalyse.

Das Ziel: Rollen, Einflussnahme, Entscheidungsprozesse aufdecken

Wie gehen Sie konkret vor? Das Ziel ist klar: Es gilt, Rollen, Einflüsse, Machtpositionen, typisches gruppendynamisches Verhalten und wesentliche Prozesse (z.B. Entscheidungsprozesse) darzustellen/aufzuzeigen sowie bereits erste Veränderungsmaßnahmen im Verhalten zu initiieren.

Um dieses Ziel zu erreichen, muss ein Szenario aus verschiedenen Übungen aufgebaut werden, das für das Team angemessen ist (siehe hierzu Kap. 3.5.1, Konzept für ein Outdoortraining, S. 181ff.). Sollten Sie als Teamcoach in diesem Bereich wenig erfahren sein, so ist es durchaus sinnvoll, mit einem erfahrenen Outdoor-Anbieter ein gemeinsames Konzept zu entwickeln. Dazu ist es wiederum unbedingt erforderlich, die Übungen – zumindest in ähnlicher Form – einmal selbst miterlebt zu haben. Nur so lässt sich während der Übung der tatsächliche Aussagewert einer bestimmten gruppendynamischen Aktion erkennen.

Teamstrukturen identifizieren und passende Übungen zuordnen

Skizzieren Sie zunächst die Art und Weise der Zusammenarbeit. Besteht das Team aus vielen Einzelkämpfern? Gibt es „Seilschaften"? Haben wir es mit einer hierarchischen Situation zu tun? Nun werden Übungen oder Kombinationen von Übungen gesucht, die diese Skizze in etwa abdecken, um über die jeweilige Übungsreflexion das Ziel ansteuern zu können. Die Reflexion sollte einen für die Teilnehmer leicht nachvollziehbaren Bogen zur eigenen Situation ermöglichen.

Zu berücksichtigen ist: Die besondere Stärke der Outdoor-Umgebung liegt vor allem darin, dass sich die Teilnehmer nicht verstecken können. Das Setting der Outdoor-Analyse sollte also so gestaltet sein, dass immer möglichst viele – am besten alle – Teilnehmer in irgendeiner Form zu sehen sind und damit ihr Verhalten zu analysieren ist.

Achtung: Haben Sie alle Teilnehmer ständig im Blick!

In einem abschreckenden Beispiel, bei dem wir zur Coach-Beobachtung eingeladen waren, bekam ein Teilteam einen Geldbetrag zur Verfügung, mit dem es Materialien für ein Floß besorgen sollte. Das Teilteam fuhr geschlossen zu einem Schrottplatz und kam genauso geschlossen wieder – ein fertiges Floß auf dem Gepäckträger. Stolz und voller Dynamik wurde es zu Wasser gelassen. Leider war das aber auch alles, was der Coach zu sehen bekam. Der Rest fand ja – unbeobachtet – auf dem Schrottplatz statt.

Soll eine solche Übungssituation zur Teamanalyse eingesetzt werden, so gilt es der Tatsache ins Auge zu schauen, dass der Teamcoach später alleine das Team weiter begleiten muss. Insofern sei noch einmal ausdrücklich betont: Nehmen Sie unbedingt eine Beobachtungsrolle aus Helikoptersicht ein – und behalten Sie stets alle Teilnehmer im Blick.

Wir wollen an dieser Stelle bewusst keine einzelnen Übungen aufzeigen, dies geschieht ausführlich in Kapitel 3.5.1 ab S. 181. Einige Rahmenbedingungen für eine Teamanalyse sind allerdings wichtig und erwähnenswert. Da haben wir z.B. den „Leidenskontext" eines Teams. Was ist an Outdoor überhaupt zumutbar? Es gilt ja, an die tatsächlichen Emotionen heranzukommen und die können durch Emotionen wie Ekel oder auch große Angst überdeckt bzw. verdeckt werden.

Rahmenbedingungen für eine wirksame Analyse

Bei der Planung zu berücksichtigen ist zunächst der gesamte Bereich Unterkunft (Selbstversorgung, Übernachtung in einer Hütte/ im Matratzenlager, zusammen mit einem oder mehreren Kollegen auf einem Zimmer). Hier gilt es das richtige Maß zwischen Herausforderung und Ablehnung zu finden. Glaubenssätze wie „Zelten habe ich nicht mehr nötig!", „Ich schlafe nicht in einem Schlafsack!", bis hin zu: „Ich ziehe aus Prinzip keine Hose an!" oder „Alles unter vier Sterne kommt bei uns nicht in Frage!" sind keine Seltenheit und bieten bereits hinreichend Analysestoff. Interessanterweise liegt in der Unterbringung – der richtigen wohlgemerkt – der

Die Unterbringung: Schlüssel zur Teamöffnung

Schlüssel zur ersten Teamöffnung. Eine generell große Ablehnung kann jedoch genauso wieder ein Hinweis dafür sein, wer auch in widrigen Teamsituationen seinen Mann/seine Frau steht – und wer nicht. Sich unangenehmen Teamsituationen zu stellen gilt nämlich auch für den Arbeitsalltag. Auch hier kann schon einmal ein „rauer und kalter Gegenwind" herrschen, Situationen unbehaglich und ungemütlich sein und Teammitglieder aus der Komfortzone herausdrängen. Wie sie dann reagieren ist im Verhalten on the job wie outdoor sehr ähnlich.

Übungen müssen für alle Teammitglieder machbar sein.

Bei der Zumutbarkeit der Übungen ist in erster Linie auf körperliche Konstitution und Veranlagungen zu achten. Hier sind vor allem Fuß-, Knie- oder Bandscheiben-Problematiken zu nennen. Übergewichtigkeit kann auch ein Thema sein, gerade wenn diese Person von der Beweglichkeit stark eingeschränkt ist. Wir befinden uns ja nach wie vor in der Analyse-Phase, die ja alle Teammitglieder berücksichtigen soll. Es muss also ein gewisser Rahmen zur Verfügung stehen, in dem Teammitglieder mit den gerade beschriebenen Faktoren einen „richtigen" Teil des Teams bilden können und nicht von vornherein ausgeschlossen sind. Ein letzter Blick sei auf psychische Gebrechen gerichtet. In unserer rund 25-jährigen Erfahrung in Erlebnispädagogik und Outdoortraining sind Teilnehmer mit leichten psychischen Problemen (wie z.B. eine sehr ausgeprägte Ängstlichkeit, starke Intro- oder Extrovertiertheit etc. – also ausdrücklich keine Kranken!) nie ein Problem gewesen. Selbstverständlich wird eine solche Verhaltensauffälligkeit sichtbar – aber das wird sie im wahren Alltag ja auch und insofern ist dies nur der Analyse dienlich. Manches Mal war dies sogar der Türöffner – endlich – einmal darüber reden zu dürfen. Hier sprechen wir von Menschen, denen ihre psychischen Probleme bewusst sind. Problematischer sind Drogenkonsumenten. Personen, die im Verdacht stehen, Drogen zu konsumieren, sollte besondere Aufmerksamkeit gewidmet werden. Sie können ein Unfallrisiko darstellen, gerade wenn es sich bei einer Outdoorübung um eine sicherheitsrelevante Übung handelt. Plötzlich einsetzender Übermut kennzeichnet oft das Verhalten und erfordert ein schnelles Eingreifen des Outdoor-Trainers. Da ist es gut, wenn er oder der Teamcoach gewarnt sind.

Bitte verstehen Sie diese Schilderung nicht falsch. Hier geht es nicht um eine „Abschreckung" vor Outdoortraining. Hier geht es um eine Art Verschreibungsblatt, auf dem mögliche Nebenwirkungen vermerkt sind. Wenn Sie die fantastische Methode des Outdoortrainings einsetzen, dann sollten Ihnen diese Nebenwirkungen bewusst sein und Sie sollten sie im Falle des Falles sogar als Herausforderung sehen. – Weil wer, wenn nicht Sie, kann und sollte diese sonst thematisieren?

Gehen wir nun in die Analyse. Auch Teamcoaches haben ihre Glaubenssätze und einer der unsrigen lautet: „Nichts was passiert, passiert zufällig – es gibt keine Zufälle!" Das gilt für:

Haben Sie ein Augenmerk auf die „Zufälle"!

▶ **Prozesse:** Kein Seil wird zufällig irgendwo hingeworfen oder liegengelassen. Kein Zielort wird zufällig gefunden oder nicht gefunden. Keine Idee wird durch eine zufällige Eingebung zur Schlüssellösung des Problems.
▶ **Teams:** Keine Gruppendynamik, die sich einfach so entwickelt. Kein Teammitglied, dass zufällig am Rande steht – ausgegrenzt. Keine Idee eines eher zurückhaltenden Teammitgliedes, die zufällig übergehört wurde und schon nach fünf Minuten zur entscheidenden Lösung geführt hätte.
▶ **Führung:** Keine Moderatorin, die zufällig ihren „schlechten Tag" hat. Zielloses Durcheinanderlaufen, da niemand ein Zielbild in die Köpfe setzte. Keine Demotivation, die auf einmal – wie vom Himmel – einsetzte.
▶ **Konflikte:** Keine Auseinandersetzung, die sich einfach über einen Karabiner entzündete (Ursache = Karabiner). Keine zynischen Bemerkungen, die einfach mal so zufällig dahergesagt sind.

Der findige Leser hat längst erkannt, wohin die Reise der „Kein ..."-Aufzählungen" geht. Sobald ich als Teamcoach den Umstand des Zufalls weglasse (Vielleicht gibt es ihn ja doch ...?), kann ich für alle Dynamiken ein spezifisches Verhalten des Teams analysieren.

▶ Was habe ich festgestellt, bemerkt?
▶ Worauf ist das zurückzuführen? Welches Verhalten liegt dem zugrunde?
▶ Kommt dieses Verhalten öfters vor? Kann ich vielleicht von einem grundlegenden Verhalten ausgehen?

Fragen zur Analyse

Da so viel in einem Outdoorsetting passiert, gibt es auch sehr viele Analysehinweise. Manchmal macht es bereits die Masse. Je mehr Sie von diesen Hinweisen aufzeigen und zur Sprache bringen können, desto eher wird das Team in die kritische Selbstbeleuchtung gehen.

Assessments

Diese letztgenannten Fragen und Analysegedanken gelten natürlich gleichermaßen für das Assessment. Auch hier wird zwischen bereits vorhandenen Fähigkeiten, Fertigkeiten, Kompetenzen und noch nicht entwickelten, jedoch grundsätzlich entwicklungsfähigen Potenzialen unterschieden. Wir möchten an dieser Stelle ebenfalls nur grundsätzliche Hinweise zum Einsatz dieser Methode geben, diese jedoch nicht beschreiben, da es hierfür bereits genügend Lektüre gibt.

Vorsicht vor vorschnellen Soll-Ist-Vergleichen

Konzentrieren wir uns vielmehr auf den eigentlichen Prozess. Als Teamcoach möchten Sie viele Hinweise zum Stand der Gruppe bekommen. Sie haben bereits vorab (grobe) Ziele definiert, wohin die Reise mit dem Team gehen soll. Doch Vorsicht! Die Versuchung, das Team bereits mit einem (üblicherweise in Assessments) definierten Profil (Soll-Zustand) abzugleichen und zu bewerten, ist groß. Wir möchten jedoch dringend davon abraten, schon jetzt eine „Schablone" anzulegen, denn Sie befinden sich nach wie vor erst in der Analysephase. Ergo: Es geht darum, die Gruppendynamik zu beleuchten und die wesentlichen Aspekte hierzu aufzuzeigen. Je stärker Sie jedoch in Ihrem Ziele-Gerüst schon festgelegt sind („Genau so soll das Team laufen!"), desto eher werden diese Dynamiken beeinflusst oder sogar frühzeitig unterdrückt.

Der große Unterschied zum „klassischen" Assessment liegt beim Teamcoaching gerade darin, diese Prozesse zu bewältigen und sie dann nachhaltig in die richtige Richtung zu lenken – und das geschieht gerade nicht durch Unterdrückung. Dem überzeugten Assessment-Vertreter sei jedoch gesagt, dass er nicht alle gewohnten Grundsätze über den Haufen schmeißen muss, denn „aufgeschoben ist nicht aufgehoben". In diesem Sinne lässt sich das Ziele-Abgleichen zu einem späteren Zeitpunkt nachholen.

Geeignet: Übungen zur Verhaltenskonfrontation

Ansonsten sind beim Assessment alle Vorgehensweisen und Übungen sinnvoll, die der Verhaltenskonfrontation dienen. Sie müssen jedoch mit dem Team harmonieren. Elemente wie

▶ Gruppendiskussionen
▶ Postkorbübungen (möglichst im Team oder mit Teamansatz)
▶ Rollenübungen
▶ Präsentationsaufgaben bis hin zum
▶ Essensverhalten (Gabeltest)

können zum Einsatz kommen, sofern sie in allererster Linie zur Verhaltensanalyse herangezogen werden. Zweiflern sei gesagt, dass das Team in der Auswertung erfahrungsgemäß eigenständig nach Verbesserung und nach Zielerreichung drängt – manchmal gar zu viel. Schon oft waren wir im Nachhinein verwundert, durch welch kleine Hinweise in dieser Phase die Fesseln beschrieben wurden, die die Gruppe an ihrer Entwicklung hemmten. Nur weil wir später darauf Bezug nehmen konnten, konnte der Veränderungsprozess in der richtigen Tiefe angegangen werden. Wären diese Hinweise unterblieben oder wären sie unterdrückt worden, hätte dieser Schritt deutlich länger gedauert.

Um den Fortschritt kümmert sich das Team meist selbst.

Der Prozessbegleitung als Bestandteil der Analyse haben wir ein eigenes Kapitel gewidmet (siehe Kap. 3.1, S. 109ff.).

3. Tests zur Teamanalyse/-diagnose

Neben den bisher beschriebenen Methoden wollen wir in diesem Unterkapitel verschiedene Tests vorstellen, die gleichzeitig auch den Bedarf an Entwicklungsmöglichkeiten aufzeigen. Die im Folgenden dargestellten Instrumente lassen sich in zwei Kategorien einordnen:

1. Instrumente, die das **Team** in den Mittelpunkt stellen, wie z. B.
   ▶ das Teamrollenkonzept von Belbin,
   ▶ die strukturierten Fragebögen zur Arbeit im Team (F-A-T) sowie
   ▶ der Fragebogen von Francis & Young.

2. Instrumente, die **individuelle Präferenzen** im Hinblick auf Wahrnehmung, Lernen und Verhalten beschreiben. Daraus lassen sich Rückschlüsse für die Zusammenarbeit im Team ziehen. Beispiele sind:
   ▶ die Master Personal Analysis (MPA) sowie
   ▶ das Egogramm.

Selbstverständlich ist diese Liste nicht vollständig. Wir beschreiben hier einige Instrumente, die wir persönlich kennengelernt bzw. mit denen wir selbst gute Erfahrungen gemacht haben. Eine ausführliche Übersicht über die am Markt etablierten Teamdiagnoseverfahren liefert Simone Kauffeld (2001) und das Bildungsportal von

managerSeminare (http://www.managerseminare.de/ctr/frontend/
knowhow_detailom.html?urlID=153723)

Das Teamrollenkonzept von Belbin

Zu den sehr bekannten Arbeiten auf dem Gebiet der Zusammensetzung von Teams gehören die Untersuchungen von R. Meredith
Belbin*. In seiner Arbeit konzentrierte er sich auf die Zusammensetzung der Teams im Hinblick auf verschiedene Persönlichkeitsty-
pen und deren Einfluss auf die Effektivität der Teamarbeit. Dabei
identifizierte er neun verschiedene Rollen, die in einem Teamrol-

Teamrolle	Aufgabe im Team	Eigenschaften	Schwächen
Teamleader/ Co-ordinator Koordinator	Kontrolle und Organisation der Teamaktivitäten, optimale Ausnutzung der vorhandenen Ressourcen, klärt Ziele	Selbstsicher, guter Leiter, stellt Ziele dar, fördert die Entscheidungsfindung, gute Delegationsfähigkeiten, reif, zuverlässig, vertrauensvoll, fördert Kollegen und bindet andere ein	Kann als manipulierend verstanden werden, Tendenz zur Delegation persönlicher Aufgaben
Shaper Macher	Formt die Teamaktivitäten, Diskussionen und Ergebnisse, verfolgt Gruppenziele, indem er andere motiviert	Dynamisch, arbeitet gut unter Druck, hat den Antrieb und Mut, Probleme zu überwinden, hoch motiviert	Neigt zu Provokationen, nimmt zu wenig Rücksicht auf die Gefühle anderer, nervös, anfällig für Provokationen und kurzfristige Temperamentsausbrüche
Plant Entwickler, Erneuerer, Erfinder	Bringt neue Ideen und Strategien ein, sucht nach Lösungen	Kreativ, fantasievoll, unorthodoxes Denken, gute Problemlösungsfähigkeiten	Ignoriert Nebensächlichkeiten, tendiert zur Konzentration auf persönliche Interessengebiete, schwach im Kommunizieren
Monitor-Evaluater Beobachter	Untersucht Ideen und Vorschläge auf ihre Machbarkeit und ihren praktischen Nutzen für die Ziele des Teams	Nüchtern, strategisch, kritisch, berücksichtigt alle Optionen, gutes Urteilsvermögen	Geringer Antrieb, mangelnde Fähigkeit zur Inspiration des Teams

* Die Auswertungsmethode des Belbin-Teamrollenkonzepts ist geschützt und setzt zur
   Anwendung eine entsprechende Lizenzierung voraus. Nähere Informationen unter:
   www.bergander.de

lenmodell zusammengefasst sind (siehe Tabelle). Diese Teamrollen ergeben sich aus den Verhaltensmustern der Teammitglieder, die durch ihre Persönlichkeit und Charakterzüge bestimmt werden. Vollständigkeit und Kombination dieser acht Rollen gewährleisten, dass sich die Teammitglieder in ihren verschiedenen Fähigkeiten optimal gegenseitig unterstützen. Jedes Teammitglied weiß, in welcher Situation es besonders zur Teamleistung beitragen und wann es auf die Stärken der anderen aufbauen kann.

Synergien durch optimale Ergänzung der Teamrollen

Nach Belbin (1981) braucht jedes Team eine optimale Balance der Teamrollen, die wiederum abhängig von den spezifischen Zielen und Aufgaben der Gruppe ist. In einem Montageteam sind andere

Teamrolle	Aufgabe im Team	Eigenschaften	Schwächen
Implementer Umsetzer	Setzt allgemeine Konzepte und Pläne in praktikable Arbeitspläne um und führt diese systematisch aus	Diszipliniert, verlässlich, konservativ, effizient, setzt Ideen in Aktionen um	Etwas unflexibel, Mangel an Schwung und Fähigkeit, andere zu motivieren, überkritisch, ohne selbst viel zur Lösung beizutragen, will recht behalten, emotionalen Argumenten nicht zugänglich
Team Worker Teamarbeiter, Teamsupporter	Hilft den Teammitgliedern effektiv zu arbeiten, verbessert Kommunikation und Teamgeist	Kooperativ, sanft, einfühlsam, diplomatisch, hört zu, baut Spannungen ab, sozial, scharfsinnig	Unentschieden in kritischen Situationen
Resource Investigator Ermittler, Wegbereiter, Weichensteller	Untersucht Quellen außerhalb des Teams, entwickelt nützliche Kontakte	Extrovertiert, enthusiastisch, kommunikativ, findet neue Optionen, entwickelt Kontakte, stellt Kontakte zur Außenwelt dar, verhandelt und holt Informationen von außen	Über-optimistisch, verliert leicht das Interesse nachdem sich der erste Enthusiasmus gelegt hat
Completer/ Finisher Perfektionist	Vermeidet Fehler und Versäumnisse, stellt optimale Ergebnisse sicher	Sorgfältig, gewissenhaft, ängstlich, findet Fehler und Versäumnisse, hält Fristen ein	Neigt zu übertriebener Besorgnis, delegiert nicht gern, gibt Verantwortung nicht gerne aus der Hand
Specialist Spezialist	Liefert Informationen und Wissen, das sonst kaum verfügbar ist.	Selbstbezogen, engagiert dem Fachwissen zugewandt, stolz auf die eigene Expertise	Leistet nur im engsten Rahmen einen Beitrag. Lebt nur im eigenen, spezialisierten Interessenfeld

Rollen als in einem Produktmarketingteam erforderlich. Die Effektivität eines Teams ist von der richtigen Selbsteinschätzung der Mitglieder und von deren Anpassungsfähigkeit an das Team abhängig.

Nutzen und Grenzen des Modells

Fördert gegenseitige Akzeptanz und eine realistische Erwartungshaltung

Belbins Modell der Teamrollen hat viel zum Verständnis effektiver Teamarbeit beigetragen. Die Kenntnis über die eigene Teamrolle und die besonderen Fähigkeiten der Kollegen ermöglicht es, realistische Erwartungen zu den Beiträgen einzelner Teammitglieder zu entwickeln und diese mit den Bedürfnissen der Teamaufgabe abzugleichen. Ferner können typische Muster im Teamverhalten erkannt und gezielt genutzt bzw. beeinflusst werden. Ein Team kann seine Ressourcen nur dann optimal nutzen, wenn die Balance der Teamrollen gegeben ist. So kann ein Team noch so gute Ideen haben und Maßnahmen planen, fehlt aber der „Completer-Finisher", der auf Fristen und Zeitpläne hinweist, wird das Geplante nicht bzw. nicht fristgerecht umgesetzt.

Obwohl Belbins Modell eine nachvollziehbare Erklärung für erkennbare Abweichungen in der Leistung verschiedener Teams bietet, ist es nicht frei von Kritik. Kauffeld (in: Jöns & Bungard 2005) weist darauf hin, dass es zweifelhaft ist, inwieweit es sich um ein reliables (Reliabilität: *Genauigkeit* eines Messverfahrens) und valides (Validität: *Gültigkeit* eines Messverfahrens) Messinstrument handelt.

Selbstverständlich sollte man sich davor hüten, das Belbin-Konzept als alleinigen Garanten für eine erfolgreiche Teamarbeit anzusehen. Weitere Faktoren wie Zielklärung, Umfeld des Teams, die „Chemie" zwischen den Teammitgliedern (persönliche Aversionen, Karrieredenken, andere Prioritäten) und die Bedeutung der Teamprozesse (Kommunikation, Informationsaustausch, Vorgehensweisen, Abstimmung, Führung, Schnittstellenmanagement) sind mindestens ebenso entscheidend für den Teamerfolg. Auch ein Team mit optimaler Zusammensetzung kann nur dann wirklich effektiv arbeiten, wenn eine positive, von gegenseitigem Respekt geprägte Atmosphäre besteht und funktionsfähige Prozesse zur Kommunikation und Konfliktbewältigung entwickelt werden können.

Dennoch bietet das Modell in einem Teamcoaching-Prozess eine gute Diskussionsgrundlage für die Rollenbesetzung und die gegenseitige Akzeptanz im Team. So können sich beispielsweise der

Erneuerer ständig über die „fantasielose Pragmatik" des Implementierers und der Implementierer seinerseits über die „weltfremden Spinnereien" seines Kollegen aufregen. Beide können aber auch erkennen, wie ideal sie sich ergänzen und dass beide Eigenschaften für den Teamerfolg entscheidend sind.

In der Auswertung sind neben den Primär- auch die Sekundärrollen der Teammitglieder wichtig. Fehlen dem Team verschiedene Rollen, so wird vom Coach kritisch hinterfragt, in welchen Arbeitssituationen diese Vakanz auffällt und wie diese auf die Leistung des Teams Einfluss nimmt.

▶ Gibt es Teammitglieder, die diese Rollen einnehmen können? Dies können Mitglieder sein, bei denen diese Rolle sekundär ausgeprägt ist.
▶ Gibt es Konkurrenzen zwischen den Rollen? Teams, in denen beispielsweise die Rolle des Teamleiters mehrfach besetzt ist, können unter den Auswirkungen gegenseitiger Machtansprüche leiden, die z.T. konfliktreich ausgetragen werden.

Vakante Rollen sind anzusprechen.

Somit bietet das Modell viele Ansätze, um über brisante Themen wie Rollenklärung, Konkurrenzen und Leistungsfähigkeit ins Gespräch zu kommen. In der Teamdiagnose sollte man es indes als *ein* zusätzliches Instrument verstehen. Es ersetzt keinesfalls eine nähere Betrachtung des Teams durch Interviews oder Fragebögen.

Der Fragebogen zur Arbeit im Team (F-A-T)

Der Fragebogen wurde auf der Grundlage der Diskussion von Trends in der Teamentwicklung, der Betrachtung vorhandener Teamdiagnose-Instrumente und der Ableitung von Anforderungen an ein Teamdiagnose-Instrument entwickelt (vgl. Kauffeld in: Jöns & Bungard 2005). Der F-A-T umfasst 24 Items mit den Dimensionen zu Zielorientierung, Aufgabenbewältigung, Zusammenhalt und Verantwortungsübernahme.

Analyse von vier Dimensionen der Teamarbeit

▶ **Zielorientierung:** Hier geht es um die Zielklarheit, inwieweit die Anforderungen an Ergebnisse eindeutig formuliert oder die Ziele realistisch und erreichbar sind. Ist dies nicht der Fall, sollten Kriterien zur Bestimmung des Grades der Zielerreichung generiert werden (vgl. hierzu Kap. 2.8, Kein Teamcoaching ohne

Überprüfung/Evaluation, S. 100ff.). Unter Umständen ist es notwendig, das vorhandene Teamarbeitskonzept in der Gesamtorganisation zu hinterfragen. Bei mangelnder Akzeptanz der Ziele kann deren Sinn und Zweck diskutiert werden: Warum sind die Ziele der Gesamtorganisation wichtig? Welchen Beitrag leistet das Team? Was passiert, wenn die Ziele nicht erreicht werden?

▶ **Aufgabenbewältigung:** Hier geht es um die Arbeitsabläufe, Informationsfluss und Reibungsverluste in den Schnittstellen sowie um Doppelarbeiten. Gibt es Fehler, die immer wieder passieren und aus denen nicht gelernt wird?

▶ **Zusammenhalt:** Hierbei steht die Identifikation der einzelnen Mitglieder mit dem Team im Mittelpunkt. Besteht Konkurrenzdenken, das zu Lasten des Teams geht? Gibt es Konflikte oder Subgruppen, die nachteilig auf den Zusammenhalt des Teams wirken?

▶ **Verantwortungsübernahme:** Attestieren sich die Mitglieder gegenseitig eine hohe Verantwortungsübernahme oder gibt es Wahrnehmungsunterschiede hinsichtlich der Einsatzbereitschaft? Häufig ist das Phänomen zu beobachten, dass die eigene Leistung über- und die des Gegenübers unterschätzt wird. Treten an dieser Stelle im Team Defizite auf, dann müssen gegenseitige Erwartungen, Werte und Normen in der Gruppe thematisiert werden.

Wissenschaftlich abgesichertes Instrument

Der F-A-T bietet einen Überblick über den Stand der Gruppenentwicklung im Unternehmen, kann Stärken und Schwächen von Teams identifizieren und Teamentwicklungsprozesse initiieren und begleiten. Er ist leicht verständlich, für unterschiedliche Zielgruppen erprobt und lässt sich in fünf bis zehn Minuten ausfüllen*. Zudem handelt es sich um ein getestetes und erprobtes Verfahren, das wissenschaftlich abgesichert ist. Zur Interpretation können zusätzlich Vergleichswerte herangezogen werden, die sich in die Ergebnisdarstellungen integrieren lassen. Als zusätzliche Einordnungs- und Orientierungshilfe wird der Prozentrang der Gruppe im Vergleich zur Referenzgruppe ausgewiesen.

---

* Der Fragebogen und das Testauswertungsprogramm sind über den Hogrefe-Verlag erhältlich: Hogrefe Verlag (Testzentrale) Göttingen 2005, 258 Euro (komplett mit umfangreicher Mappe), Bestell-Nr. 0126802 (keine ISBN)

Der Fragebogen nach Francis und Young

Der Fragebogen von D. Francis und D. Young (Francis, Young 1998) besitzt zwölf Skalen und beinhaltet 108 Fragen. Er ist aufwendiger in der Bearbeitung, gibt dafür aber mehr Hinweise auf die Stärken und Schwächen des Teams. Die Auswertung kann jede Person für sich durchführen, die Ergebnisse können anschließend in der Gruppe veröffentlicht und besprochen werden (dies bitte vorher mit den Mitgliedern klären!). Im Gegensatz zum F-A-T erhebt der Fragebogen keinen wissenschaftlichen Anspruch, er versteht sich lediglich als Diskussionsgrundlage. Nach der Präsentation der Ergebnisse wird überprüft, ob die Antworten tatsächlich die Eindrücke der Gruppe widerspiegeln. Danach markieren die Teammitglieder die Themen, die aus Sicht der Gruppe die vordringlichsten sind.

Viele Hinweise auf Stärken und Schwächen des Teams

Team-Dimensionen nach Francis und Young

- ▶ Führung
- ▶ Qualifikation
- ▶ Engagement
- ▶ Klima
- ▶ Leistungsniveau
- ▶ Rolle in der Organisation

- ▶ Arbeitsmethoden
- ▶ Organisation
- ▶ Kritik
- ▶ Weiterbildung
- ▶ Kreativität
- ▶ Beziehungen zu anderen Gruppen

Wie auch beim F-A-T kommt es bei der Besprechung der Ergebnisse nicht nur auf die negativen Antworten an. Interessant sind im Hinblick auf den anstehenden Teamcoaching-Prozess insbesondere die heterogenen Antworten, denn sie indizieren mögliche Konflikte. Selbst wenn nur ein oder zwei Mitglieder das Gefühl haben, das Team funktioniere nicht optimal, muss dies berücksichtigt werden. Denn einzelne Teammitglieder können als Symptomträger für ein grundsätzliches Problem innerhalb der Gruppe stehen.

Heterogene Antworten liefern Hinweise auf mögliche Konflikte

Master Personal Analysis (MPA)

Der Persönlichkeitstest Master Person Analysis (MPA) ist ein Instrument zur Verhaltensanalyse, das ein exaktes Profil in verschiedenen beruflichen Zusammenhängen aufzeigt. Er lässt sich daher auch

Wissenschaftlich abgesichertes Instrument zur Verhaltensbeschreibung, ...

gut im Rahmen des eigentlichen Coaching-Prozesses einsetzen. Das Instrument wurde 1985 speziell zum Zweck der Verhaltensbeschreibung im betrieblichen Umfeld in Zusammenarbeit mit mehreren Unternehmungen und der Universität Kopenhagen interdisziplinär entwickelt und empirisch überprüft. Die Grundlage für den MPA bilden die wissenschaftlichen Arbeiten von Carl Gustav Jung mit seiner Typologielehre sowie, bezogen auf das Teamrollenmodell, die Theorie von Prof. Dr. R. Meredith Belbin.

Mit dem MPA ist es möglich, das Verhalten hinsichtlich des beruflichen Umfelds in neun Haupteigenschaften und 28 abgeleiteten Eigenschaften zu erfassen (siehe Abb. unten).

... das auch Team-rollen ausweist ...

Der Test wird online ausgefüllt, anschließend werden die Ergebnisse dem Coachee in einem Auswertungsgespräch erläutert. Der Coach nutzt die Auswertung, um die Stärken und die Entwicklungsmöglichkeiten des Coachees schnell zu erkennen. Mithilfe der anderen Coaching-Methoden (vgl. Kap. 3.3, Das Einzelcoaching im Teamcoaching-Prozess, S. 122ff.) bekommt der Coachee ein umfangreiches Bild seiner selbst und kann gezielte Handlungen ableiten. Für den Teamcoching-Prozess ist der MPA interessant, da dieser neben der persönlichen Auswertung auch die Teamrollen ausweist.

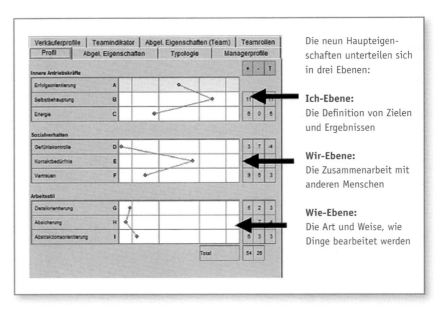

Abb.: Analyse-Ebenen des MPA

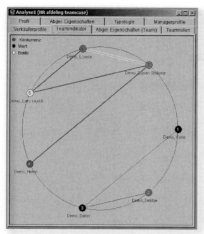 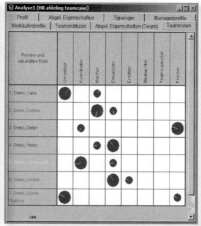

Abb.: Das Beispiel rechts zeigt, dass die Teamrollen des Beobachters und des Team-supporters fehlen. In diesem Fall sind mögliche Auswirkungen auf das Teamziel zu

Als ergänzendes Analysetool im Teambereich ermittelt die Master Person Analysis die möglichen Konfliktpotenziale im Team (siehe Abb. oben). Dabei stehen zwei Schwerpunkte im Vordergrund:

... und Konflikt-potenziale identifiziert.

▶ das Konkurrenzdenken und
▶ das Wertedenken.

Mit der Messung von Verhaltensausprägungen lassen sich diese Beziehungsgeflechte und daraus resultierende eventuelle Konflikt-bereiche herausarbeiten.

Doch Vorsicht: Hier werden mögliche Konfliktfelder aufgezeigt, was aber nicht heißt, dass der Konflikt auch tatsächlich besteht. Erläu-tern wir dies noch einmal anhand der bereits bei den Belbin-Teamrollen erwähnten potenziellen Konfliktfeldern zwischen Ent-wicklern und Umsetzern. Beide Rollen beinhalten unterschiedliche Sichtweisen auf die gemeinsame Aufgabe. Der Entwickler bringt tendenziell neue Ideen und Strategien ein, sucht nach Lösungen, ist kreativ, fantasievoll, besitzt ein unorthodoxes Denken und gute Problemlösungsfähigkeiten. Er ignoriert aber eher Nebensächlich-keiten und tendiert zur Konzentration auf persönliche Interessen-gebiete. Zudem ist sein Kommunikationsverhalten im Allgemeinen nicht stark ausgeprägt. Der Umsetzer hingegen ist geprägt durch seine pragmatische Art. Er setzt Konzepte und Pläne in praktikable

Arbeitspläne um und führt diese systematisch aus. Er ist in aller Regel diszipliniert und verlässlich, tendiert aber dazu, auf neue Möglichkeiten unflexibel zu reagieren.

Die idealtypischen Beschreibungen zeigen die Unterschiedlichkeit beider Teamrollen, womit deutlich wird, dass hier Konfliktfelder vorhanden sein können. Konfliktfrei ist die Konstellation, wenn die Beziehung zwischen beiden Teampartnern von Akzeptanz und der Einsicht geprägt ist, dass beide Rollen für das Erreichen des Teamziels wichtig sind.

In der Diskussion ist immer wieder zu berücksichtigen, dass die Ergebnisse der Teamanalyse Hinweise geben können und nicht in Stein gemeißelte Realitäten für das Team darstellen. Mit dem Team sollte kritisch diskutiert werden, inwieweit die Ergebnisse auf den Teamalltag zutreffen und wie sich gewisse Konstellationen auswirken.

Egogramm / Transaktionsanalyse

Ein weiteres Analysemodell stellt das äußerst bekannte Egogramm dar, das auf der Grundlage der Transaktionsanalyse basiert. Die Transaktionsanalyse (TA) bezeichnet eine aus der Psychoanalyse abgeleitete Theorie und ein daraus entwickeltes psychotherapeutisches Verfahren, dessen Begründer der kanadische Psychiater Eric Berne ist.

Erläutert werden persönliches Verhalten und Kommunikationsstrukturen

Im Rahmen des Teamcoaching-Prozesses setzen wir die Transaktionsanalyse ein, um Hinweise auf die teaminternen Kommunikationsstrukturen zu bekommen. Für die Einzelperson gibt die Transaktionsanalyse zudem wichtige Hinweise und Erklärungshilfen für das eigene Verhalten und kann daher auch im Einzelcoaching eingesetzt werden. Die Transaktionsanalyse ist damit gleichermaßen

▶ ein Persönlichkeitskonzept, das dazu hilft, innere Prozesse zu verstehen,
▶ ein Kommunikationskonzept, das zwischenmenschliche Kommunikation beschreiben und erklären kann.

Jeder Mensch hat ganz spezielle Charaktereigenschaften und sehr unterschiedliche Verhaltensstile, mit denen er in der Gruppe auftritt. Mal wirkt ein und dieselbe Person herablassend und dominant, mal kühl und rational und ein anderes Mal vielleicht spielerisch wie ein Kleinkind. Manch einer verliert sogar ganz sein persönliches Ich, wenn er zum Beispiel etwas falsch gemacht hat und versucht, den Fehler zu vertuschen („Das ist nicht meine Schuld!", „Das lag an der anderen Abteilung ...").

Das Persönlichkeitskonzept der Transaktionsanalyse

Der Transaktionsanalyse liegt ein Persönlichkeitsmodell zugrunde, welches das unterschiedliche Auftreten eines Menschen in verschiedenen Situationen erklärt. Dieses Persönlichkeitsmodell unterteilt den Charakter eines Menschen in drei Bereiche: einen Eltern-Ich-Zustand, einen Erwachsenen-Ich-Zustand und einen Kindheits-Ich-Zustand. Je nach Situation kann ein und dieselbe Person entweder aus seinem Erwachsenen-Ich, Eltern-Ich oder Kindheits-Ich heraus handeln und kommunizieren. Das Eltern-Ich teilt sich in ein Kritisches Eltern-Ich und ein Stützendes Eltern-Ich; das Kindheits-Ich ist unterteilt in ein Natürliches, ein Angepasstes und ein Rebellisches Kindheits-Ich (siehe Übersicht ab S. 78).

Unterschiedliche Ich-Zustände bedingen unterschiedliche Verhaltensweisen.

Jeder Mensch verfügt über alle sechs Ich-Zustände, jedoch in unterschiedlicher Ausprägung. Würde einem Menschen einer der sechs Ich-Zustände völlig fehlen, so kann sich dieser in seiner Umwelt kaum integrieren. Wer zum Beispiel überhaupt kein Erwachsenen-Ich hätte, würde durch das Leben ziehen, ohne nachzudenken und rational zu handeln. Hätte jemand überhaupt kein Angepasstes Kindheits-Ich, gäbe jede noch so kleine Frage – und sei es nur die, wo die Akten abgeheftet werden – Anlass, um einen Konflikt vom Zaun zu brechen.

Die Verteilung der Ich-Zustände wird in einem so genannten Egogramm meist in Form eines Säulendiagramms visualisiert (siehe Abb. rechts); der entsprechende Fragebogen ist mittlerweile im Internet unter www.transferx.de/Fragebogen_Egogramm.pdf erhältlich.

Die sechs Ich-Zustände eines Menschen

Kritisches Eltern-Ich

Dieser Persönlichkeitsanteil eines Menschen ist stark geprägt von der Erziehungsmethode der Eltern. Was einem als Kind von den Eltern eingebläut wurde, bestimmt auch noch das Verhalten im hohen Alter. Im Kritischen Eltern-Ich steckt die typische Vater/Mutter-Figur eines Menschen, wenn es um die Zurechtweisung und Erziehung der Kinder geht.

typische Aktionen   Wer aus seinem Kritischen Eltern-Ich heraus handelt, weist andere zurecht, erteilt anderen Befehle, kritisiert andere oder verteilt gar Strafen.

typische Gesten   Typisch für das Kritische Eltern-Ich sind Kopfschütteln, ein eiserner Blick oder der erhobene Zeigefinger. Die Stimme wird lauter, die Sprache schneller.

typische Worte   Wer aus seinem Kritischen Eltern-Ich heraus handelt, benutzt häufig Worte wie müssen, sollen oder eindeutige Antworten wie ja und nein.

Stützendes Eltern-Ich

Im Stützenden Eltern-Ich steckt die typische Vater/Mutter-Figur eines Menschen, wenn es um die Sorge ums eigene Kind geht, also wenn es z.B. getröstet, gewaschen oder bekocht wird.

typische Aktionen   Tröstet; zeigt Verständnis für den Fehler eines anderen; unterstützt andere.

typische Gesten   Eine typische Geste für das Stützende Eltern-Ich ist das Schulterklopfen. Handlungen aus dem Stützenden Eltern-Ich heraus erkennt man auch an einer beruhigenden, warmen Stimme.

typische Worte   Typische Floskeln, wenn man aus seinem Stützenden Eltern-Ich heraus redet, sind „Kopf hoch!", „Ist nicht so schlimm." oder „Das kann jedem passieren.".

Erwachsenen-Ich

Während das Eltern-Ich eines Menschen vor allem durch die Erziehung und die Erlebnisse in der Kindeszeit geprägt wird, entwickelt sich das Erwachsenen-Ich erst im Laufe des Lebens. Das Erwachsenen-Ich lebt also von der Lebenserfahrung eines Menschen. Ein Mensch handelt hauptsächlich dann aus dem Erwachsenen-Ich heraus, wenn es um sachlichen Informationsaustausch geht, z.B. wenn man sich bei der Bank über eine Geldanlage informiert. Will ein Mensch vernünftige und rationale Entscheidungen treffen, muss er sich seines Erwachsenen-Ichs bedienen. Das Erwachsenen-Ich kann auch eingesetzt werden, um natürliches Verhalten aus dem Kindheits-Ich zu unterdrücken oder zu fördern. Mithilfe des Erwachsenen-Ichs kann ein Mensch überprüfen, ob sein Eltern-Ich und sein Kindheits-Ich überhaupt noch zeitgemäß sind.

Zum Beispiel nüchterner Vergleich von verschiedenen Strategiemöglichkeiten.   *typische Aktionen*

Arm an Gesten, bleibt sachlich und neutral; Gefühle kommen nicht zum Vorschein. Die Stimme ist neutral und klar.   *typische Gesten*

Stellt die typischen W-Fragen (wer, was, wann, wo ...). Wägt Alternativen ab mit Worten wie „könnte" oder „angenommen".   *typische Worte*

Natürliches Kindheits-Ich

Im Kindheits-Ich stecken die Gefühle, die man als Kind hatte. Deshalb handelt man, wenn man sich gerade im Kindheits-Ich-Zustand befindet, auch nach Gefühl und Lust. Das Natürliche Kindheits-Ich drückt die unbekümmerte, spontane und natürliche Art eines Kindes aus.

Spontane Entscheidungen oder auch ein beherztes Lachen über die Aussage eines Gegenübers erfolgen oft aus dem Natürlichen Kindheits-Ich heraus. Typisch ist ein völlig befreites Verhalten, ohne dass man sich um den anderen kümmert.   *typische Aktionen*

Zu den typischen Gesten des Kindheits-Ichs in seiner natürlichen Form gehören Gefühlsäußerungen wie Lachen als Ausdruck der Freude oder Weinen als Ausdruck der Trauer.   *typische Gesten*

Wer wie ein natürliches Kind redet, benutzt gerne Worte wie super, toll etc.   *typische Worte*

Angepasstes Kindheits-Ich

Das Kindheits-Ich eines Menschen wird wie das Eltern-Ich bereits in der Kindheit eines Menschen geprägt. Das Angepasste Kindheits-Ich drückt das gehorchende, sich den Eltern unterordnende Kind aus, welches nicht aufgrund eigener Überlegungen handelt, sondern die Befehle der Eltern befolgt.

Kopfnickend und „sofort gehorchend", wenn zum Beispiel vom Chef etwas gesagt wird.   *typische Aktionen*

Eine typische Geste ist das Zögern bei jeder noch so kleinen Entscheidung. Auch wer dem anderen immer zustimmend zunickt, ohne seinen eigenen Standpunkt darzulegen, handelt aus dem Angepassten Kindheits-Ich heraus.   *typische Gesten*

Ein typisches Wort ist das „äh" bei jedem Satz, um die eigene Aussage zu verzögern. Typisch ist auch das Wort „Ja" als Folge permanenter Zustimmung. anbei der Nachtrag zum rebellischen Kind.   *typische Worte*

Rebellisches Kindheits-Ich

Das Kindheits-Ich eines Menschen wird wie das Eltern-Ich bereits in der Kindheit eines Menschen geprägt. Das rebellische Kind reagiert auf Anforderungen oft rebellisch, was sich in lautstarkem Protest, aber auch in passiv-aggressivem Verhalten zeigen kann. Auch im rebellischen Kind-Ich-Zustand orientieren wir uns vorwiegend an den Forderungen anderer, nur tun wir gerade das Gegenteil von dem, was von uns erwartet wird. Positiv kann diese rebellische Haltung zum Beispiel durch angemessenes mutiges Eintreten für unsere Überzeugungen gelebt werden.

typische Aktionen Häufiges Abgrenzen, ist erst einmal ablehnend, setzt sich direkt zur Wehr, zeigt sich kämpferisch, ist zum Teil auch jähzornig.

typische Gesten Eine typische Geste ist das Kopfschütteln.

typische Worte „Stopp, das geht nicht, warum das?" „Wieso müssen wir ...?"

Die Transaktionsanalyse auf der Kommunikationsebene

Was ist eine Transaktion? Eine Transaktion ist ein einziger Schritt in der Kommunikation zweier Menschen, der zum Beispiel aus einer Frage und einer Antwort, einer Aussage und einer Gegenaussage oder einem Kommando und einer Rückfrage besteht. Bei einer solchen Transaktion sind immer zwei Personen mit zum Teil völlig unterschiedlicher Persönlichkeitsstruktur beteiligt.

Warum dieselbe Frage zu gänzlich unterschiedlichen Antworten führt. Stellen zehn verschiedene Leute zehn anderen Leuten dieselbe Frage, erhalten sie durchweg völlig unterschiedliche Antworten. Dabei hängt die Art und Weise, wie die zweite Person antwortet, nicht alleine von der Fragestellung ab, sondern auch von Sympathiegefühlen für den Fragenden und natürlich von der eigenen Stimmung.

Das Modell der Transaktionsanalyse versucht nun herauszufinden, welche Ich-Anteile der beteiligten Personen in schwierigen Kommunikationsphasen oder in Konflikten zum Tragen kommen. Zur Veranschaulichung wurde dazu ein Modell entwickelt, bei dem die beiden Kommunizierenden jeweils durch drei Kreise symbolisiert werden, die wiederum jeweils einen der drei Ich-Zustände symbolisieren. Durch Pfeile verdeutlicht man dann, welcher Teil des El-Er-K (Eltern-, Erwachsenen-, Kindheits-Ich) einer Person mit welchem *Komplementäre und überkreuzte Transaktionen* Teil des El-Er-K der anderen Person interagiert. Mithilfe des Schemas und aufgrund der Auswertung zahlreicher Transaktionen lassen sich folgende Transaktionstypen unterscheiden:

1. Transaktionen werden **komplementär** genannt, wenn im Transaktionsschema die Pfeile parallel verlaufen. Für solche Transaktionen gilt die **erste Kommunikationsregel** der Transaktionsanalyse:

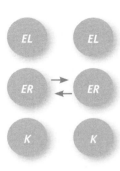

komplementäre Transaktion

Wenn Aktion und Reaktion im El-Er-K-Transaktions-Schema auf parallelen Linien verlaufen, dann ist die Transaktion komplementär (d.h., sie ergänzt sich selbst immer wieder von neuem) und kann endlos weitergehen. Damit eine Transaktion als komplementär bezeichnet werden kann, muss sie sich nicht zwischen zwei gleichen Ich-Zuständen abspielen. Es wird lediglich gefordert, dass die Pfeile im Transaktionsschema parallel verlaufen.

Beispiel:
A: „Ich möchte Sie über den Termin der nächsten Sitzung informieren. Sie findet am Freitag um 17.00 Uhr statt." (Erwachsenen-Ich informiert Erwachsenen-Ich)
B: „Vielen Dank, das werde ich mir gleich notieren." (Erwachsenen-Ich antwortet Erwachsenen-Ich)

2. Für eine **Überkreuz-Transaktion** gilt die **zweite Kommunikationsregel** der Transaktionsanalyse:

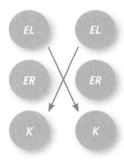

Überkreuz-Transaktion

Wenn Aktion und Reaktion sich im El-Er-K-Schema überkreuzen, wird die Kommunikation unterbrochen. Hier gibt es zahlreiche Kombinationsmöglichkeiten der Ich-Zustände und meist führen die Überkreuz-Transaktionem zu Konflikten. Die Transaktionsanalyse liefert dabei sowohl einen Erklärungsansatz für die Entstehung von Konflikten als auch einen Ansatz zu deren Beilegung.

Bei Menschen, die meist in ihrem Kindheits-Ich agieren, hat diese Lebensanschauung zur Folge, dass sie sich ständig angegriffen fühlen. Sie interpretieren in alles, was ihnen entgegengebracht wird, eine negative Absicht hinein. Positive Äußerungen deuten solche Menschen um, damit sie in ihr Weltbild passen.

Beispiel:
A: „Was haben Sie sich eigentlich bei dieser Auftragsannahme gedacht?" (Eltern-Ich spricht Kind-Ich an)
B: „Und was denken Sie sich dabei, so mit mir zu reden?" (Eltern-Ich antwortet und spricht das Kind-Ich des anderen an)

Übung:
Kommunikations-
probleme aufdecken

Mit dem Modell der TA lassen sich verschiedene Kommunikations-störungen im Team plausibel und leicht nachvollziehbar darstellen. Das prädestiniert das Modell auch für den Einsatz in Workshops und Trainings. So lassen wir die Teilnehmer zunächst das Egogramm ausfüllen, damit jede Person Klarheit über das eigene Muster be-sitzt. Danach kann die Gruppe in ihre verschiedenen Ich-Zustände eingeteilt werden. Jeder dieser Gruppe beschäftigt sich anschlie-ßend mit folgenden Fragen:

▶ Wie kommunizieren wir am liebsten?
▶ Wann bekommen wir Kommunikationsprobleme?
▶ Welche typischen Situationen/Aussagen führen bei uns zu Stö-rungen oder Konflikten?
▶ Was kann ich gar nicht vertragen?

Nachdem jede Gruppe die Fragen beantwortet und vorgestellt hat, werden die für das Team typischen Kommunikationsstörungen näher betrachtet. Die Gruppe klärt das Zustandekommen solcher Si-tuationen und bespricht, was die Beteiligten in solchen Situationen tun können, damit die Störung schnell behoben werden kann.

Die Rolle der Führungskraft im Coaching-Prozess

„Führen heißt vor allem, Leben in den Menschen wecken, Leben aus ihnen hervorlocken." – Diese kleine Volksweisheit des Benediktinermönchs Anselm Grün trifft selbstverständlich auch für das Teamcoaching zu. Teamleiter können ein Team beflügeln und zu Höhenflügen animieren oder auch deprimieren, demotivieren und herunterziehen. Umso wichtiger ist es für Teamleiter und Team, Klarheit über das Führungsverständnis des Teamleiters zu haben. Der Begriff Führungsverständnis beschreibt zum einen die Art und Weise, wie das Team geführt wird, beinhaltet aber auch, wie der Name schon sagt, das eigentliche Verstehen des Führens. Jedes Teammitglied möchte verstehen, wie es geführt wird und wie sich das Team im Sinne des Teamleiters verhalten soll.

Führungsverständnis heißt: Führung verstehen

Und hier gibt es „nix, wat et nit jitt" wie der Rheinländer sagen würde: Bei einer Stadtverwaltung hatte eine Teamleitung maximal die „Erlaubnis" des Teams, die Moderation zu übernehmen und zwar in dem Sinne, dass so lange über ein strittiges Thema diskutiert wurde, bis eine Einstimmigkeit zustande kam. Bei einem neu konstituierten Werksteam saßen die Mitglieder in der täglichen Teamsitzung wie die „Kaninchen vor der Schlange" und waren heilfroh, wenn der Rapport-Kelch an jedem Einzelnen vorübergegangen war.

Zwei extreme Möglichkeiten, wie unterschiedlich sich Führung auf Teams auswirken kann. Oftmals ist die vom Team falsch verstandene Führung die Basis für Konflikte. Aber auch eine falsch interpretierte Erwartungshaltung seitens der Führungskraft kann zu Spannungen führen. Anhand eines Beispiels möchten wir Möglichkeiten aufzeigen, wie im Coaching-Prozess mit diesem Thema umgegangen werden kann und welche Auswirkungen/Einflüsse sich daraus ergeben.

Ein klassisches Fallbeispiel

Im folgenden Fall wird deutlich, wie Führung auf Teamprozesse Einfluss nimmt und wie sich ein ursprünglich gedachtes Gesamt-Teamcoaching zu einem 2er-Führungsteam-Coaching entwickelte, wodurch der Teamcoaching-Prozess letztlich ohne einen einzigen gemeinsamen Tag mit dem Gesamtteam abgeschlossen wurde.

Die unterschiedliche Interpretation der Führungsrolle ...

Der im Fokus stehende Abteilungsleiter hatte hierarchisch zwei Gruppenleiter zu führen. Deren Führungsrolle war jedoch weder beschrieben noch kommuniziert, wurde von den beiden unterschiedlich verstanden und von daher schon gar nicht gelebt.

... macht die Gruppenleiter zum Spielball des Teams.

Da die beiden Gruppenleiter die zentrale Rolle sowohl auf der Ziele- und Umsetzungsebene als auch auf der Beziehungsebene spielten, wurde auch ein großer Teil des Konfliktpotenzials auf diesem Wege in das Team bzw. die Abteilung hineingetragen. Aber auch vom Team selbst wurden die beiden Gruppenleiter – je nach „Erfordernis" – benutzt und ausgespielt. Dies war beiden jedoch nicht klar. Gruppenleiter 1 ließ sich als „Beziehungs-Führungskraft" beschreiben. Sie besaß die Kontakte „nach unten", war Ansprechpartner vom Betriebsrat und trat für die Belange der Mitarbeiter ein, allerdings auf recht profane wie undiplomatische Weise und oft sehr emotional. Gruppenleiter 2 war die „Runterbrech-Führungskraft", die den Kontakt mit dem Abteilungsleiter pflegte, viel Verständnis für dessen Ziele hatte und diese auch nach unten kommunizierte; jedoch auch schon einmal, auf Betreiben des Teams hin, abgesetzt worden war – mit an Mobbing grenzenden Methoden. Dies ergab sich aus den Einzelgesprächen.

Das Konzept sah Teilgruppencoaching mit den Gruppenleitern vor. Die Inhalte:

▶ Beziehungsklärung
▶ Klärung der Rollen
▶ Erarbeitung eines gemeinsamen Führungsverständnisses
▶ Vorbereitung auf den Workshop mit dem Abteilungsleiter

Zu diesem Zeitpunkt war noch der Integrationsprozess aller Beteiligten – Abteilungsleiter, beide Gruppenleiter und das gesamte aus etwa 20 Personen bestehende Team – als Maßnahme geplant.

Die *Beziehungsklärung* in 3er-Gesprächen (Coach und zwei Gruppenleiter) war dadurch geprägt, dass beiden Gruppenleitern die oben
geschriebene Analyse im Groben klar war, aber nur von der jeweils
schwärzesten Seite gesehen wurde. Die Chancen, die in dieser
Konstellation bestanden, wollten sie bewusst nicht sehen. Das
Coaching sollte auf der Beziehungsebene Klarheit schaffen, um eine
gesunde Plattform für die Zusammenarbeit zu schaffen. Dies gelang
durch das Arbeiten auf drei Ebenen:

*Die Klärung der
Zusammenarbeit auf
drei verschiedenen
Ebenen ...*

1. **Vergangenheitsbewältigung** durch einmaliges und respekt-
   volles Benennen wesentlicher Aspekte der letzten Zeit. Dabei
   kam heraus, das Gruppenleiter 1 nicht ganz unbeteiligt an der
   Mobbing-Aktion gegen Gruppenleiter 2 gewesen war, wofür er
   sich dann entschuldigte sowie die Beweggründe für sein damali-
   ges Verhalten erklärte.
2. **Werte-Klarheit**, um den Respekt vor dem Handeln des Teamkollegen zu erzeugen. Dies funktionierte durch die Schilderung
   einzelner Arbeitsabläufe und dem Hinterfragen, was daran als
   besonders wichtig und wertvoll empfunden wird.
3. **Erwartungsklärung**, indem die konkreten Erwartungen an die
   zukünftige gemeinsame Zusammenarbeit formuliert wurde. Diese
   wurden verdeckt erarbeitet und dann über Karten offengelegt.

Damit war die Basis für die künftige Zusammenarbeit geschaffen und es ging nun an die *Klärung der Rollen*. Welche Rolle bzw.
welche Rollen sollten und mussten diese beiden nun als kleines
Führungsteam spielen? Ein *gemeinsames Führungsverständnis* wurde erarbeitet.

*... schafft die Basis
für die Rollenklärung.*

Aus der eingangs geschilderten Analyse ergab sich die klassische
Aufteilung in „guter Polizist – böser Polizist". Doch damit konnte
und wollte Gruppenleiter 2 gerade wegen der schlechten Erfahrungen mit dem Team nicht mehr leben. Der Coach animierte die
beiden Gruppenleiter, sich in die jeweiligen Erwartungshaltungen
von Abteilungsleiter und Team zu begeben. Wie sollten die jeweiligen Erwartungen angegangen werden? Wer sollte jeweils welchen
Part übernehmen? Der Perspektivwechsel in der Fragestellung be-
wirkte, dass sich beide den unterschiedlichen Aufgaben zu stellen
bereit waren. Die dabei zutage tretende Art und Weise des Umgangs
zeigte, dass sich beide mit der grundsätzlichen Führungsrolle
identifiziert hatten. Auch die Zusammenarbeit als gemeinsames
Führungsteam wurde nicht mehr in Frage gestellt. Bereits die Be-

schäftigung mit und das Ausfüllen der Rolle bewirkten ein Zusammenrücken der beiden Führungskräfte.

Den Weg bereiten für ein Auftreten als Führungs-‚Team'

Selbstverständlich gab es noch jede Menge Grundsatzdiskussionen bei der Herausforderung, die Hauptaufgaben des Führungsteams mit der richtigen Art und Weise des Vorgehens zu kombinieren, also die Frage nach dem „Wie?" zu beantworten. Auf den Coach warteten hier zwei Hauptaufgaben: Einen guten Mix an Aufgaben zu finden, bei dem sich sowohl frühere Stärken aus der alten Rolle als auch neue Herausforderungen eher unangenehmerer Art die Waage hielten. Es war klar, dass beide die jeweils für sie unangenehmere Variante, nämlich das Zugehen auf das Team bzw. das Zugehen auf den Abteilungsleiter, nicht ohne Weiteres schaffen konnten. So bestand die andere Aufgabe des Coaches darin, konkrete und verbindliche Unterstützungspläne von den beiden erarbeiten zu lassen – so lange, bis jeweils eine Aussicht auf tatsächliches Funktionieren bestand und, nach einer Erprobungsphase, auch erste positive Erfahrungen vorlagen. Das gelang in sechs Sitzungen á 2-3 Stunden mit zwischenzeitlichen Hausaufgaben. Dazu zählten unter anderem die gemeinsame Moderation einer Teamsitzung sowie das Ausräumen von Konflikten mit dem Betriebsrat.

Nachdem deutlich wurde, dass beide Gruppenleiter ihren Weg gemeinsam gehen konnten, galt es nun, den Abteilungsleiter als Dritten im Bunde in diese Einheit zu integrieren: Dies geschah durch die *Vorbereitung auf den Workshop mit dem Abteilungsleiter*. Vor allem für Gruppenleiter 1, der ja immer noch mit einem starken Feindbild in Sachen Abteilungsleiter belastet war, stellte dies eine besondere Herausforderung dar. Fragen auf der Beziehungsebene lehnte er zuerst rigoros ab. Erst als er sich der Unterstützung durch den Kollegen wirklich sicher war, ließ sich Gruppenleiter 1 dazu bewegen, sich einer solchen Situation zu stellen. Die Einwilligung gelang durch einen längeren „Was wäre wenn…?"-Kontext. Diese Fragestellung wurde letztlich so lange wiederholt, bis die Ängste vor der Konfrontation für Gruppenleiter 1 kalkulierbar geworden waren.

Im Einzelgespräch wurde der Abteilungsleiter auf den Workshop vorbereitet. Der Tagesworkshop verlief in verkürzter Form ähnlich wie der Prozess bei den beiden Gruppenleitern. Da alle Beteiligten das Vorgehen bereits kannten und sich darauf auch einlassen wollten, stellte dies kein größeres Problem mehr da.

> **Tipp:** Greifen Sie als Coach auch im laufenden Prozess ruhig häufiger auf schon bewährte Vorgehensweisen zurück. Gerade in für Teilnehmer unangenehmen Situationen schafft dies Sicherheit und wirkt „entstressend".

Es wurden gemeinsame Führungsvereinbarungen getroffen und letztlich das erarbeitete Konzept der beiden Gruppenleiter verabschiedet. In künftigen regelmäßigen Führungstreffen aller Beteiligten sollte es dann auch Raum für Befindlichkeiten geben.

Vereinbarung von regelmäßigen Führungstreffen

Eine abschließende Mitarbeiterbefragung war durchweg positiv. Der überwiegende Teil der Mitarbeiter stellte eine deutliche Veränderung im Führungsverhalten des Abteilungsleiters und der Gruppenleiter fest. Nach außen hin traten die drei einheitlich auf, wodurch die Konfliktfelder deutlich nachließen. Die Fehltage gingen stark zurück, was allerdings auch auf gleichzeitige Umstrukturierungsmaßnahmen im gesamten Unternehmen zurückzuführen war. Der ursprünglich geplante Gesamtworkshop konnte dann aus folgenden Gründen zunächst zurückgestellt werden:

▶ Es bestand kein notwendiger Klärungsbedarf bezüglich der Prozessabläufe mehr.
▶ Der Aufbau einer vertrauensvollen Arbeitsatmosphäre konnte durch das Zusammenwachsen der beiden Gruppenleiter in Gang gesetzt werden und wirkte sich in intensiver Form auf das gesamte Team aus.

Dieses Beispiel zeigt, dass trotz gründlicher Analyse und klarer Definition der einzelnen Schritte Teamcoaching immer ein Prozess ist, der eine hohe Flexibilität erfordert. Eine gründliche Ergebnisanalyse nach jedem Schritt ist daher notwendig, um sich den jeweiligen neuen Situationen anzupassen und auf dieser Basis die geeigneten Maßnahmen umzusetzen.

2.6

Festlegung des Konzepts – wie wirkt sich das Konzept aus?

Neben den bereits behandelten Rahmenbedingungen und den beschriebenen Möglichkeiten zur Teamanalyse gilt es immer auch, den eigenen Einfluss der Coach-Arbeit mit ins Kalkül zu ziehen, konkret: Mit welchen Auswirkungen muss ich bei der Bekanntgabe meines Konzeptes rechnen? Auch hier kommt es auf den richtigen Mix aus strukturiertem Vorgehen und Flexibilität an, was wir am Ende des Kapitels anhand eines Praxisbeispiels erläutern wollen. Schließlich zeigte schon das vorangegangene Kapitel, dass sich ganze Teile des Konzeptes auflösen können und andere Erforderlichkeiten dazukommen.

Das Konzept ist Ihre Argumentationsbasis als Coach.

Dennoch sollten Sie allen Beteiligten durch ein solches Konzept vermitteln, was Sie als Teamcoach vorhaben – und warum. Insofern schlagen wir vor, sich an Fragen der Checkliste rechts zu orientieren, diese in der jeweils nächsten Spalte zu beantworten und unter „Bemerkungen" zu begründen. Hier darf der persönliche Arbeitsstil des Teamcoaches dann auch schon einmal durchscheinen.

Im Übrigen gilt: „Et kütt immer anders als de denkst!" Mit dieser kleinen rheinischen Weisheit und dem anschließenden Beispiel möchten wir allen Teamcoaches Mut machen, ihr Konzept offen zu kommunizieren und zu begründen – auch wenn es dann, aufgrund neuer Ereignisse, wieder geändert werden muss.

Hierzu ein selbst erlebtes Beispiel: Der Hauptabteilungsleiter eines mittelständischen Maschinenbauers bildete mit seinen drei Abteilungsleitern (Technik, Konstruktion sowie Vertrieb) ein Führungsteam. Bei der Analyse stellte sich heraus, dass sowohl der Vertriebsleiter als auch der Konstruktionsleiter einige Probleme in ihren jeweiligen Teams hatten, die zu einem großen Teil auf die

Checkliste zur Konzepterstellung

Wo steht das Team? ▶ Entwicklungsstufen ▶ Identifikation ▶ Teamrollen	Inhalt		Bemerkungen
Wo soll/will das Team hin? ▶ Erreichbare Ziele ▶ Zeitvorstellungen	Inhalt		Bemerkungen
Auf welcher Ebene setzt die Umsetzung an? ▶ Vision/Mission ▶ Identität/Werte ▶ Beliefs/innere Regeln ▶ Fähigkeiten ▶ Verhalten	Inhalt		Hinweise und Anhaltspunkte hierzu
Berücksichtigung förderlicher und hindernder Elemente ▶ positive/negative Vorerfahrungen ▶ psychische Befindlichkeiten von Teammitgliedern ▶ physische Befindlichkeiten von Teammitgliedern ▶ Ergebnisse aus den Rahmenbedingungen	Inhalt		Bemerkungen, zusätzliche Ergebnisse aus der Ist-Analyse
Ablauf/das Prozedere ▶ erste, initiierende Schritte ▶ aufbauende Aktionen ▶ überprüfende Schritte/Meilensteine ▶ Maßnahmen zur Nachhaltigkeit	Zeit	Inhalt	Bemerkungen
Berücksichtigung von Zeit und Umfang	Bemerkungen		

Führungsqualitäten der beiden zurückzuführen waren. Bei dem Leiter Technik wurden hingegen von den Teammitgliedern keine größeren Probleme angesprochen, die auf ein Führungsthema hindeuteten. Dieses Team war jedoch mit insgesamt vier Mitarbeitern deutlich kleiner als die Teams der beiden anderen. Auf Basis dieser Analyse sollten Vertriebs- wie Konstruktionsleiter parallel zum Teamprozess ein Einzelcoaching erhalten.

> **Hinweis:** In einem solchen Falle macht es Sinn, das Einzelcoaching personell vom Teamcoaching abzukoppeln. Das heißt, der Teamcoach übernimmt weiterhin den Teamcoaching-Prozess, die Einzelcoachings wurden hingegen von jeweils anderen Coaches wahrgenommen. Auf diese Weise erhält sich der Teamcoach die Unabhängigkeit. Das vertrauliche Arbeiten im Einzelcoaching würde den Teamcoach ansonsten in eine Beziehungszwickmühle bringen. Natürlich muss auch in diesem Fall die Vertraulichkeit gegenüber den Coachees bei den Abstimmungen zwischen den Coaches gewährleistet bleiben. Ein etwas vertrackteres Beispiel finden Sie in Kap. 4.1, „Ich bin der Coach – holt mich hier raus!" ab S. 217.

So schnell stehen Sie als Coach in der Schusslinie:

Im geschilderten Fall hatten alle Beteiligten noch keine Erfahrungen mit Coaching gemacht. So kam es im Beisein des Teamcoaches zu einer recht hart verlaufenden Teamsitzung: Obwohl von der rationalen Seite dieses Konzept von allen als gewinnbringend und richtig angesehen und auch abgenickt worden war, beschwerte sich der Leiter Technik, warum über ihn und sein Team überhaupt diskutiert würde. Schließlich hätte er als Einziger kein (Führungs-) Problem, was ja schon daraus ersichtlich wäre, dass er kein Einzelcoaching bekommen würde. Der dahinter steckende Glaubenssatz lautete also: „Der braucht ein Einzelcoaching – der hat ein Problem!" Bei der nachfolgenden Thematisierung ergab sich dann, dass dieser Glaubenssatz bei den beiden anderen Abteilungsleitern auch vorhanden war. Dies hatte bei ihnen – unter umgekehrten Vorzeichen – ebenfalls ein Gefühl der ungleichen Behandlungsweise erzeugt. Und so kam es, dass „ruck, zuck!" das komplette Konzept thematisiert wurde und mitsamt dem Teamcoach im Fokus stand. Jetzt machte sich die offene Vorgehensweise bezahlt. Durch die plausible Darlegung, wie es zu dieser Konzeption gekommen war,

konnte dann über einzelne Zielsetzungen im Einzelcoaching (nach
Freigabe mit den Betroffenen) Klarheit geschaffen werden, dass
kein Einzelcoaching zu bekommen nicht automatisch bedeutet,
eine gute Führungskraft zu sein. Hoppla, also noch einmal: kein
Einzelcoaching ≠ gute Führungskraft.

In der nächsten Teamsitzung wurde das Thema Führung genau beleuchtet und definiert, was gute Führung in diesem Führungsteam
bedeutet. Als dann seitens des Konstruktionsleiters die Rückmeldung kam, dass gerade diese Dinge bei ihm im Coaching besprochen
wurden, bat der Technikleiter in Anschluss schließlich ebenfalls um
eine solche Maßnahme.

Un et hätt noch immer joot jejange!

2.7

„Der Spielverlauf ändert sich"

Prägende Erlebnisse wie z.B. das Hinzukommen oder Fortbleiben von vertrauten Personen und Kollegen verändern die Systeme, in denen wir uns befinden. Bei der Geburt eines Kindes oder beim Sterben eines Familienmitgliedes ist uns dies bekannt und bewusst. Manche Dinge verändern sich zum Positiven und werden als Bereicherung empfunden, manche Prozesse erleben wir zum Teil als kräftige Einschränkung. Man muss auch nicht wie Herr Messner den höchsten Berg der Welt als Erster und ohne Sauerstoffunterstützung besteigen, um selbst zu erfahren, dass unmittelbar und emotional erfahrene Erlebnisse das eigene Verhalten stark und unwiederbringlich verändern können.

Veränderungen im sozialen Gefüge der Gruppe

Das Gleiche passiert selbstverständlich auch in Teams. Fällt ein Teammitglied aus oder kommt ein neues hinzu, so verändert sich der soziale Zusammenhalt und damit die Teamstruktur. Erlebnisse wie ein schwerer wirtschaftlicher Rückschlag oder auch die Wahl zum High-Performer-Team haben ebenso nachhaltige Auswirkungen. Schauen wir uns diese vier Situationen einmal genauer an:

Ein Teammitglied verlässt das Team

Ob nun alters-, wirtschaftlich oder zwischenmenschlich bedingt: Eine Person geht. Für das soziale Gefüge im Team bedeutet dies in jedem Fall eine Lücke, denn eine Person steht immer für etwas: für eine bestimmte Rolle, eine bestimmte Dynamik oder auch eine Teamverpflichtung. Selbst wenn diese Person das Konfliktpotenzial schlechthin verkörperte, so hat sie vielleicht damit nur von anderen Teamkonflikten abgelenkt. Was immer es auch ist, für den Teamcoach ist es ein *Muss*, diese Lücke aufzuarbeiten und zu schließen.

 92

Wenn ein Mensch oder eine Gruppe von Menschen bewusst, willentlich und freiwillig eine Veränderung will und auch im Sinne der Zielerreichung eingegangen ist, führt dies aus deren Sicht zu Erleichterung und nicht zu Trauer. Menschen, die sich ungewollt verändern oder künftig ohne ein vertrautes Teammitglied auskommen müssen, zeigen hingegen das Bedürfnis, die damit verbundene Trauer, das „Abschiednehmen" zu verarbeiten. Was im Changemanagement bereits als Trauerarbeit etabliert ist, um sich von alten Strukturen und Prozessen lösen zu können, hat auch im Teamcoaching seinen Platz. Der Wechsel einer Führungskraft ist da genauso relevant wie die Auflösung eines Teams, das Abwandern einiger oder auch das Hinzukommen neuer Teammitglieder. In ausnahmslos allen Fällen handelt es sich um das Abschiednehmen: Abschied nehmen von Personen, von Prozessen, von Aufgaben, von lieb gewonnenen Ritualen, klaren und angenommenen Rollen. Und dies gilt eben auch dann, wenn ein neues Mitglied unser Team bereichert. Unter Umständen übernimmt das neue Teammitglied Aufgaben oder eine Teamrolle, die ich innehatte, gerne ausübte und von der ich mich jetzt verabschieden muss.

„Trauerarbeit" hat auch im Teamcoaching seinen Platz.

Was für viele Changemanager ein Graus ist, ist für Teamcoaches ein Muss: Trauer um Vergangenes braucht Raum und Zeit. Trauer ist eine Basisemotion und kann sich in vielen Ausprägungen (Einigeln, Apathie, Aggression, Widerstand ...) zeigen, wenn sie keinen Raum für die Bewältigung bekommt. Achten Sie allerdings unbedingt darauf, dass das Team die Gestaltung des Themas vorgibt.

Diese Vorgehensweise erzeugt Respekt – und gerade darum geht es in dieser Phase. Das ist für manche Menschen sehr ungewohnt. Initiieren kann der Coach diese Trauerarbeit z.B. durch eigene Beispiele aus Leben und Berufspraxis. Die dazu erforderlichen Fähigkeiten sind gar nicht so immens: Einfühlungsvermögen und die Gabe zuzuhören; schließlich die Aufforderung, nach vorne zu schauen. Trauerarbeit hat auch einen sehr fruchtvollen Effekt. Eine bewältigte Trauer macht offen für Neues und schafft Nachhaltigkeit. Im Teamcoaching-Prozess gelingt dies über das Thematisieren der oben genannten Themen:

Bewältigte Trauer schafft Platz für Neues.

▶ Welche Rolle hatte er/sie inne, wofür stand er/sie in unserem Team?
▶ Für welche Dynamiken sorgte sie?
▶ Welche Teamverantwortung lastete auf ihrer Schulter?

Anschließend sollte dann gemeinsam überlegt werden, wie und natürlich von wem die wichtigen Funktionen im Team übernommen werden.

Neue Mitspieler im Prozess

Sofern ein neues Mitglied unser Team bereichert und Aufgaben oder eine Teamrolle übernimmt, die bis dato von anderen innegehabt und ausgeübt wurden, müssen wir zunächst fein unterscheiden, wer dazukommt:

Ein neuer Vorgesetzter ...

Macht verändert gewohnte Verhaltensweisen eines Teams.

verändert ein Team sicherlich stärker als ein „einfaches" Teammitglied. Ein anschauliches Beispiel dazu ist im abschließenden Praxisbeispiel (siehe Kap. 5, S. 233ff.) beschrieben. Durch seine hierarchische Macht erfahren Mission, Werte, Ziele und damit die Verhaltensweisen eines Teams eine Veränderung. Was heute als erreichenswert galt – und damit auch als belohnens- und lobenswert –, kann morgen schon zur Beiläufigkeit degenerieren. Das Ergebnis ist oft Frust – und zwar auf beiden Seiten. Erwartungshaltungen des Teams werden durch die neue Führung nicht erfüllt, Unverständnis oder Unwissenheit darüber führen wiederum auf der Führungsseite zu Verunsicherung und ziehen nicht selten überzogene Führungsmaßnahmen nach sich.

Aufklärung tut Not. Und darin steckt nicht zufällig das Wort „Klarheit", um die es in diesem Kontext zuvorderst geht. Klarheit zu erzielen über das Fixe und das Variable, also die Anteile, an denen Führungskraft und Team festhalten werden sowie solche, die zur Disposition der Veränderung stehen. Erstere sind zu Beginn eines neuen Prozesses oft nur schwer zu erkennen. Auch kann der Teamcoach nicht voraussetzen, dass beiden Parteien bewusst ist, welche Verhaltensparameter fix sind. Indem er jedoch das Team darauf sensibilisiert, kann in mehreren Prozessschritten darauf eingegangen werden. Dazu müssen wir noch stärker differenzieren:

Drei Parameter des Verhaltens

1. **Bewusst fixes Verhalten:** das Verhalten, das sehr wertvoll ist, worauf besonders geachtet wird, das im eigentlichen Sinne „bewertet".

 94

2. **Unbewusst fixes Verhalten:** entspricht in seiner Bedeutung Punkt 1, ohne dass es der Person klar ist. Es ist genau das Verhalten, das immer wieder zu verändern beteuert wird – was jedoch nie gelingt.
3. **Das variable Verhalten:** der Verhaltensanteil, der geändert werden kann. Dazu können beispielsweise Paradigmen (eingeübte Verhaltensmuster) zählen.

Über diese drei Punkte gilt es, Klarheit zu erzielen. Wird nun die Diskussion über Verhaltensänderungen konkret, so ist zu beachten: Werte und Team-Glaubenssätze sind zwar schwerer zu verändern als Fähigkeiten, sie wirken sich aber bei Veränderung ungleich stärker auf unser Verhalten aus (siehe Abb. unten).

Für den Teamcoach ist es daher wichtig herauszufinden, auf welcher Ebene er ansetzen möchte, um eine wirkliche Integration des neuen Teamleiters zu erreichen. Denn – und dies ist die damit verbundene „frohe Botschaft" – auch das fixe Verhalten ist grundsätzlich veränderbar. Es ist eine Frage des Aufwandes und der Bereitschaft, wie viel Gewicht (= Energie) ich auf die Wippe zu legen bereit bin.

Auch fixes Verhalten ist veränderbar – bei höherem Aufwand.

Das folgende Beispiel veranschaulicht dies: Eine Führungskraft (Hauptabteilungsleiter mit seinem Abteilungsleiter-Führungsteam) handelte nach dem Glaubenssatz: „Ich darf vor meinem Team keine Schwäche zeigen!" Dies führte zu skurrilen, teils comicartigen Teamsitzungen. Nicht umsonst hatte er bald seinen Spitznamen „Hägar" weg. Bei der Prozessbegleitung anlässlich eines Team-

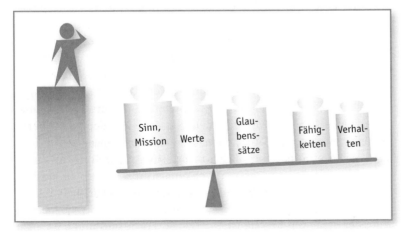

Abb.: Die Wippe der Veränderung

meetings konnte dies zur Sprache gebracht werden. Daraus wiederum resultierte ein Einzelcoaching zu diesem Thema, in dessen Rahmen der Führungskraft immer wieder „auferlegt" wurde, unangenehme Dinge im Team zu thematisieren, eigenes Fehlverhalten in Teamsitzungen anzusprechen etc. Auf diese Art und Weise wurden positive Erlebnisse erzeugt und reflektiert. Den Abschluss des Coachings bildete dann die Integration in das Team, bei der die Führungskraft ihren eigenen Weg der Veränderung schilderte.

Werte sind schwer zu ändern – aber es hilft, sie sichtbar zu machen.

Natürlich stößt auch im Teamcoaching Verhaltensänderung an ihre Grenzen. Werte sind nur schwer im Kontext eines Teamcoachings zu verändern, von Veränderung der Identität und Mission ganz zu schweigen. Allerdings kann durch Klärung und Aufbau von Respekt vor den Werten aller Beteiligten oft ein großer gemeinsamer Nenner erreicht werden. Alles, was über die Werte-Ebene hinausgeht, geht hingegen auch über das Teamcoaching hinaus. Hier lautet die Aufforderung an den Teamcoach: Schuster, bleib bei deinen Leisten!

Neue Teammitglieder kommen hinzu ...

und das funktioniert natürlich am besten, wenn die Erweiterung des Teams von den Teammitgliedern selbst initiiert und unter ihrer Beteiligung durchgeführt wurde. Wenn dann auch noch Teamrollen ausgefüllt werden können, die vorher unter- oder gar nicht besetzt waren, dann kann das Team aus einer solchen Situation sogar deutlich gestärkt hervorgehen.

Ein Pate zur Einarbeitung in die Teamkultur

Natürlich sind auch hierbei einige der Punkte zu berücksichtigen, die bereits zu dem neuen Vorgesetzten gesagt wurden. Dinge, die an dieser Stelle das Teamcoaching unterstützen können, sind z.B. der Einsatz von Paten zumindest während der Einarbeitungsphase. Und den verstehen wir bewusst nicht als fachlichen Ratgeber. Sämtliche Fragen des Neuen bezüglich Teamritualen, Spielregeln, speziellen Aufgaben und Prozessen können so im vertrauensvollen Gespräch geklärt werden. So braucht das neue Mitglied nicht (vergeblich) auf günstige Situationen zu warten, um Fragen anzubringen. Gleichzeitig hat auch das Team selbst den Vorteil, nicht alle diese Dinge im Team mühsam (noch einmal) diskutieren zu müssen. Dennoch – und dies hängt sehr stark von der Persönlichkeit des neuen Teammitglieds ab: Integration unter der kritischen Beobachtung der gesamten Gruppe ist ein Thema. Ein Teamtraining ist auch für die Integration einer einzelnen Person angebracht; bei der Integration gleich mehrerer Personen ist es sogar ein unbedingtes *Muss*.

Starke negative Erlebnisse

Negative Erlebnisse und Ereignisse innerhalb von Teams stellen eine ganz andere Art der Veränderung dar. Hierzu zählen Konflikte, die zwei oder mehrere Teammitglieder miteinander haben, genauso fallen aber auch schwere wirtschaftliche Rück- oder Schicksalsschläge darunter. Die Interventionsmöglichkeiten eines Teamcoaches liegen in diesem Fall weniger in Rollenklärung und Teamentwicklung als vielmehr im Handling von Emotionen und Visionen.

Vom Coach gefordert: Das Handling von Emotionen und Visionen

Am konkreten Beispiel eines Produktionsteams wird dies deutlich: Wir wurden als Teamcoaches zu diesem Team gerufen, dass schon seit einigen Jahren bestand, bereits durch mehrere Phasen des KVP (kontinuierlicher Verbesserungsprozess) gegangen war und sich daher immer wieder Veränderungen und neuen Prozessen hinsichtlich seiner Produktivität unterzogen hatte. Nun wurde dieses Team erstmals in direkter Konkurrenz zu einem ähnlichen bei einem Tochterunternehmen in der Slovakei gesehen und gemessen.

Die Aufgabe, die sich dem Teamcoach stellte, ergab sich zuerst in der Klärung der eigenen Rolle, um überhaupt arbeitsfähig zu werden. Er wurde vom Team in der Rolle eines „Headhunters" gesehen und das im wahrsten Sinne des Wortes. So folgte eine intensive Klärung der Rolle des Teamcoaches, seiner Absichten und seiner Handlungsweise. Nach der gelungenen Integration galt es nun, an die emotionale Seite des Teams heranzukommen. Frustration, Ärger, Wut und Enttäuschung hatten das Team bereits an den Rand zur Handlungsunfähigkeit gebracht.

> **Hinweis:** Wann immer der Teamcoach es mit den Basisemotionen Ärger, Wut, Zorn oder Trauer zu tun hat, ist er mit der Verletzung oder dem Verlust eines zentralen Team-Wertes konfrontiert. Diesen Wert bzw. diese Werte gilt es herauszufinden.

Drei Schritte waren zunächst erforderlich. Schritte, die leider im Arbeitsalltag allzu oft übergangen werden, da sich das Team an diese nicht herantraut und der angemessene Umgang mit Emotionen für viele noch eine „Blackbox" ist.

Der Weg aus der emotionalen Handlungs-unfähigkeit

▶ **1. Schritt** – und ganz simpel: Es gilt, die Emotionen zuerst einmal wahrzunehmen und ihnen gezielt Raum zur Verfügung zu stellen. Emotionen zu unterdrücken ist vergleichbar mit dem Unterfangen, den Deckel eines kochenden Topfes zuzuhalten. Früher oder später quillt der Dampf doch, und dann unkontrolliert, heraus. Nicht selten verbrennt man sich dabei auch noch die Finger.

▶ **2. Schritt** – eine Aufgabe für den Analytiker: Differenzieren Sie die verschiedenen Emotionen und deren Zugehörigkeiten. Auf diese Weise bekommen Sie sukzessive die heißen Quellen und deren Ursprung zu Gesicht. Zu Beginn des Prozesses existierte nur eine einzige große Emotions-Dampfwolke, jetzt lassen sich verschiedene Emotionen, deren Auslöser und Herkunft unterscheiden.

▶ **3. Schritt** – Akzeptanz und Aktivität: Allmählich stellt sich die Arbeitsfähigkeit wieder ein. Die einzelnen Emotionen werden erkannt und anerkannt. Sollten sich daraus direkt Werte ablesen lassen, umso besser.

Nach diesem Prozess erfolgte eine kleine spielerische Outdoor-Übung. Es handelte sich um ein Wagenrennen in selbst gebastelten Holzautos. Damit wurde die Wettkampfbereitschaft locker angetestet und eine Polarisierung des Teams erreicht. Natürlich hatte diese Polarisierung einen konkreten Gegner: Das slovakische Team.

Wir möchten an dieser Stelle bewusst keine Grundsatzdiskussion über Managemententscheidungen im Sinne von Globalisierung und internationale Teamarbeit vom Stapel brechen. Allerdings beeinflussen gesetzte Rahmenbedingungen – und eine solche Wettbewerbsentscheidung war definitiv eine schwerwiegende – das Handeln von Team und Teamcoach immens.

Ein positives Erlebnis

Bei der Konzeption dieses Buches sollte dieser Punkt sofort gestrichen werden. Dass positive Erlebnisse auf den Teamcoaching-

Prozess Einfluss nehmen, ja geradezu thematisiert werden müssen, „versteht sich ja von selbst!", war die einhellige Meinung. Ein positives Erlebnis kann einem Team tatsächlich „Flügel verleihen". Es kann aufrütteln, es kann zum Leistungssteigerer werden, es kann Arbeitsroutinen und auch Schmerzen im Sinne von unbequemen und unangenehmen Aufgaben überwinden helfen, wenn, ja wenn es denn *wahrgenommen* wird!

Selbstverständlich ist dies allerdings nicht, wie die Erfahrung zeigt. In unserer Leistungsgesellschaft werden Ziele wie selbstverständlich erreicht. Und genau dieses Wort „selbstverständlich" gilt es für Sie als Teamcoach zu reframen, also in einen anderen Rahmen zu setzen. Lassen Sie das Team aufzeigen, wie, wann und warum es das Ziel erreicht, die Hürde genommen, die Durststrecke überwunden, den Konflikt bereinigt, eine eigene Weiterentwicklung vorgenommen, eine neue Vision geschaffen, die Brücke zu einem anderen Team geschlagen hat etc.

Erfahrung: Über Positives wird schnell hinweggegangen.

2.8

Kein Teamcoaching ohne Überprüfung/ Evaluation

Zufriedenheit reicht nicht.

Passé sind die Zeiten, in denen sich Auftraggeber im Abschlussgespräch allein damit zufrieden gaben, dass sich die gecoachten Teams wieder besser verstehen und die Arbeit allen Beteiligten wieder mehr Spaß macht. Mittlerweile stößt man kaum noch einen Entwicklungsprozess für Teams an, ohne zuvor über überprüfbare Ziele zu sprechen. Kurz: Das Controlling von Teamcoaching-Prozessen gewinnt zunehmend an Bedeutung.

Für den Teamcoach bedeutet dies, dass die Ziele für den Prozess konkret formuliert sein müssen. Und das heißt: Es müssen Evaluationskriterien (Wortstamm lat.: „valuere" = bewerten) vorliegen, die

Bedingung für Evaluationskriterien

▶ überprüfbar/messbar sind und
▶ auch tatsächlich im Gestaltungsraum des Teams liegen.

Evaluation setzt klare Ziele veraus.

Oftmals fällt es den Führungskräften in den Vorgesprächen alles andere als leicht, konkrete Evaluationskriterien zu benennen. Denn dies bedeutet, klare Ziele für das Team vorzugeben und das Team darin zu unterstützen, die nötigen Rahmenbedingungen (personelle Ressourcen, Zeit, Arbeitsplatzausstattung, fachliche Fähigkeiten) zu schaffen, damit das Ziel zu erreichen ist. Dies setzt voraus, dass die Vorgesetzten bei der Erreichung der Ziele nachhaken und das Team aktiv unterstützen. Hier übernimmt der Vorgesetzte eine wichtige Funktion, die zu einem überprüfbaren Erfolg beiträgt. Der folgende Kasten listet die zentralen Fragen, die zur Festlegung von überprüfbaren Kriterien mit der Führungskraft zu klären sind:

Fragen zur Festlegung von Evaluationskriterien

- ▶ Was genau soll sich durch das Teamcoaching verändern? Hier können die Ergebnisse aus der Teamdiagnose herangezogen werden, um die Handlungsfelder auf verschiedenen Ebenen zu beschreiben (vgl. Kap. 2.4, Seite 55ff.).
- ▶ An welchen Verhaltensweisen/Handlungen lässt sich eine erfolgreiche Veränderung feststellen?
- ▶ Gibt es überprüfbare Zwischenschritte?
- ▶ Können die Teammitglieder ihr Ziel aus eigener Kraft erreichen?
- ▶ Stehen ihnen die dafür notwendigen Rahmenbedingungen zur Verfügung?
- ▶ Wie kann ich als Führungskraft das Team unterstützen?
- ▶ Mit welchen Widerständen ist zu rechnen? Wie wollen Sie damit umgehen?

Mitunter werden die Ziele für einen Teamcoaching-Prozess auch in Zielvereinbarungen für das Team fixiert. Der Coach hat dann klare Regieanweisungen, wann der Prozess abgeschlossen ist. Für den Evaluationsprozess sind zwei verschiedene Bewertungskriterien möglich:

- ▶ Es können objektive Daten zugrunde liegen, wie z.B. die Reduzierung von Fehlermeldungen, Ausschussraten oder Krankheitstagen.
- ▶ Es können subjektive, interpretierbare Daten zugrunde liegen, indem die Beteiligten ihre persönliche Einschätzung über den Prozess und die Veränderung abgeben.

Zwei Möglichkeiten der Evaluation

Die beiden Möglichkeiten werden im Folgenden jeweils an einem Fallbeispiel erläutert.

Objektive Überprüfung durch Kennzahlen

Objektiv überprüfbar waren die Kriterien in einem Teamcoaching-Prozess, der die Verbindlichkeit und Kommunikation innerhalb eines IT-Teams bei der Erstanfrage von Kunden verbessern sollte. Das Team agierte als interner Dienstleister, dementsprechend wurden die Leistungen auch intern in Rechnung gestellt. Nach den Vorgesprächen mit den Teammitgliedern zeigte sich, dass Termine nicht eingehalten wurden und die Dokumentation von Projekten und Kundenprozessen unzureichend war. Trotz hoher Arbeitsbelastung wurden dem internen Kunden nur wenige Arbeitsleistungen tatsächlich in Rechnung gestellt.

In diesem Fall konnte das Ziel des Coaching-Prozesses klar definiert werden: Innerhalb von neun Monaten sollte das Team 60 Prozent seiner Arbeitsleistung dem internen Kunden in Rechung stellen. Dieses Ziel wurde mit dem Team vor Beginn des Prozesses gemeinsam erarbeitet. Jede Entwicklungsvereinbarung innerhalb des anstehenden Teamcoachig-Prozesses wurde konsequent daraufhin überprüft, ob sie dazu beiträgt, das vorgegebene Ziel zu erreichen. Die anschließende Kick-off-Veranstaltung legte den Grundstein für die Umsetzung der Zielvereinbarung und hatte folgenden Aufbau:

Gemeinsam Ziele erarbeiten mittels Timeline

1. **Das Ziel:** „60 Prozent der Anwesenheitszeiten wird dem internen Kunden in Rechnung gestellt."

   ▶ Welche positiven Assoziationen verbinden wir mit diesem Ziel?
   ▶ Was sind die notwendigen Schritte, um dieses Ziel zu erreichen?

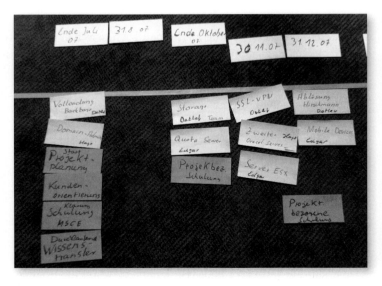

Abb.: Bild einer Timeline – die Teilnehmer schreiben ihre Ziele auf Kärtchen und legen diese entlang einer imaginären Zeitlinie aus.

2. **Entwicklung einer Timeline mit den dazugehörigen Teil-schritten:** Dabei wurden entlang eines Zeitstrahls alle not-wendigen Schritte aufgezeichnet und auf ihre Realisierbarkeit überprüft (siehe Foto).

   ▶ Was benötigen wir, um diese Schritte umzusetzen?
   ▶ Wie muss unsere Zusammenarbeit organisiert sein?

   Entlang der Timeline wurden die Controllingtermine festgelegt, zu denen auch der Vorgesetzte eingeladen war.

3. **Timeline mit Fokus auf der persönlichen/individuellen Ebe-ne:** Hier erarbeiteten die Teilnehmer ihre persönliche Timeline mit überprüfbaren Zwischenschritten.

   ▶ Was bedeutet die Umsetzung der Ziele aus der Timeline für mich persönlich?
   ▶ Was muss ich konkret verändern, um das Ziel zu erreichen? (Überprüfung der bisherigen Arbeitsorganisation)

Aus den Ergebnissen wurden konkrete Entwicklungspläne erarbei-tet und anschließend mit der Führungskraft abgeglichen. Aufgabe des Coaches war es, die Mitarbeiter bei den individuellen Entwick-lungsmaßnahmen zu unterstützen und den Teamleiter während des Prozesses zu coachen.

Andere Beispiele für objektive Evaluationskriterien in einem Team-coaching-Prozess können sein:

▶ Steigerung des Mitarbeiter-Commitments durch ein nach außen geschlossen auftretendes Führungsteam
▶ Verbesserung der Kundenzufriedenheit
▶ Geringerer Ausschuss in einer Produktionsabteilung
▶ Steigerung der Termintreue
▶ Schnellerer Durchfluss von abteilungsübergreifenden Arbeiten

Beispiele für objektive Evaluations-kriterien

Interpretative subjektive Bewertung

Evaluation durch moderiertes Review

Auch unabhängig von der objektiven Messbarkeit einzelner Bewer-tungskriterien müssen in einem Teamcoaching-Prozess regelmäßig die vereinbarten Ziele und die Einschätzungen der Beteiligten überprüft werden. Hierzu bieten sich moderierte Reviews an. In dem Praxisbeispiel aus Kapitel 3.4 (siehe S. 150 ff.), bei dem es um den Aufbau einer konstruktiven Konfliktkultur ging, fand zwei Monate nach dem gemeinsamen Workshop ein Evaluationstag statt. In diesem vierstündigen Workshop wurden nochmals die vereinbarten Ziele in Erinnerung gebracht und den Teilnehmern folgende Fragen gestellt:

Evaluationsfragen auf Basis subjektiver Analyse

▶ Wie schätzen Sie den Erreichungsgrad in der Umsetzung der vereinbarten Themen ein (anhand einer Skala von 1-6)?
▶ Was hat sich verändert? Wo sind Veränderungen zu erkennen?
▶ Können diese Veränderungen auch andere Teams oder ihre Vorgesetzten erkennen?
▶ Sind Sie mit dem Veränderungsprozess zufrieden?
▶ Was muss sich noch weiterentwickeln?
▶ Was sind die nächsten Schritte?

Evaluation durch Fragebögen

In Kapitel 2.4 (siehe S. 55ff.) wurden verschiedene Teamdiagnose-instrumente vorgestellt, die in der Voranalyse eingesetzt werden. Diese Instrumente lassen sich natürlich auch nach Abschluss eines Prozesses erneut einsetzen, um die Veränderung im Team aufzuzeigen. Das FAT-Modell (Kauffeld, in: Jöns & Bungard 2005) beschreibt vier Skalen, nach denen das Team bewertet werden kann:

▶ Verantwortungsübernahme,
▶ Zusammenhalt,
▶ Aufgabenbewältigung und
▶ Zielorientierung.

Mit dem Fragebogen von D. Francis und D. Young (1998) lässt sich anhand von zwölf Skalen der Veränderungsgrad innerhalb eines Teams überprüfen (siehe S. 73).

Problem: Erfolg von Teamcoaching lässt sich schlecht isolieren.

Bei den genannten Beispielen ist allerdings kritisch anzumerken: Der Erfolg eines Teamcoching-Prozesses lässt sich nicht von anderen Rahmenbedingungen abgrenzen oder gar isolieren. Die genaue Zuordnung, ob das Erreichen des Ziels auf den Teamcoaching-Prozess oder auf günstige äußere Rahmenbedingungen (bessere Marktlage, neue Führungskräfte etc.) zurückgeht, ist nicht zweifelsfrei möglich.

Die Evaluation eines kompletten Coaching-Prozesses kann also nicht nach dem einfachen Schema von Ursache und Wirkung erfolgen. Indes lässt sich dieser Nachweis bei einzelnen Trainingsmaßnahmen inzwischen besser führen. Dazu sind in den vergangenen Jahren sehr viele standardisierte und psychometrisch überprüfbare Instrumente entstanden (Gust & Weiß 2007). In diesen Fällen werden oft auch parallel laufende Kontrollgruppen miteinbezogen, die nicht an der Maßnahme teilgenommen haben. Dadurch kann eine Veränderung sehr genau auf die Trainingsmaßnahme zurückgeführt werden.

Die sichersten Ergebnisse liefert die Evaluation eines Teamcoaching-Prozesses immer dann, wenn sowohl objektive als auch subjektive Daten erhoben werden. Dabei werden zunächst die messbaren Veränderungen ermittelt und anschließend die Einschätzung der Beteiligten erfragt (König & Volmer 2003). Dabei können auch Kollegen oder Mitarbeiter hinzugezogen werden, die nicht Teil des Prozesses waren.

Wenn möglich: Subjektive und objektive Daten ermitteln.

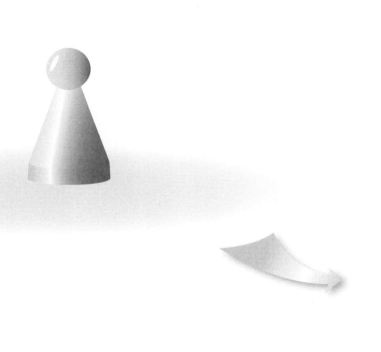

Methoden im Teamcoaching

Schnellfinder

R. Alf-Jähnig, T. Hanke, B. Preuß-Scheuerle: Teamcoaching

Prozessbegleitung – Begleitung on the job

Bei der Begleitung on the job sind Sie als Teamcoach unmittelbar dabei und beobachten die alltäglichen Arbeitsprozesse des gesamten Teams, die Meetings, Treffen und Workshops aller, aber auch einzelner Teammitglieder. Dies kann aus Analysegründen geschehen, jedoch auch aus dem trivialen Grund, dass zusammenarbeitende Menschen einfach Zeit, Unterstützung und Ermunterung benötigen. Prozessbegleitung bedeutet, das Team auf einem Stück seines Entwicklungsprozesses im Alltag zu begleiten.

Der Coach beobachtet den Teamalltag.

Die Arbeit des Teamcoaches beginnt dort, wo das Teamverhalten oder die Teamfähigkeiten dies brauchen, das Team selbst es ausdrücklich wünscht oder es der Teamcoach für sinnvoll erachtet (und das Team dann zustimmt). Die Begleitung endet, wenn die Teambedürfnisse erreicht sind.

Im Fokus der Begleitung können dabei folgende Aspekte stehen:

▶ Zusammenarbeit innerhalb der alltäglichen Anforderungen,
▶ gezeigte/nicht gezeigte Fähigkeiten im sozialen, methodischen und kommunikativen Bereich des Teams,
▶ Moderation/Gesprächsführung, Art und Weise der Problemlösung und
▶ Führung.

Kurz: Es geht bei der Teambegleitung on the job um die Punkte, die in der Analyse oder den ersten Workshops als entwicklungsrelevant angesehen wurden. Aber nicht nur dies. Das Team im Alltagsprozess zu erleben, bedeutet natürlich auch, dass über den Coach ein Selbstbild-Fremdbild-Abgleich des Teams stattfindet. Hierdurch ergeben sich zahlreiche Ansatzpunkte für so manches „Aha"-Erlebnis.

Der Coach initiiert den Selbstbild-Fremdbild-Abgleich des Teams.

109

Die Rollen des Teamcoaches bei der Begleitung on the job

Das Team zur eigenständigen Problemlösung befähigen

Dass der Teamcoach dabei nicht als der „allwissende Fachexperte" auftritt, der die einzig wahre Lösung präsentiert, dürfte im Geist des bisher Gelesenen keine Frage sein. Innerhalb der Interventionen und Feedback-Gespräche hat der Coach vielmehr die Aufgabe, das Team dazu zu befähigen, aus sich heraus eigenständige Problemlösungen zu entwickeln. Eine für das Team hilfreiche Vorgehensweise besteht darin, die Erfahrungen aus den bisher im Team erlebten Prozessen mit den nun bei der Prozessbegleitung neu gewonnenen Erkenntnissen abzugleichen. Dies ebnet nebenbei auch den Weg für die nächsten Prozessschritte. Der Teamcoach ist hierbei in mehreren Rollen gefordert:

Der Teamcoach als Spiegel, Motor, Förderer, Vermittler

▶ Als **Spiegel** hat er die Aufgabe, Probleme zu erkennen und aufzuzeigen, dies gilt natürlich ebenso für vorhandene Teampotenziale.

▶ Als **Motor** lebt er Spielregeln vor, fungiert als Vorbild für effektive Teamprozesse, erzeugt Motivation für Gruppenprozesse und vermittelt so ganz nebenbei das Know-how der Moderation und Problemlösung.

▶ In die Rolle des **Förderers** schlüpft er bei der geeigneten methodischen Unterstützung. Hier könen die Grenzen zum „Motor" auch schon einmal fließend sein.

▶ Im Krisen- oder Crash-Fall kann er dann auch als **Vermittler** auf den Plan treten (siehe hierzu Kap. 3.4, S. 150 ff.).

Um die jeweilige Rolle ausüben zu können, kann der Teamcoach neben dem klassischen Abschluss-Feedback am Ende eines Prozesses (viel Zeit dafür einplanen!) auf eine Vielzahl von Interventionsmöglichkeiten zurückgreifen.

Interventionsmöglichkeiten im laufenden Prozess

Das Recht zur Intervention …

Unter Interventionen verstehen wir unterschiedlich geartete Unterbrechungen des Teamprozesses von Seiten des Coaches. Diese Unterbrechungen ergeben sich praktisch zwangsläufig, sobald der Coach seine oben genannten Rollen wahrnimmt. Als Teamcoach sollten Sie sich daher immer den Einfluss und den Spielraum sichern, eine solche Intervention zu starten, sobald Sie es für nötig halten. Sollte dies nicht der Fall sein und das Team übergeht Sie, sollten Sie Ihre Rolle überdenken. Ihre Handlungsfähigkeit als Coach ist dann nicht in ausreichendem Maße vorhanden (siehe Kap. 4.1, „Ich bin der Coach – holt mich hier raus", S. 217ff.). Interventionen, zum richtigen Zeitpunkt und am richtigen Ort resp. Prozessschritt durchgeführt, sind ein fantastisches Coaching-Mittel und werden von einem professionellen Teamcoach erwartet.

Betrachten wir die grundsätzlichen Interventionsmöglichkeiten, die Ihnen als Teamcoach bei der Prozessbegleitung zur Verfügung stehen:

Unterbrechung des Prozesses (vorbereitet)

Beim Einstieg in ein Meeting, eine Präsentation etc. kündigen Sie verschiedene Interventionen an. Sie bereiten das Team darauf vor und geben bereits die Zeitpunkte der Interventionen genau an.

- ▶ **Vorteil:** Das Team erfährt keine negative und damit spannungsgeladene Überraschung, was gerade bei ängstlichen und zögerlichen Teams in Anfangssituationen zu großen Irritationen bis hin zur Paralyse führen kann. Außerdem können sich die Teammitglieder auf die Intervention vorbereiten, indem sie beispielsweise für sie persönlich wichtige Dinge aufschreiben und in die Intervention einbringen. Dadurch werden diese Themen auch wieder ins Bewusstsein geholt werden (gerade bei längeren Meetings gerät so nichts in Vergessenheit). Bei der ersten Durchführung einer solchen Intervention sollten Sie zu einem solchen Verhalten animieren.

  Gut für verunsicherte und neue Teams, ...

- ▶ **Nachteil:** Spontaneität und Handlungsspielraum des Coaches sind eingeschränkt. Hat der Teamcoach die vorbereitete Intervention erst einmal angekündigt und auf den Weg gebracht, sollte er sich tunlichst an sein beschriebenes Vorgehen halten, um nicht das gesamte Team zu verwirren. Spontane Interventionen scheiden damit aus.

  ... begrenzt aber die Spontaneität des Coaches.

Unterbrechung des Prozesses (unvorbereitet)

Hier startet der Teamcoach die Intervention von sich aus. Er greift an geeigneter Stelle spontan in den Prozess ein und unterbricht ihn.

Unmittelbare Reaktion und schnelle Analyse ...

▶ **Vorteil:** Eine gerade beispielhaft geschehene Situation lässt sich auf diese Weise unmittelbar aufgreifen und beleuchten. Ein festgefahrenes Team kann schnell wieder arbeitsfähig gemacht werden. Eine verletzte Spielregel wird just zum Zeitpunkt der Verletzung aufgedeckt. Unbewusst das Team lähmende Prozesse werden schnell und für jeden sichtbar aufgezeigt.

... vom Coach initiiert

▶ **Nachteil:** Das Team hat nicht die Chance, eigene Lösungen zu entwickeln und sich selbst wieder auf den Weg zu bringen. Vielmehr ist es ursächlich der Coach, der die Veränderung des Teamprozesses bewirkt. Manchmal ist es allerdings für Teams sehr heilsam, an physische oder auch psychische Grenzen zu gelangen, um aus dieser Erfahrung nachhaltig (weil danach aufgearbeitet!) zu lernen.

> **Tipp:** Die unvorbereitete Intervention sollte kurz und knackig sein. Als Teamcoach müssen Sie hier schnell auf den Punkt kommen, nicht lange drum herumreden, sondern durch gezielte Fragen oder – bei Unverständnis – durch eine treffende Beschreibung das Team direkt ins Bild setzen. Seien Sie sich darüber im Klaren, dass Sie einen Prozess unterbrochen haben, der dann auch wieder in Gang kommen muss. Eventuell müssen Sie Starthilfe geben.

Ein Beispiel: Bei einem Teammeeting wurden in einer hitzigen Diskussion mehrere vorher als extrem wichtig erachtete Spielregeln mehrfach verletzt. Der Teamcoach intervenierte und ließ von jedem Teammitglied ein Statement abgeben, wie oft und warum es die letzte halbe Stunde diese Regeln verletzt hatte.

Die verdeckte Intervention

Darunter verstehen wir die Beeinflussung einzelner oder weniger Teammitglieder. Je nach Teamsituation ziehen Sie z.B. eine Person in einem unbeobachteten Moment aus dem Prozess und geben ihr eine besondere Anweisung oder einen besonderen Hinweis.

Einfluss Einzelner aufs Teamgeschehen wird sichtbar, ...

▶ **Vorteil:** Dominante oder teilnahmslose Personen können so durch besondere Aufgaben gebremst oder animiert werden. Durch das Herausnehmen einer Person kann auch ein Entscheidungsprozess eine ganz neue Wendung erfahren. Vorhandene

Seilschaften können durch das Herausnehmen der gestaltenden Persönlichkeiten inkl. der Übergabe einer gemeinsamen, besonderen Aufgabe kurzfristig aufgelöst werden.

▶ **Nachteil:** Sensible Teammitglieder können bei der verdeckten Intervention schnell in sehr hohen Stress geraten. Es ist daher vom Teamcoach genau einzuschätzen, wer für eine solche Intervention geeignet ist. Das Herausnehmen eines Teammitgliedes kann im Team selbst zu Irritationen führen – was aber auch durchaus gewollt sein kann.

... mit erhöhtem Stressfaktor für die Betroffenen.

Beispiel: In einem Workshop, der zur Intensivierung in einer Almhütte stattfand, holten wir den Teamführer und „Macher" aus einer Planungsphase heraus, um anderen Teammitgliedern mehr Raum zu verschaffen. Wir vereinbarten mit ihm, dass er so lange draußen warten sollte, bis sich das Team nach ihm erkundigen würde. (In der Zwischenzeit erhielt er die Aufgabe, schon mal die Kartoffeln zu schälen.) Nach einer Dreiviertelstunde kam die erste Nachfrage aus dem Team, bis dahin war es niemandem aufgefallen, dass der Teamführer fehlte. In der abschließenden Analyse stellte sich dann heraus, dass alle Teammitglieder zwar die hohe Zielorientierung des Teams extrem wertschätzten, darunter jedoch das Sozialverhalten des Teams zugleich dermaßen litt, dass einige deswegen schon mit Kündigungsgedanken spielten. Das Outing geschah bereits in dieser Analysesituation.

Wer vermisst den Chef?

Tipp: Eine verdeckte Intervention muss anschließend immer aufgelöst und der beabsichtigte Sinn und Zweck klar dargestellt werden. Nötigenfalls muss auch die betroffene Person rehabilitiert werden.

Intervention: Ein zusätzliche Aufgabe

Die Gruppe erhält vom Teamcoach eine zusätzliche Aufgabe. Dies geschieht in der Regel spontan. Es kann sich dabei um die Wahrnehmung einer bestimmten Rolle, die Aktivierung einer Spielregel oder eine wichtige, im bisherigen Prozessverlauf vernachlässigte Aufgabe handeln.

Ein ungewöhnliches Beispiel: In einem Teammeeting stellte der Teamcoach die zusätzliche Aufgabe, dass sich jedes Teammitglied

Den Sinn von Spielregeln sichtbar machen

bei der Übernahme des Gesprächs mit dem Oberkörper kurz aufrichten und beide Hände, mit den Handflächen nach vorne, heben sollte. Das Team respektierte diese Regel mit einem Schmunzeln („Jetzt ist der wohl ganz durchgeknallt!"), hielt sich aber nach ersten Ermahnungen des Teamcoaches daran. In der abschließenden Analyse sollte das Team herausfinden, welche Absicht der Teamcoach damit verfolgte. Das Team reflektierte sehr schnell, dass sich die Gesprächskultur aufgrund der Intervention deutlich verbessert hatte, insbesondere was das Durcheinanderreden und Zuhören anbetraf. Eine adäquate Spielregel war schnell gefunden. Noch Monate nach der Intervention kam es in hektischen Diskussionen immer wieder, selbst initiiert, zu dem ritualisierten Zeichen, bei dem dann alle Teammitglieder wussten, was gerade schieflief.

Intervention: Rollenverteilung

Erweiterung der eigenen Perspektive

Zu Beginn eines Teamprozesses werden Rollen verteilt. Dies bietet sich gerade in neuen Teams an, die noch kein oder noch nicht genügend Rollenbewusstsein aufgebaut haben, jedoch schon erste Schritte in einem Seminar oder Workshop gegangen sind. In der Regel weist der Teamcoach die Rollen zu und sollte sich entsprechende didaktische Gedanken hierzu machen. Zwei Vorgehensweisen bieten sich an: entweder bereits erkannte Teamrollen zu leben und sie bewusst anzuwenden (▶ Intensivierung) oder eine normalerweise nicht im Teamrollen-Portfolio vorkommende Rolle des Teammitglieds auszuprobieren (▶ Sensibilisierung).

Ein Beispiel: In einem neuen Team, das gerade die Belbin-Analyse im Teamtraining gemacht hatte, sollten diese Rollen mit Intensität in einem Teamtreffen ausgelebt werden. Jedes Teammitglied sollte sich dabei richtig in die Rolle hineinschauspielern. In der Auswertung wurden die einzelnen Rollen hinsichtlich ihrer Effizienz analysiert und es wurden Regeln vereinbart, wann seitens des Teams auf welche Rolle besondere Aufmerksamkeit gelegt werden sollte.

Intervention: Aufstellungen

Die Methode der Aufstellung – also eine durch Figuren, Bilder oder reale Personen gestaltete Darstellung einer Situation – hat meist in Intensiv-Seminaren ihren Platz. In der Interventionsarbeit haben wir sie bisher ausschließlich als Realdarstellung genutzt. Ideale Einsatzorte sind Workshops, Round-Table-Meetings, Besprechungen in der Produktion vor Ort etc. Der Teamcoach lässt in einer zu analysierenden Situation die Teilnehmer „einfrieren", d.h., sie verharren an der Stelle und in der Position und Körperhaltung, in der sie sich gerade befinden. Im Anschluss muss jedes Teammitglied aus dieser Verharrung ein Statement über sein Befinden zur Situation abgeben. Diese Verharrenshaltung ist wichtig, da der Körper sich dabei in genau der Lage befindet, die die Situation hervorgerufen hat, und der Betroffene das Gefühlte und Erlebte so spontan und unverfälscht wiedergibt.

▶ **Vorteil:** In bisher allen Einsatzfällen war dem Team danach sofort klar, auf was es der Teamcoach dabei abgesehen hatte. Die Analyse war einfach und direkt.

Hohe Klarheit und direkte Analyse, ...

▶ **Nachteil:** Wie bei der unvorbereiteten Unterbrechung gibt allein der Coach den entscheidenden Anstoß zur Veränderung.

... die der Teamcoach anstoßen muss.

3.2

„Live"-Coaching

Im Unterschied zur Prozessbegleitung sprechen wir beim „Live"-Coaching von der Begleitung eines einzelnen Teammitglieds. Vielleicht irritiert Sie die Wortwahl, bei uns hat sich jedoch genau diese Definition über Jahre etabliert: Prozessbegleitung meint die Begleitung eines Teams, „Live"-Coaching die eines einzelnen Team-mitglieds.

*„Live"-Coaching =
Einzelcoaching
on the job*

Bedeutung und Abgrenzung dieses Coaching-Ansatzes werden vermutlich noch klarer, wenn man ihn im Unterschied zum ty-pischen Einzelcoaching sieht (siehe Kap. 3.3, S. 122ff.). „Live"-Coaching läuft im Gegensatz zum Einzelcoaching völlig losgelöst vom Gesamtprozess. Im Kontext des Teamcoachings kann das „Live"-Coaching sehr spontan eingesetzt werden. Es funktioniert als begleitender Schatten von Einzelnen ebenso wie als unmittel-bare Intervention seitens des Coaches in einer aktuellen Situation. Wir können es somit auch als spontanes „Fitmachen" des Coachees beschreiben.

Typische Situationen für ein „Live"-Coaching

*Der Coach als
neutraler Beobachter
des Führungs-
verhaltens*

Es ergibt sich innerhalb eines Workshops, eines Meetings oder eines losen Abstimmungsgesprächs eine unklare, unreflektierte Situation bei einem Teammitglied, die eine Klärung erforderlich macht. Auch kann es passieren, dass die Beurteilung einer speziellen Situation von mehreren Teammitgliedern unterschiedlich ausfällt. In der überwiegenden Zahl der Fälle sucht ein Teammitglied aber einfach nach einer unabhängigen, außen stehenden Meinung. Der Betrof-fene hat bestimmte Verhaltensmuster ausprobiert und gelangt nun, nach eigener Aussage, an seine Grenzen. Unterstützung im eigentlichen Sinne des Wortes sucht hingegen der Coachee, der z.B. in schwierigen Verhandlungen oder Präsentationen Beistand und Orientierungshilfen bei Unterbrechungen oder Pausen sucht.

 116

Gerade in Führungsteams, also in Teams, in denen die Teammitglieder allesamt Führungskräfte sind, häufen sich die Anlässe für
ein „Live"-Coaching. Beim Herunterbrechen von Führungsaufgaben
– die meistens zu den gemeinsamen Teamzielen innerhalb des Führungsteams zählen – dient der Coach als unabhängiger Beobachter
von Führungsverhalten.

Die Initiative für ein „Live"-Coaching kann dabei von allen drei Seiten kommen. Zum einen vom Teammitglied selbst, das die Chance
erkennt, sich individuelle Unterstützung zu holen. Zum anderen
kann ebenso der Teamcoach die Initiative ergreifen, wenn er die
Situation für geeignet erachtet. Offenkundige Ansätze hierfür
können im Vier-Augen-Gespräch diskutiert werden. Und last, but
not least kann auch das Team selbst eine solche Maßnahme für ein
Teammitglied vorschlagen – vorausgesetzt, es kennt die Methode.

Der Ablauf eines „Live"-Coachings

1. Definition des Coach-Einsatzes

Ist der Startschuss für ein „Live"-Coaching gefallen, so ist zunächst
der Coach-Einsatz zu definieren. Bei welchen Alltagssituationen
macht es Sinn, einen „Live"-Coach einzusetzen? Hierbei sind natürlich auch die Befindlichkeiten der anderen Personen (Mitarbeiter,
Kollegen, Kunden …) zu berücksichtigen. Da die Ansatzpunkte
für ein „Live"-Coaching in erster Linie problembezogen sind, fällt
die Auswahl der geeigneten Situationen in der Regel nicht schwer.
Der Teamcoach selbst sollte sich in dieser Phase bereits Gedanken
machen, wie er in diese Situationsbegleitung Interventionen und
Feedback sinnvoll integriert. Dies erweist sich vor allem dann als
besonders schwierig, wenn zum Beispiel zu begleitende Meetings
Schlag auf Schlag erfolgen, die nur wenig Raum für Interventionen
des Coaches lassen (siehe hierzu auch unter 6. Feedback, S. 120f.).

Wo und wann macht der „Live"-Coach Sinn?

2. Definition der „offiziellen" Rolle des Coaches

Ein, wenn nicht sogar der Hemmschuh für ein „Live"-Coaching ist
die Frage, wie der „Schattenmann/die Schattenfrau" dem Umfeld
– also anderen Teams, Kollegen, Meeting-Teilnehmern etc. – zu
erklären ist. Da gibt es in der Praxis die verschiedensten Varian-
ten. Zum einen die reine Wahrheit: Der Coachee erklärt, warum der
Coach bei diesem Meeting dabei ist – und bleibt bei den tatsächli-

Was sagt man den Beteiligten?

chen Fakten. Dies ist zugegebenermaßen die beste und eindeutigste Variante. Aber nicht alle Coachees sind dazu in der Lage oder glauben es zu sein. Auch kann es sein, dass die Unternehmenskultur nicht mitspielt und der Coachee sich durch sein „Outen" in eine für ihn missliche Lage manövriert. Hier sollte der Coach dann eine dem Einsatz angemessene Rolle vorher (!) zugeteilt bekommen. Dazu ist die Kreativität von Coach und Coachee gefragt. Möglichkeiten, in die Rolle des Kunden, Qualitätsberaters, neuen Mitarbeiters etc. zu schlüpfen, sind vom Coach auf ihre tatsächliche Durchführbarkeit hin zu prüfen. Der Zweck des „Live"-Coachings muss hier die Mittel heiligen. Die Methode ist viel zu effizient, als dass sie von vornherein abgelehnt werden sollte, wenn sich die Wahrheit als nicht durchführbar erweist.

> **Tipp:** Zwei No-Gos gilt es bei der Begleitung des Coachees zu beachten: Ohne definierte Rolle in ein „Live"-Coaching zu gehen und der Fall, dass der Coach die anvisierte Rolle nicht authentisch leben kann.

3. Briefing vor dem Prozess

Worauf soll der Coach achten?

Vor dem eigentlichen Start des „Live"-Coachings wird der operative Arbeitsauftrag abgestimmt. Worauf wird der Coach bis zum nächsten Feedback achten? Es ist unseres Erachtens unprofessionell, dies komplett offen zu lassen und frei nach dem Motto zu agieren: „Mal sehen was kommt." Hier müssen Coach und Coachee die eigene Erwartungshaltung im „Live"-Coaching-Prozess deutlich machen und klar definieren. Dass über das Coaching-Ziel hinaus zusätzlich noch Dinge thematisiert werden, die im Prozess auffällig wurden, versteht sich von selbst. Vordringlich ist allerdings zunächst die konkrete Bedürfnislage des Coachees. So wird die Erwartungshaltung erfüllt und gleichzeitig werden „blinde Flecken" aufgedeckt, die dem Coachee gar nicht bewusst waren.

Was soll trainiert werden?

Eine weitere Facette des „Live"-Coachings, die sich im fortgeschrittenen Prozess einsetzen lässt, besteht im konkreten Üben und Ausprobieren. Hier kann der Coachee vor allem einstudierte Verhaltensformen trainieren, aber auch den Einsatz neuer methodischer Werkzeuge und deren Wirkung auf verschiedene (und damit natürlich menschlich unterschiedliche) Zielgruppen üben.

> **Tipp:** Ein gezielter und bewusster Einsatz zuvor trainier-
> ter Verhaltensweisen kann im Eifer des Gefechts bzw.
> der realen Arbeitssituation schon einmal untergehen.
> Dann benötigt der Coachee einen unauffälligen Fingerzeig
> des Coaches.

In einem konkreten Fall wurde zwischen Coach und Coachee im Vorfeld ein geheimes Zeichen – das senkrechte Heben eines silbernen
Kulis – vereinbart, ab dem dann ein bestimmtes Verhalten bewusst
eingesetzt werden sollte.

4. Begleitung im Prozess

Während der Begleitphase in der realen Arbeitssituation des Coachees ist der aufmerksame und analysierende Beobachter gefragt.
Die Rolle wurde definiert – jetzt ist sie einzuhalten. Daher ist
es umso wichtiger, an dieser Stelle auf eine ganz entscheidende
Bedingung hinzuweisen. Durch die intensive Zusammenarbeit ist
zwischen Coach und Coachee auch eine persönliche Beziehung gewachsen. Und genau diese stört jetzt. In dem Moment, wo Sie mit
den Coachee „mitzittern", sich also zu stark mit ihm assoziieren,
büßen Sie Ihre Objektivität ein. Daher ist bewusste Dissoziation
angesagt. Mitgefühl wird zwar oft vom Coachee gewünscht – wenn
auch selten offen ausgesprochen –, ist aber im seltensten Falle
zweckdienlich.

*Wie wahrt der Coach
Distanz zum Coachee?*

> **Tipp:** Richten Sie während der Begleit- und Beobach-
> tungsphase Ihre Aufmerksamkeit nicht auf die Person
> des Coachees, sondern vielmehr auf seine Interaktion.
> Wie reagieren Teilnehmer, Umfeld, Prozesse auf Ihren Coachee?

5. Interventionen

Die in Kapitel 3.1 (siehe S. 110ff.) angesprochenen Interventionsmöglichkeiten können auch ausnahmslos im „Live"-Coaching
eingesetzt werden. Eine besondere Interventionsform möchten wir
an dieser Stelle aber explizit erwähnen, da sie im Alltag häufiger
vorkommt: Das Fünf-Minuten-Fitmachen. Im beruflichen Alltag

*Wie interveniert der
Coach ad hoc?*

folgen die verschiedenen „Live"-Coaching-Situationen meist Schlag auf Schlag, z.B. in Form von diversen Meetings, Mitarbeitergesprächen, Präsentationen … Selbst für ein kurzes Feedback bleibt dem Coach meist keine Zeit. Besonders prekär ist die Situation, wenn es für den Coachee zuvor gar nicht gut gelaufen ist. Für ein intensives Feedback ist der Coachee jetzt auch gar nicht in der Lage. Das Fünf-Minuten-Fitmachen dient in solchen Situationen vor allem der Wiederherstellung der Arbeitsfähigkeit. Gezielte Atemtechniken gehören dazu oder auch die Fähigkeit, den Coachee einfach einmal zum Lachen zu bringen (und wenn es „nur" über sich selbst ist). Erlaubt ist alles, was situationsadäquat ist. Der Coach übernimmt an dieser Stelle kurz das Leading. Der Vergleich mit der Rolle des Box-Coaches in der Rundenpause ist dabei durchaus legitim – zumindest hier.

Ein Praxisbeispiel: Ein junger Ingenieur sollte in seiner Funktion als Qualitätsmanager bei einem Firmenbesuch in mehreren Sitzungen „seinen Mann" stehen und vor allem bei den Produktionsmeistern überzeugen. Auf dem Weg zu den einzelnen Treffen wurden immer Umwege über ungestörte Plätze (Abstellraum, leere Toilette, abgelegener Hof) gemacht, bei denen der Coach kurz auf die nächste Herausforderung einstimmte. Dem Coachee wurden dabei die Verhaltensformen noch einmal ins Gedächtnis gerufen, auf die er in erster Linie achten sollte. Die positiven Ansätze wurden verstärkt und die Verhaltensweisen, die sich der Coachee vorgenommen, jedoch bisher nicht eingesetzt hatte, reaktiviert. Der Coach achtete dabei bewusst auf eine positive und animierende Gesprächsatmosphäre. Das eigentliche Feedback fand dann in ungestörter Umgebung in einem abgelegenen Café statt.

6. Feedback

Spontanes oder späteres und dafür ausführliches Feedback?

Grundsätzlich gilt: kein „Live"-Coaching ohne Feedback! Zur Alternative steht lediglich der zeitliche und situative Rahmen als Zwischen-, Kurz- oder Abschluss-Feedback. Über Feedback ist viel geschrieben worden und die Grundregeln dazu sind selbstverständlich auch beim „Live"-Coaching-Feedback einzuhalten. Die Erfahrung zeigt, dass hierfür ein paar Besonderheiten zu beachten sind. Dies betrifft vor allem den Zeitbedarf, der erfahrungsgemäß immer wieder unterschätzt wird. Sollte es also nicht möglich sein, zwischen verschiedenen Prozessen genügend Zeit einzubauen, so ist es unumgänglich, zum Abschluss eine Feedback-Einheit von mindestens zwei Stunden einzuplanen – selbst wenn dies eine Nachtschicht bedeutet. Erfolgt das Feedback unmittelbar nach der erlebten Situation, sind auch noch die konkret abrufbaren Emotionen als Effekt vorhanden. Und mit denen kann der Coach jetzt hervorragend arbeiten. Selbst wenn ein Prozess sehr gut gelaufen und damit anscheinend wenig Reflexionspotenzial vorhanden ist, kann über die noch gegenwärtigen Emotionen zum Teil tief in das Verhalten eingestiegen werden. Diese Option ist am nächsten Morgen nur noch schwierig zu nutzen, sofern sie überhaupt noch zur Verfügung steht.

Tipp: Beginnen Sie das Feedback immer, indem Sie zunächst die im Briefing abgesprochenen Verhaltensweisen reflektieren, auch wenn andere Gegebenheiten in der beobachteten Situation dominierten. So bleibt das eigentliche „Live"-Coaching-Ziel erhalten.

3.3

Das Einzelcoaching im Teamcoaching-Prozess

Zentrale Frage:
Braucht das Team
Coaching, der Team-
leiter – oder beide?

Nicht immer ist ein Teamcoaching ausreichend, um ein Team voranzubringen. Manche Teams verstehen sich gut, hadern aber mit ihrer Führungskraft. In einer solchen Situation kann es sein, dass ein Teamcoaching überflüssig wird, wenn die Führungskraft durch ein Einzelcoaching ihre Führungsaufgaben besser wahrnimmt und wirklich die notwendige Führung übernimmt.

Es gibt allerdings auch die Situation, in der die Teamleitung und das Team Unterstützung durch einen Coach brauchen.

Das nächste Fallbeispiel beschreibt ein Einzelcoaching, das parallel zum Teamcoaching verlief. Das Teamcoaching wird daher in diesem Kapitel nicht näher analysiert. Das Fallbeispiel wird in Kapitel 4.2 (siehe S. 223ff.) wieder aufgegriffen, wenn es um die Dynamik zwischen Team und Coach in der Frage des Vertrauens und der Prozess-Ownerschaft geht.

Die Konfliktlinien im Team von Frau S.

Frau S. ist Teamleiterin eines Teams, das aus mehreren Berufsgruppen besteht. Jeweils zwei Teammitglieder arbeiten als Tandem. Das ganze Team ist verantwortlich für die schnelle Genehmigung von Verfahren und die entsprechende Beratung von Kunden. Rechtliche, technische und auch verfahrenstechnische Vorschriften müssen im Genehmigungsverfahren gewährleistet sein, für dessen Einhaltung und Ablauf das Team verantwortlich ist.

Im Team gab es gleich mehrere Konfliktlinien. Die drei Berufsgruppen sollten, um zu guten Ergebnissen zu kommen, gleichberechtigt zusammenarbeiten. In Wirklichkeit war das Denken immer noch von alten Hierarchien geprägt. Die Gruppe der Techniker fühlte sich der Gruppe der Verwaltungsfachleute überlegen, diese wiederum wertschätzten die Arbeit der Assistentinnen zu gering. Hinzu kam, dass zwei Teammitglieder aus privaten Gründen nur noch per E-Mail kommunizierten, obwohl sie aufgrund der Tandemstruktur von Technikern und Fachleuten gemeinsam Termine beim Kunden wahrnehmen sollten. Die Teamleiterin sah dem Ganzen eine Zeit lang interessiert, manches Mal sogar amüsiert zu und versuchte immer wieder zu vermitteln. Ihr Denken „Das sind doch alles erwachsene Menschen, die müssen mit diesen Problemen doch selbst zurechtkommen!" ließ sie mehr als Zuschauerin agieren. Das Team sah hilflos zu, wie sich die Gräben zwischen den Gruppen und den zwei Privatpersonen immer weiter vertieften. Es war höchste Zeit zu handeln, denn die Kundenzufriedenheit sank, der Zeitverzug bei der Abwicklung der Aufträge wurde größer und die Stimmung im Team war schlecht.

Der 1. Führungsirrtum: „Das sind doch alles erwachsene Menschen."

Interessanterweise erhielt dieses Team nur deshalb ein Teamcoaching, weil nach einer Umstrukturierung alle Teams in diesem Bereich Schwierigkeiten hatten und durch einen Coach unterstützt werden sollten. Für die Teamleiterin war dies ein glücklicher Zufall, da sie Hilfe in Form eines Coachings von sich aus nie angefordert hätte. Zu groß war ihre Angst, nach außen schwach oder unfähig zu wirken: „Eine Führungskraft muss solche Dinge selbst regeln können, sonst blamiert sie sich." Eine Ansicht, die immer noch viele Teams oder Teamleitungen davon abhält, rechtzeitig um Unterstützung zu bitten.

Der 2. Führungsirrtum: „Das muss ich doch selbst regeln können."

Im Vorgespräch mit der Teamleitung und dem Auftraggeber wurden die Umorganisation und die Statusproblematik besprochen. Ziel des Teamcoachings war es, wieder ein Gemeinschaftsgefühl herzustellen, die hierarchischen Unterschiede zu nivellieren und die neu zusammengewürfelten Teams zu einer effektiveren Arbeitsweise zu führen. In einem Einzelgespräch mit der Teamleitung wurde schließlich noch der persönliche Konflikt der beiden Mitarbeiter angesprochen.

Der gesamte Prozess war über zwei Jahre angelegt und bestand aus mehreren Teamtagen sowie halbtägigen Reflexionstagen. Natürlich verlief auch der gesamte Teamprozess spannend, doch konzentrieren wir uns im Folgenden bewusst auf die Schilderung des Einzelcoachings.

Coaching-Ansätze und eingesetzte Coaching-Methoden

Die Methoden des geschilderten Coaching-Falls beruhen auf mehreren Ansätzen. Zum einen dem Internal Family System (IFS) von Richard Schwartz, zum anderen auf der Hakomi Integrative Psychologie von Ron Kurtz und Halko Weiss. Die Kernkompetenzen der emotionalen Intelligenz sind eine weitere Grundlage des Konzepts. Es wurde von Inge und Thomas Dietz sowie ihren Kollegen vom „Heidelberger Beraterkreis" weiterentwickelt und ist Grundlage einer von ihnen angebotenen Coaching-Ausbildung.

Im Fokus: Selbstwahrnehmung, Selbstregulierung und Selbstführung

Gearbeitet wird an der Selbstwahrnehmung, der Selbstregulierung und der Selbstführung. Wenn ein Mensch ein besseres Verständnis für die Psychologik der eigenen Innenwelt hat, kann er dadurch besser Emotionen erkennen, benennen und verarbeiten. Eine bessere Selbstwahrnehmung und -führung ermöglicht auch mehr Empathie mit anderen, wodurch Beziehungen zu anderen Menschen anders gestaltet werden können. Der Klient hat während des Coachings immer die Kontrolle über den Verlauf und die Tiefe des Prozesses.

Folgende Techniken des Ansatzes wurden in diesem Coaching angewendet:

Eingesetzte Coaching-Techniken

▶ Kontrollierter Dialog
▶ „Alter Ego"-Technik
▶ Externalisieren und Aufstellen von Teilen
▶ Selbstdialog mit einem Persönlichkeitsteil

Diese und weitere Coaching- und Selbstcoaching-Techniken werden ausführlich und in dem Buch „Selbst in Führung" von Inge und Thomas Dietz (Junfermann 2007) erläutert.

Die Ziele des Einzelcoachings für die Teamleiterin

Das Team fordert Führung.

Im Rahmen des Teamcoachings wurde schnell deutlich, dass sich das Team mehr Unterstützung durch die Teamleitung wünschte. Sätze wie „Sagen Sie doch einfach mal, wo es lang gehen soll!" oder „Manchmal könnten Sie schon einmal auf den Tisch hauen!" zeigten deutlich, dass dieses Team mehr Führung brauchte und auch forderte. Im ersten Teamcoaching hielt sich die Leitung zurück und forderte ihrerseits die Mitglieder dazu auf, mehr Verantwortung zu übernehmen, „schließlich seien sie ja alle erwachsene Menschen". Obwohl die Teammitglieder mehr als deutlich Kritik an der Führung übten, sah die Teamleiterin wenig Handlungsbedarf. Um ihr Gesicht vor dem Team zu wahren, versprach sie mehr einzugreifen. Die darauf einsetzende Diskussion, wie und wo sie eingreifen sollte, war jedoch nicht zielführend und wurde daher durch den Coach abgebrochen.

Nach dem Teamcoaching sprach der Coach die Teamleitung an und fragte, ob er bestimmte Dinge lieber im Einzelcoaching mit ihr bearbeiten sollte. Die Erleichterung von Frau S. war deutlich zu spüren und gemeinsam wurde ein Einzelcoaching mit dem Auftraggeber vereinbart. Im ersten Schritt wurden fünf Doppelstunden genehmigt und die Ziele definiert.

▶ Die Führungskraft sollte ihren Führungsstil reflektieren und gegebenenfalls verändern.

Vereinbarte Coaching-Ziele

▶ Die Konfliktfähigkeit sollte gestärkt werden, um die Teammitglieder bei Konfliktlösungen besser zu unterstützen.
▶ Der Wunsch des Teams, klarere Handlungslinien vorzugeben, wurde ebenfalls als Coaching-Ziel aufgenommen.
▶ Nach fünf Doppelstunden sollte neu entschieden werden, ob weitere Coaching-Termine notwendig wären oder der Einzelcoaching-Prozess abgeschlossen werden konnte. (Fünf Doppelstunden sind im beschriebenen Unternehmen der übliche Einzelcoachingrahmen. Es ist jedoch im Einzelfall ohne Probleme möglich, die Dauer des Coachings zu verlängern.)

1. Coaching-Sitzung

Da sich Coach und Coachee schon aus dem Teamcoaching kannten, war in der ersten Coaching-Sitzung bereits eine Vertrauensbasis vorhanden und auch der Coaching-Auftrag im Vorfeld mit dem Vorgesetzten geklärt. Deshalb wurde zu Beginn der ersten Sitzung lediglich die Reihenfolge der zu bearbeitenden Themen festgelegt und das Ziel der ersten Doppelstunde definiert. Um den Prozess flexibel zu gestalten, vereinbarten Coach und Coachee zu Beginn jeder Doppelstunde, die Aktualität der Themenfolge zu überprüfen und gegebenenfalls zu ändern.

Das vordringlichste Problem für die erste Coaching-Sitzung war der private Konflikt der Mitarbeiterin Frau H. und des Mitarbeiters Herrn B., vor allem deshalb, weil die Kommunikation von Teamleiterin Frau S. mit Herrn B. äußerst schwierig war.

Ihre Versuche der Vermittlung in diesem Konflikt richteten sich vor allem an Frau H., denn diese erschien ihr rational und diplomatisch. Herrn B. beschrieb die Teamleiterin hingegen als launisch und wenig selbstsicher. In bestimmten Situationen führte dies zu aggressivem Verhalten des Mitarbeiters, der andere laut beschimpfte. Gleichzeitig hatte Frau S. auch Verständnis für die schwierige Situation, in der sich Herr B. befand, und für seine schwere Lebensgeschichte mit vielen Schicksalsschlägen. Deshalb beschlossen Coach und Coachee im ersten Schritt, die Kommunikation mit Herrn B. zu verbessern.

Ablauf und Einsatz-
möglichkeiten des
kontrollierten Dialogs

Als Methode wurde der kontrollierte Dialog gewählt. Diese Methode eignet sich vor allem, wenn ein bestimmter Gesprächsausschnitt oder ein bestimmtes Verhalten geübt werden soll und wenn jemand Schwierigkeiten hat, einen bestimmten Punkt anzusprechen. Mit dem kontrollierten Dialog kann der Klient auch seine Selbstregulierung stärken, um zum Beispiel zuhören, ausreden lassen und angemessen formulieren zu können. Coach und Coachee wechseln dabei ständig die Rollen. Der Coachee nimmt zuerst seine Rolle ein und sagt aus dieser Position heraus Dinge, die er dem Konfliktpartner gerne sagen möchte. Nach ein paar Sätzen wechseln Coachee und Coach die Rollen. Der Coachee nimmt die Rolle des Konfliktpartners ein und diesmal wiederholt der Coach genau die Sätze, die der Coachee eben dem Konfliktpartner gesagt hat. Der Coachee reflektiert dann, wie diese Sätze auf ihn wirken. Die Rollen werden so lange gewechselt, bis es für den Coachee möglich wird, empathischer für die Gefühlswelt des anderen zu sein. Meistens genügen zwei bis drei Platzwechsel, um den gewählten Gesprächsausschnitt genauer unter die Lupe zu nehmen.

Im Laufe der Übung verstand Teamleiterin Frau S. immer besser, warum Herr B. „regelmäßig auf die Palme geht", wenn sie wie bisher mit ihm redet. Ihre Worte wirkten provokativ und verletzend. Sie signalisierten wenig Verständnis und Mitgefühl, sondern Missachtung. Obwohl sie viel Verständnis für die Situation des Mitarbeiters hatte, gelang es ihr nicht, dies zum Ausdruck zu bringen und ihn dadurch zu erreichen.

Da der Teamleiterin nach dieser Übung noch nicht deutlich genug war, wie sie kommunizieren sollte, entschied der Coach anschließend, mit der Alter-Ego-Technik zu arbeiten: Der Coach nahm die Rolle von Herrn B. ein und gab auf die Sätze des Coachees direkt Rückmeldung, wie dessen Aussagen auf ihn wirkten. Fand der Coachee keine passenden Formulierungen, gab der Coach als Alter Ego Hilfestellung bei einzelnen Sätzen. Der Coachee merkte beim Aussprechen, ob er diese Formulierungen übernehmen konnte. Nach und nach entstand so ein Gesprächsleitfaden, der in den Formulierungen auch für Herrn B. annehmbar erschien.

Arbeit mit der Alter-Ego-Technik

Bei der Ergebniskontrolle zum Ende des Coachings fühlte sich die Teamleiterin nun sicherer, um das schwierige Gespräch mit ihm zu führen. Ihr inhaltliches Ziel war es, die Tandempartner wieder zur Zusammenarbeit zu bringen. So lautete dann auch die Hausaufgabe bis zum nächsten Termin, dieses Gespräch zu führen.

Eingesetzte Coaching-Techniken

Die Techniken des kontrollierten Dialoges und des Alter Egos eignen sich zur szenischen Darstellung einer Gesprächssituation und helfen dem Klienten, sich möglichst schnell auf die Gesprächsführung vorzubereiten. Ziel ist es, alternative Verhaltensweisen aufzuzeigen und zu erkunden. Der Klient wird empathischer mit dem Gesprächspartner und fühlt, wie seine bisherigen Worte wirken. Mit Hilfe der Alter-Ego-Technik kann er außerdem überprüfen, ob die alternativen Formulierungen für ihn aussprechbar und damit ein- und umsetzbar sind.

Reflexion des Coaches

Dem Coachee fiel es sichtlich schwer, im Gespräch offen und sachlich zu bleiben. Immer wieder wirkte die Teamleiterin belehrend und ironisch. Da Frau S. das bevorstehende Gespräch mit dem Mitarbeiter sehr belastete, brauchte sie Unterstützung, um diesen Schritt auch zu wagen. Sinnvoller wäre es aus Sicht des Coaches gewesen, den Gesprächstermin aufzuschieben, um zunächst die Selbstführung des Coachees zu verbessern. Trotz des entwickelten Gesprächsleitfadens und der veränderten Formulierungen bestand die Gefahr, dass Frau S. im Gespräch in ihre ironische oder belehrende Art zurückfallen konnte. In Anbetracht der Dringlichkeit schien es aber besser, überhaupt das Gespräch zu suchen, als gar kein Gespräch zu führen.

2. Coaching-Sitzung

Frust beim Coachee: Der gute Vorsatz reichte nicht.

Der zweite Coaching-Termin begann mit einer Reflexion des Gesprächs mit Herrn B. Nach einem anfänglich sehr guten Verlauf war es der Teamleiterin nicht gelungen, empathisch und sachlich zu bleiben. Im Gegenteil – die Situation war weiter eskaliert. Bei der Ursachenanalyse stellte sich heraus, dass die Wende im Gespräch mit einer ironischen Bemerkung der Teamleiterin eingeleitet wurde. Zwar konnte sie nachvollziehen, dass Ironie für den Mitarbeiter wie ein rotes Tuch wirkte. Sie war aber offenkundig nicht in der Lage, solche Bemerkungen mit ihrem zum Teil sehr belehrenden Unterton zu unterlassen. Auf die Frage des Coaches, ob sie dieses Verhalten genauer beleuchten wolle, antwortete sie ausweichend. Für sie stand vielmehr im Vordergrund, den Charakter von Konflikten und ihre Eskalation zu verstehen sowie mehr über Konfliktverhalten zu erfahren. Da es nicht möglich ist, mit einem Coachee gegen seinen Willen an den eigenen Emotionen zu arbeiten, machte es keinen Sinn, den Prozess an dieser Stelle zu vertiefen. Als kognitiver Mensch wünschte sich Frau S. mehr theoretisches Wissen über Konflikte.

Ziel der zweiten Sitzung war es deshalb, die Theorie der Konflikteskalation besser zu verstehen und Konflikte genauer zu analysieren.

Der Coach erklärte die Stufen der Eskalation nach Friedrich Glasl (siehe S. 147/148) und analysierte sowohl den Konflikt der beiden Tandempartner untereinander als auch den Konflikt der Teamleiterin mit dem Mitarbeiter. Der rationale Zugang stand hierbei im Vordergrund. Damit wurde dem Bedürfnis des Coachees Rechnung getragen, Konflikte zu verstehen und einen theoretisch fundierten Background zu erhalten.

Ernüchternde Analyse: Der Kollegenkonflikt ist kaum zu lösen.

Die Analyse der Teamkonflikte machte deutlich, wie gering die Wahrscheinlichkeit war, dass die Mitarbeiterin und der Mitarbeiter jemals wieder ein funktionierendes Tandem bilden würden. Zu tief waren die Gräben und die Verletzungen, die beide in dem Konflikt bereits erfahren hatten. Die einzige Chance könnte in einer gemeinsamen Supervision oder Mediation bestehen. Doch vermutete die Teamleiterin bei den beiden Mitarbeitern wenig Offenheit, sich auf eine solche Maßnahme einzulassen. Die Suche nach Alternativen führte immer wieder dazu, dass ein Teammitglied das Team verlässt. Dafür allerdings sah die Teamleiterin wiederum kaum Handlungsspielraum innerhalb der Organisation. Der Auftrag bis zum nächsten Coaching lautete deshalb, mit ihrem Vorgesetzten die Möglichkeiten der Versetzung eines Mitarbeiters in ein anderes Team zu besprechen.

Eingesetzte Coaching-Techniken

Häufig wünschen sich Klienten schlichtweg mehr theoretisches Rüstzeug für ihren beruflichen Alltag. An dieser Stelle ist das Wissen des Coaches gefragt; sei es entweder – wie in diesem Fall – zur Konflikttheorie, zu Arbeitstechniken oder auch zu Präsentation und Moderation. Hat der Coach dieses Fachwissen nicht, muss er gemeinsam mit dem Klienten nach Alternativen suchen: Wer kann dieses Fachwissen wo und wie vermitteln?

Bisweilen auch gefragt: Der Coach als Trainer und Input-Geber

> **Hinweis:** Ein Coachee merkt schnell, wenn fundiertes Fachwissen fehlt und der Coach Banalitäten oder oberflächliche Allgemeinplätze von sich gibt. Ein solches Verhalten zerstört die Vertrauensbasis und führt zu einer Oberflächlichkeit des Prozesses mit letztlich mageren Ergebnissen.

Fehlt das eigene Know-how, muss der Coach offen und ehrlich Farbe bekennen: Das sind die eigenen Kernkompetenzen, das sind die Kernkompetenzen anderer – „und mit dieser Frage sind Sie bei xy besser aufgehoben". Selbstverständlich gilt das auch für die Tiefe des Prozesses. Wann ist ein Coaching zu Ende und wann beginnt die Psychotherapie? Diese Grenze kann der Coach in der konkreten Situation nur dann ziehen, wenn er sehr gut seine eigenen Grenzen kennt und in der Lage ist, dies auch mit dem Coachee offen und ehrlich zu besprechen.

In beiden Fällen ist es hilfreich, wenn man auf ein gutes Netzwerk an Kolleginnen und Kollegen zurückgreifen kann, über das man den Coachee weitervermitteln kann.

Reflexion des Coaches

Dem Coach war klar, dass die ironische Art des Coachees eine wesentliche Konfliktursache darstellte und es deshalb wichtig wäre, dieses Thema möglichst schnell zu bearbeiten. Der Coachee war jedoch sehr rational und kognitiv veranlagt. Frau S. war der fachliche Input ebenso wichtig wie die Arbeit an den eigenen Emotionen, doch der kognitive Weg war für sie zunächst einfacher zu beschreiten. Zwar bestand bereits eine Vertrauensbasis zwischen Coach und Coachee und Frau S. hatte sich ausdrücklich den Teamcoach als Einzelcoach gewünscht: „Ich kenne Sie, Sie sind fachlich gut und Sie kennen mein Team." Doch trotz dieses Vertrauens war Frau S. noch nicht bereit, sich auf einen tieferen Prozess einzulassen. Der Coach hatte sich in diesem Fall auf die Doppelrolle des Team- und Einzelcoaches eingelassen. Er war sich darüber im Klaren, dass es sowohl im Team als auch im Einzelcoaching Situationen geben kann, die Prozesse verzögern oder auch blockieren. So kann der Coachee die Befürchtung haben, zu viel von sich preiszugeben und damit sein Gesicht zu verlieren. Er fürchtet unter Umständen, der Coach könnte ihn nicht mehr als Teamleitung akzeptieren und ist deshalb zurückhaltend. Sind Team- und Einzelcoach verschiedene Personen, fällt es dem Coachee leichter, im Einzelcoaching auch starke Emotionen zuzulassen.

Noch fehlt die Bereitschaft des Coachees, am eigenen Verhalten zu arbeiten.

Ein Vorteil der Personalunion von Team- und Einzelcoach ist die genaue Kenntnis der Teamsituation und der beteiligten Personen in Konflikten. Doch auch diese Kenntnis kann den Prozess stören, denn ein Coach kann, wenn er die beteiligten Konfliktpartner kennt, leichter in die Gefahr geraten, diese zu verteidigen.

Tipp: Ist der Coach in Personalunion für parallele Team- und Einzelcoaching-Prozesse tätig, braucht er verstärkte Unterstützung durch Supervision, um seine Neutralität zu wahren und sich nicht auf eine Seite zu stellen.

3. Coaching-Sitzung

Das Gespräch von Frau S. mit ihrem Vorgesetzten war positiv verlaufen. Dieser hatte den Handlungsbedarf erkannt und war bereit, eine Versetzung zu befürworten, sobald sich eine Möglichkeit dazu ergeben würde. Lediglich der Zeitpunkt war offen. Deshalb wurde als Ziel der dritten Coaching-Sitzung vereinbart, weiter am Kommunikationsverhalten der Teamleiterin zu arbeiten. Frau S. war nun bereit, tiefer in den Prozess einzusteigen und herauszufinden, warum sie immer wieder in dieselben Verhaltensmuster verfiel, die die Gespräche mit Herrn B. immer wieder eskalieren ließen.

Um herauszufinden, welche Persönlichkeitsanteile in einer typischen Gesprächssituation im Vordergrund standen, schilderte Frau S. detailliert das letzte Gespräch mit ihm. Der Coach verlangsamte an bestimmten Punkten den Prozess, hakte ein und forderte den Coachee auf, genauer hinzuhören, welche Gefühle in diesen Situationen zu spüren waren. Mittels der Methode des Internal Family System (IFS), das mit der Multiplizität der Psyche arbeitet, gelang es, bestimmte Persönlichkeitsanteile herauszuarbeiten (zur Erläuterung siehe folgenden Abschnitt: „Eingesetzte Coaching-Technik"). Auf diese Weise wurden die Persönlichkeitsanteile, die in einer bestimmten Situation bei der Teamleiterin die Oberhand gewannen, benannt und ihr Zusammenspiel genauer beleuchtet.

Arbeit mit den Persönlichkeits- anteilen

Relevant waren bei Frau S. in der Gesprächssituation mit Herrn B. ein ironischer Anteil, ein harmoniebedürftiger, ein ohnmächtiger sowie ein sehr rationaler, logischer Anteil. Im nächsten Schritt entschied sie, den ironischen Anteil genauer kennenzulernen. Dieser war ihr sehr vertraut und begleitete sie schon lange. Er trat immer dann auf, wenn der ohnmächtige Anteil die Führung übernahm. Der ironische Anteil fungierte als Retter, wenn sich durch den ohnmächtigen eine Handlungsunfähigkeit ankündigte oder er für Außenstehende verletzlich wirken könnte. Das Weltbild des ohnmächtigen Anteils, so der Coachee, basiere auf dem ironischen, denn schon in der Schule sei sie in schwierigen Situationen ironisch und belehrend geworden. Da aber der Retter so perfekt arbeitete, sah sie bisher keinen Grund, dieses Verhaltensmuster zu ändern.

Die Wechselwirkung der Anteile

Die Wechselwirkung, die beim Aufeinandertreffen des ironischen Anteils mit dem Mitarbeiter Herrn B. eintrat, sollte erst in der nächsten Coaching-Sitzung genauer betrachtet werden. Frau S. wollte zunächst herausfinden, wie sie den ironischen Anteil bewusster lenken konnte. Bei genauerer Betrachtung stellte sich heraus, dass der Ohnmächtige dann zum Tragen kam, wenn der Logiker nicht mehr weiterwusste. Im Konflikt mit dem Mitarbeiter B. war der Logiker der Ansicht, dass das Verhalten des Mitarbeiters kindisch sei und er als erwachsener Mensch doch in der Lage sein müsse, anders an die Dinge heranzugehen. Doch auch mit guten Argumenten konnte der Logiker nicht punkten. In diesen Situationen trat der Ohnmächtige auf, der hilflos zusehen musste, wie die Situation immer mehr außer Kontrolle geriet. Gleichzeitig war dieser Ohnmächtige sehr verletzlich, denn er kannte aus der Vergangenheit viele Situationen, in denen er gedemütigt und ausgelacht worden war. Um dies zu verhindern, übernahm der ironische Anteil die Führung und schwächte die Situation durch spitze Bemerkungen oder Zitate ab, die dem Gesprächspartner die eigene intellektuelle Überlegenheit demonstrierten – mit den bekannten Folgen.

Persönlichkeitsanteile stärken und bewusst einsetzen

Um in solchen Situationen besser in der Selbstführung zu sein, war es wichtig, die Kompetenzen des harmoniebedürftigen Teils zu stärken und ihn agieren zu lassen. Dieser Persönlichkeitsanteil konnte sehr empathisch sein, gut zuhören und sogar pragmatische Lösungen entwickeln – sofern der ironische dies zuließ. Um diesen Anteil zu stärken, rief sich Frau S. Situationen ins Gedächtnis, in denen der harmoniebedürftige Teil erfolgreich agiert hatte. Der Coachee konnte ihn sogar körperlich spüren und dieses Gefühl als somatischen Marker nutzen. So sollte die Teamleiterin im nächsten Gespräch mit dem Mitarbeiter B. den ironischen Anteil wahrnehmen und begrüßen, ihn aber gleichzeitig bitten, noch einen Moment mit der Aktion zu warten, um dem harmoniebedürftigen eine Chance zu geben. Der ironische Anteil war unter einer Bedingung bereit, abzuwarten: Er brauchte die Sicherheit, wieder agieren zu dürfen, falls der ohnmächtige Anteil zu groß werden sollte. Nach diesem Vertrag der inneren Anteile miteinander war es die Aufgabe von Frau S., bis zur nächsten Coaching-Sitzung ein Gespräch mit dem Mitarbeiter über eine mögliche Versetzung zu führen.

Eingesetzte Coaching-Techniken

Das IFS macht die Selbstführung bewusst.

Das Internal Family System (IFS) basiert auf der Annahme der multiplen Persönlichkeit. Danach verfügt jeder Mensch über verschiedene innere Anteile, die wie Teilpersönlichkeiten betrachtet werden können. Jeder Anteil hat eine eigene Persönlichkeit mit Gedanken, Gefühlen, Erfahrungen, Erinnerungen und Anschauungen. Der Dialog dieser Anteile untereinander ist das, was unser alltägliches Denken ausmacht.

Die genaue Beobachtung der inneren Zustände einer Person ermöglicht es, ein besseres Verständnis für die einzelnen Teile zu
erlangen. Wie in allen sozialen Systemen gibt es auch innerhalb der
Persönlichkeit Teile, die sowohl kooperieren als auch in Konkurrenz
zueinander stehen, so dass es zu Polarisierungen kommt. Um eine
bessere Selbstführung zu erreichen, ist es wichtig, sich von den
einzelnen Teilen distanzieren zu können, um sich nicht mehr ganz
von ihnen vereinnahmen zu lassen.

Die Instanz, die diese Führung übernehmen kann, bezeichnet IFS-
Entwickler Richard Schwartz als das „Selbst". Das Selbst ist in der
Lage, unabhängig und weise mit bestimmten Anteilen umzugehen
und die Führung zu übernehmen, sofern die Anteile Vertrauen
haben und dies zulassen. Diese Coaching-Methode ermöglicht einen
schnellen Zugang zu Emotionen und damit auch zur Veränderung
von Verhaltensautomatismen.

Reflexion des Coaches

Der Coachee war nun bereit, an den eigenen Verhaltensweisen zu
arbeiten. Die Teamleiterin konnte die Befürchtung, das Gesicht vor
dem Coach zu verlieren, überwinden und sich auf die Arbeit mit
ihrer Innenwelt einlassen. Die Erkenntnisse waren für sie erstaunlich und wertvoll, auch wenn der Zugang zu den eigenen Emotionen zunächst schwer fiel und sie immer wieder in das kognitive
Erklären wechselte. Für den Coach bedeutete das, den Klienten
immer wieder behutsam weg von der Geschichte hin zu den eigenen
Emotionen zu führen. Dieser Prozess erweist sich für den Coach
immer dann als schwierig, wenn er sich nicht zutraut, die Tiefe des
Prozesses zu steuern. Bei eigenen Blockaden tritt der Effekt ein,
dass der Coach sich selbst gerne auf die Erklärungsebene einlässt
und das Coaching sehr kognitiv abläuft. Das kann den Klienten
zwar auch voranbringen, ist aber weniger effektiv als die Arbeit mit
den Persönlichkeitsanteilen. Spürt der Coachee die Blockaden des
Coaches, wird er weniger Vertrauen in dessen Führung haben und
hat eine entsprechend geringere Bereitschaft, sich auf die Tiefe des
Prozesses einzulassen. Der Coach braucht dann selbst eine Supervision oder ein Coaching von Kollegen, um die eigenen Blockaden zu
überwinden.

*Herausforderung für
den Coach: Sich nicht
auf die kognitive
Ebene des Coachees
einlassen*

4. Coaching-Sitzung

Frau S. kam mit guter Laune zum Coaching. Das Gespräch mit dem Mitarbeiter war erfolgreich verlaufen. Ihre Selbstführung hatte funktioniert und der Mitarbeiter hatte die mögliche Versetzung nicht als ein Abschieben, sondern als wirkliche Lösung des Konflikts verstanden. Er war bereit, wieder konstruktiver im Team mitzuarbeiten, auch wenn der Zeitpunkt der Versetzung noch unklar war. Die Versetzung sollte mit fachlichen Gründen angekündigt werden, damit alle Beteiligten ihr Gesicht wahren konnten. Allerdings bestand Herr B. darauf, bis dahin nicht mit seiner Tandemkollegin zu Kundenterminen zu fahren. Dies bedeutete zwar für die Effektivität der Arbeit eine Einschränkung, wurde aber von Frau S. und der Kollegin akzeptiert.

Erste Erfolgserlebnisse stellen sich ein.

Frau S. hatte inzwischen selbst mit ihren Persönlichkeitsanteilen weitergearbeitet und wollte in dieser Coaching-Sitzung den Aspekt beleuchten, der vom gesamten Team reklamiert wurde: die mangelnden klaren Vorgaben oder das fehlende „Machtwort", um endlose Diskussionen im Team zu beenden. Da in der vorherigen Coaching-Sitzung vereinbart wurde, die Wechselwirkung zwischen ihr und dem Mitarbeiter B. noch genauer zu beleuchten, stand die Frage im Raum, ob dieses ebenfalls noch weiter erörtert werden sollte. Für Frau S. war es aber in dieser Sitzung wichtiger, an dem Thema „Verhalten im Team" zu arbeiten. Daher wurde die Wechselwirkung zurückgestellt.

Bereitschaft, am eigenen Führungsverständnis zu arbeiten

In der IFS-Arbeit führte Frau S. einen inneren Dialog mit ihrem harmoniebedürftigen Anteil. Sie lernte dessen Befürchtungen kennen. Der Harmoniebedürftige hatte Angst, den Logiker gemeinsam mit dem ironischen Anteil als Vorgesetzte sprechen zu lassen. Er befürchtete ein zu starkes Macht- und Dominanzverhalten. Er wollte durch sein starkes Auftreten, das Frau S. in bestimmten Situationen lieber schweigen ließ, erreichen, dass Frau S. nicht arrogant und überheblich wirkte und dass sie – trotz ihrer Führungsrolle – nach wie vor gemocht wurde. Das Menschenbild des Harmoniebedürftigen stimmte mit dem des ironischen Anteils überein. Beide Persönlichkeitsanteile vertraten die Meinung: „Das sind doch alles erwachsene Menschen!" Auf die Frage, wie denn dem harmoniebedürftigen Anteil das letzte Gespräch zwischen der Teamleiterin Frau S. und Herrn B. gefallen habe, antwortet dieser, dass er mit dem Ergebnis sehr zufrieden sein. Denn die Harmonie sei ja zumindest

teilweise wiederhergestellt. Auf die Frage, wieso er zulassen konnte, dass Frau S. als Vorgesetzte ein klärendes Gespräch mit dem
Mitarbeiter führen konnte, ohne dass sich der Harmonische so stark
einmischte, antwortete dieser, dass er die Sicherheit hatte, dass der
ironische Anteil anders agieren würde. Dies war der Schlüssel für
die Verhaltensänderung des harmonischen Anteils. Frau S. vereinbarte mit dem harmonischen Anteil, dass er sich zurückhalten
würde, solange er wusste, dass der ironische sich auch zurückhielt.
Sobald der Harmonische das Gefühl bekam, dass der Ironische zu
stark wurde, hatte der Harmonische die Erlaubnis, einzugreifen und
für Zurückhaltung zu sorgen. Die Zurückhaltung des Ironischen und
des Harmoniebedürftigen erlaubte es nun, dass andere Anteile wie
der Verantwortungsbewusste, der Logische und der Diplomatische
mehr Raum hatten, um in Situationen zur Geltung zu kommen, die
ein Handeln und eine klare Stellungnahme von Frau S. erforderten.

Die Steuerung der Persönlichkeitsanteile wird möglich.

Hausaufgabe von Frau S. war es, in der nächsten Teamsitzung klar
Stellung zu beziehen und dem Team eine Handlungsanleitung zu
geben.

Eingesetzte Coaching-Technik

Da Frau S. von der Funktionsweise des IFS begeistert war, wollte sie
gerne damit weiterarbeiten, um in der Selbstführung sicherer zu
werden und den inneren Dialog zu üben. Ziel des inneren Dialogs
ist es, sowohl die Befürchtungen und Ängste als auch die Stärken
der einzelnen Persönlichkeitsanteile kennenzulernen und etwas
über das System und die Beziehung der einzelnen Anteile zueinander zu erfahren.

Reflexion des Coaches

Die Begeisterung für das IFS und der sichtbare Erfolg in der Verhaltensänderung sind gute Voraussetzungen, damit ein Klient
mithilfe dieser Technik auch nachhaltig an der Selbststeuerung
und -führung arbeitet. Ziel im Coaching ist es, das Zusammenspiel
der einzelnen Persönlichkeitsanteile deutlich zu machen und die
Funktionsweise des inneren Teams besser zu verstehen. Einige dieser komplexen Zusammenhänge wurden in dieser Coaching-Sitzung
transparent, andere blieben noch verborgen. Daher ist es wichtig,
in der abschließenden Sitzung das Zusammenspiel der Anteile noch

deutlicher herauszuarbeiten, damit der Klient auch in komplexen Situationen alleine mit den Persönlichkeitsanteilen arbeiten kann.

5. Coaching-Sitzung

Frau S. berichtete von der vergangenen Teamsitzung. Sie war mit ihrem Auftreten nicht zufrieden, auch das Team war etwas irritiert, da sie im Gegensatz zu ihrem sonstigen Verhalten recht dominant aufgetreten war. Als sie dieses bemerkte, war natürlich sofort der harmonische Anteil auf den Plan getreten und hatte dazu beigetragen, dass sie das Gesagte – und damit die klaren Richtlinien für bestimmte organisatorische Abläufe – wieder zurückgenommen hatte. Aus diesem Grund wollte Frau S. gerne noch mehr über das Zusammenspiel ihrer inneren Anteile erfahren. Damit das Zusammenspiel auch emotional erfahrbar wurde, schrieb der Coach die Namen der bekannten Anteile auf Karten. Eine Karte wurde mit „Fokus" beschriftet und repräsentierte das Selbst bzw. die innere Teamleitung. Der Coach positionierte mithilfe des Coachees die einzelnen Persönlichkeitsanteile auf dem Boden (siehe Abb. unten).

Verhaltens-
automatismen
aufbrechen

Ein Teil des Zusammenspiels war Frau S. bereits aus der vorherigen Coaching-Sitzung bekannt. Nun ging es darum zu erspüren, wie sich die einzelnen Persönlichkeitsanteile fühlten und was sie brauchten, um bestimmte Automatismen zu ändern.

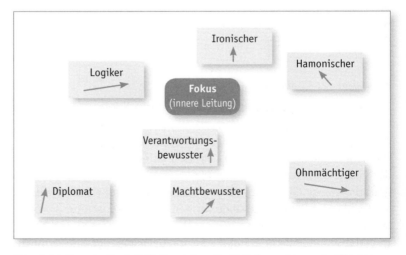

Abb.: Aufstellung der Persönlichkeitsanteile – die Pfeile kennzeichnen die Blickrichtung

Nach der Aufstellung des Systems konnte sich Frau S. in die Position der einzelnen Anteile hineinbegeben und dadurch erkennen, dass ihr Diplomat sehr wenig Wertschätzung von ihr selbst erfährt. Dieser Persönlichkeitsanteil kann deshalb nicht seine volle Kraft entfalten und seine Stärken an der richtigen Stelle einbringen. Das enge Zusammenspiel des ironischen und harmonischen Anteils wiederum verhindert eine dezidierte Stellungnahme als Führungskraft.

Das Hineinspüren durch den jeweiligen Platz in der Aufstellung vermittelte Frau S. Klarheit über die Gedanken und Emotionen ihrer einzelnen Persönlichkeitsanteile. Der Ironische war besorgt, dass er seine Führungsrolle verlieren könnte, wenn der Diplomatische eine andere Rolle bekäme, denn sowohl der harmonische als auch der ironische Anteil waren mit ihrer Position sehr zufrieden. Es galt daher, den diplomatischen Anteil zu stärken, ihm mehr Wertschätzung entgegenzubringen und mit den beiden führenden Anteilen zu verhandeln, unter welchen Bedingungen sie dem Diplomat mehr Aktionsmöglichkeiten geben könnten.

Klarheit über die Emotionalität der Persönlichkeitsanteile

Des Weiteren fühlte sich der Verantwortungsbewusste in seiner Position wohl, allerdings saß er dem Fokus zu sehr in Nacken, er fühlte sich gedrängt und nicht unterstützt. Die weitere Arbeit mit den Persönlichkeitsanteilen bedeutete, einzelne zu stärken und andere anders zu positionieren.

Mit diesem Bild ihrer inneren Logik, dem Gefühl mehr von sich selbst zu verstehen und Ansatzpunkte für die weitere Arbeit zu haben, wurde das Coaching im gesamten Rückblick bewertet und die Zielerreichung überprüft.

Eingesetzte Coaching-Technik

Damit das Zusammenspiel der einzelnen Persönlichkeitsanteile auch emotional erfahrbar wird, eignet sich eine Aufstellung des inneren Systems besonders gut. Der Coach oder der Coachee schreiben die Namen der bekannten Persönlichkeitsanteile auf Moderationskarten. Eine Karte wird mit „Fokus" beschriftet und steht für das Selbst bzw. für die innere Teamleitung. Der Coach positioniert mithilfe des Coachees die einzelnen Persönlichkeitsanteile auf dem Boden. Ist das System aufgestellt, kann der Coachee die verschiedenen Positionen der Anteile zueinander emotional erfahren, indem er sich jeweils in die Position der Anteile stellt und nachspürt, wie

Aufstellung des inneren Systems

sich dies anfühlt. Diese Methode ist eine einfache und schnelle Möglichkeit, Zugang zu den Emotionen zu erhalten und tiefer in das Verständnis des inneren Systems – der inneren Familie – einzudringen.

> **Tipp:** Wichtig ist bei der Aufstellung des inneren Systems, nicht dem schnellen Impuls zur Änderung des Systems nachzugeben, sondern die jetzige Aufstellung zu dokumentieren und die Gefühle der einzelnen Persönlichkeitsanteile zu erkunden sowie das Wechselspiel zwischen ihnen zu erfassen.

Reflexion des Coaches

Durch die Aufstellungsarbeit hat der Coachee ein tieferes Verständnis für die eigene Psycho-Logik erhalten. Durch das Abweichen von der vereinbarten Vorgehensweise blieb aber die Frage der Klärung der Wechselwirkung mit der Mitarbeiterin offen. Die Reflexion des Führungsstils war erfolgt und auch das Thema Konfliktmanagement bearbeitet. Da beruflich viele wichtige tagesaktuelle Themen anstanden, wollte der Coachee fürs Erste das Coaching beenden.

Einige Monate später wurde das Coaching für drei weitere Doppelstunden fortgesetzt. Das Resümee des Coachees: Sie erkenne früher Konflikte, sie wisse, dass sie eingreifen könne und wie sie eingreifen solle und erziele damit erstaunlich gute Ergebnisse. Das sei faszinierend. Auch in puncto Führung habe sie mehr Verantwortung übernommen, träfe jetzt Aussagen klarer und fordere auch von den Mitarbeitern Verbindlichkeit und Klarheit. Der Mitarbeiter, mit dem das Team und sie die Konflikte hatten, wurde nach einigen Monaten erfolgreich in eine andere Abteilung versetzt und arbeitet dort motiviert mit den neuen Kollegen zusammen.

Dieses Einzelcoaching als ergänzende Maßnahme zum Teamcoaching war dringend erforderlich gewesen und hatte den ganzen Teamcoaching-Prozess vorangebracht. Es wäre unmöglich gewesen, diese miteinander verflochtenen Einzelthemen im Team zu bearbeiten.

„Wieso bekommen die ein Einzelcoaching?"

Die Frage, wer, wann und warum im Rahmen eines Teamcoachings ein Einzelcoaching bekommt, ist eine Entscheidung, die Auswirkungen auf den gesamten Teamcoaching-Prozess hat. Deshalb ist die Rückkopplung an das Team eine entscheidende und wichtige Maßnahme.

Die Wechselwirkung zwischen Einzel- und Teamcoaching muss angesprochen werden.

In dem geschilderten Fallbeispiel von Frau S. wäre es natürlich auch möglich gewesen, die beiden zerstrittenen Mitarbeiter zu coachen oder durch eine Mediation die Zusammenarbeit zu verbessern. Warum bekam also nur Frau S. ein Einzelcoaching und wie reagierte ihr Team?

Die Entscheidung für ein Coaching der Teamleiterin ergab sich aus den Reaktionen des Teams. Die Teammitglieder wollten eine Teamleitung, die mehr Führung übernehmen sollte; diese Aussage fiel im Teamcoaching-Prozess immer wieder. Die Reaktionen der Teamleiterin, die die Verantwortung an das Team zurückdelegierte, lösten immer wieder Unmut und Unverständnis im Team aus: „Ja, wir sind ein Team, ja, wir sind erwachsen. Aber wir brauchen trotzdem jemanden, der schneller eingreift und entscheidet, denn sonst sind unsere Ressourcen in endlosen Diskussionen gebunden und wir kommen nicht zu einer Vereinheitlichung der Vorgehensweise."

Diese Reaktionen waren ein klares Signal: Die Teamleitung braucht individuelle Begleitung und Unterstützung. In diesem Fallbeispiel nahm die Teamleiterin das Angebot gerne an. Sie entschloss sich, das Einzelcoaching auch dem Team transparent zu machen. Die Rückkopplung erfolgte unmittelbar: „Ihr seid mit meiner Führung unzufrieden, okay. Ich werde an meiner Führung arbeiten, deshalb bekomme ich nun ein Einzelcoaching."

Im ersten Schritt war das Team begeistert, dass seine Führungskraft die Kritik so annahm und bereit war, auch an sich zu arbeiten. Es stärkte ihr Ansehen im Team und kam gut an. Allerdings hat diese Offenheit auch ihren Preis. Die Mitarbeiterinnen und Mitarbeiter wollten natürlich Erfolge sehen und hatten eine sehr hohe Erwartungshaltung. Im Alltag und im Teamcoaching wurde die Führungskraft daher immer wieder „getestet": „Hat sich schon was verändert oder „eiert" sie bei Entscheidungen mal wieder rum?" Dadurch stieg der Erfolgsdruck auf die Führungskraft. Das Thema Erfolg und

Heikel: Die Teammitglieder wollen schnelle Erfolge sehen.

Geschwindigkeit von Verhaltensänderungen hätte sich zu einem eigenen Thema im Einzelcoaching entwickeln und natürlich auch zu Blockaden der Teamleitung führen können. In diesem Fallbeispiel ist das nicht passiert, da die Erfolge für das Team schnell spürbar waren.

> **Tipp:** Stellt sich im Einzelcoaching der Teamleitung der Erfolg langsamer als erwartet ein, ist es wichtig, auch im Teamcoaching-Prozess die Führungssituation und die Erwartungshaltung des Teams zu bearbeiten. Parallel dazu sollte im Einzelcoaching der Leistungsdruck thematisiert werden.

Problem: Es fehlt die Bereitschaft zum Einzelcoaching.

Im beschriebenen Fallbeispiel war die Teamleiterin offen für das Einzelcoaching. Aber was passiert, wenn sich die Teamleitung weigert? Zum Coaching kann niemand gezwungen werden. Sieht die Führungskraft oder sehen auch einzelne Teammitglieder keine Notwendigkeit für eine solche Maßnahme und gibt es keine Bereitschaft, sich auf Einzelmaßnahmen einzulassen, so machen diese auch keinen Sinn. Die Blockaden sind einfach zu groß. Im Falle der Führungskraft muss dann im Rahmen des Teamcoachings nach Lösungen gesucht werden. Im Falle von einzelnen Teammitgliedern ebenso.

In unserem Beispiel wäre es auch denkbar gewesen, zusätzlich zum Einzelcoaching der Teamleiterin eine Mediation für die Mitarbeiterin und den Mitarbeiter anzubieten. Wir haben uns in diesem Fall bewusst gegen diese Maßnahme entschieden, da das Problem der beiden dem privaten Bereich zuzuordnen und deshalb im beruflichen Kontext nicht besprechbar war. Für diese beiden Personen wäre eine Paartherapie der bessere Weg gewesen, zumal der Konflikt zwischen den beiden schon zu Beginn des Coachings so weit eskaliert war, dass es wenig Aussicht auf Besserung gab.

Sofern die Möglichkeit besteht, vereinfacht es den Prozess, wenn Einzel- und Teamcoach nicht in Personalunion agieren, weil dann die Vertraulichkeit der Inhalte leichter zu gewährleisten ist. Ansonsten verbreiten sich über Flurfunk sehr schnell Gerüchte der Kategorie: „Über Dich soll da auch geredet worden sein!", „Wahrscheinlich wollen die uns da weg haben!", „Warum bekommen die mal wieder eine Sonderbehandlung? Sind die etwas Besseres?", „Na ja, die haben das doch nötig!"

Solche Gerüchte stören den Teamentwicklungs-Prozess nachhaltig und dürfen gar nicht erst entstehen. Es ist daher wichtig, gemeinsam mit den Beteiligten der begleitenden Einzelmaßnahme zu klären, wie die Ergebnisse ins Team zurückgekoppelt werden. Möglichst große Offenheit und Transparenz fördert die gesamte Teamentwicklung. Geheimniskrämerei führt zur Stagnation oder zur weiteren Eskalation von Konflikten.

Ergebnisse des Einzelcoachings ins Team rückkoppeln

Wie sich diese Prozesse gegenseitig beeinflussen, wird auch noch einmal im folgenden Kapitel und in Kapitel 4.3 „Ist unser Coach noch auf unserer Seite?" (siehe S. 231ff.) deutlich.

3.4

Konfliktvermittlung

Das Thema Konfliktvermittlung in Teams ist für einen Teamcoach das tägliche Brot. In diesem Kapitel beschreiben wir eine Konfliktvermittlung zwischen zwei Personen, die im Rahmen eines Teamcoaching-Prozesses stattgefunden hat. Doch zunächst wollen wir das Handwerkszeug für eine erfolgreiche Vermittlung beschreiben.

1. Wofür steht ein Konflikt?

Zwei Arbeitskollegen streiten sich seit einigen Monaten über die Raumtemperatur. Herr Meyer arbeitet gerne in einem frisch durchlüfteten Raum, macht daher öfters das Fenster auf und stellt im Winter die Heizung etwas runter. Herr Sommer reagiert sehr empfindlich auf Durchzug und sorgt dafür, dass das Fenster geschlossen bleibt und die Heizung meist auf höchster Stufe eingestellt ist.

Die Auslöser sind nicht der Konflikt. Nachdem es des Öfteren Auseinandersetzungen gab, wurde der Chef eingeschaltet. Der nahm sich der Sache sehr pragmatisch an: Nachdem er sich das „Klagen angehört hatte" beschloss er, dass das Fenster eine Stunde am Tag geöffnet bleiben darf. Den Temperaturregler der Heizung fixierte er auf mittlerer Stufe. Nach einigen Wochen stritten die Mitarbeiter über das Ablagesystem von Unterlagen ...

Dieses sicherlich etwas reduzierte und amüsante Beispiel soll den Blick schärfen, was hinter manchen Konflikten steht und wie ein tragfähiger Ausgleich erarbeitet werden kann.

2. Konfliktursachen – was gilt es zu berücksichtigen?

Was steckt wirklich hinter dem Konflikt um den Temperaturregler? Geht es um persönliche Konflikte oder tragen hier zwei Mitarbeiter stellvertretend einen Konflikt aus, der die gesamte Abteilung betrifft? Geht es den Konfliktbeteiligten ...

▶ um eine umfassende Veränderung des Systems?
▶ um einen Positionskampf, bei dem es um Kompetenz, Einfluss, Macht auf Kosten der anderen Beteiligten geht?
▶ Oder geht es nur um begrenzte Sachthemen?

Worum geht es wirklich?

Für den Coach heißt das, den Blick auf die eigentlichen Konfliktursachen und nicht allein auf das Konfliktthema zu richten. Neben den schon genannten Ursachen gibt es noch weitere, die bei der Vermittlung in Konflikten Berücksichtigung finden müssen:

▶ **Verteilungskonflikte:** Es geht es um die „gerechte" Aufteilung knapper Ressourcen, seien es Positionen, Geld, Material oder auch Anerkennung. Wem wird die Teamleitung übertragen? Wer wird Projektleiter eines prestigeträchtigen Projekts? Wer hat Anspruch auf einen Firmenwagen oder den größeren Schreibtisch etc.

Konfliktarten und ihre Hintergründe

▶ **Interessenkonflikte:** Ein klassisches Beispiel ist der permanente Interessenkonflikt zwischen Vertrieb und Fertigung. Der Vertrieb – oft „prämiengetrieben" – will den schnellen Abschluss und verspricht dem Kunden die Erfüllung von Sonderwünschen. Der Fertigung geht es um standardisierte Abläufe.

▶ **Zielkonflikte:** Die verfolgten Interessen verweisen auf verschiedene, unvereinbare Ziele. Beispiel: Ein Geschäftsführer will schnell expandieren und die Nachfrage am Markt bedienen. Der andere will ein langsames Firmenwachstum und keine finanziellen Risiken eingehen.

▶ **Beurteilungskonflikte:** Es besteht Konsens über das Ziel, aber über den Weg ist man sich uneinig. Der eine Geschäftsführer peilt die Umsatzsteigerung an, indem er jede Kundenanfrage bedienen will, der andere, indem er sich spezialisieren und manchen Kunden bewusst einen „Korb" geben will.

▶ **Rollenkonflikte:** Ein Rollenkonflikt ist gegeben, wenn unterschiedliche Rollen in einer Entscheidungssituation Einfluss nehmen. Der Abteilungsleiter ist mit einem Bewerber auf die neu zu besetzende Teamleiterrolle privat befreundet. Fachlich besitzt der andere Bewerber mehr Erfahrungen.

▶ **Beziehungskonflikte:** Anlass und Thema ist die bestehende Beziehung. Selbstbild, Fremdbild und Selbstwertgefühl sind die Themen.

▶ **Wertekonflikte:** Diese entzünden sich an Anschauungen, Werten und Normen. Beispiel: Eine Person ist sehr pflichtbewusst und hat hohe Qualitätsanforderungen an die Arbeitsleistung. Dem Kollegen geht es hingegen mehr um die schnelle Bedienung des Kunden. Für ihn sind daher 80 Prozent Qualitätserfüllung ausreichend.

Eine gute Analyse ist die Basis für die Erarbeitung einer tragfähigen Lösung. Erst dann wird das Wesen des Konfliktes deutlich und der Teamcoach kann Goethe zitieren: „Das also war des Pudels Kern."

3. Diagnose von Konflikten

Zur Diagnose von Konflikten hat sich das Modell des Konfliktforschers Friedrich Glasl (1997) bewährt, das sechs Dimensionen beschreibt.

Analyse der sechs Dimensionen von Konflikten

1. Dimension: **Inhaltliche Streitpunkte**
▶ Welche Streitpunkte werden von den Parteien direkt vorgebracht?
▶ Welche Themen sprechen sie von sich aus an?
▶ Welche Themen sind sachbezogen, welche personenbezogen?
▶ Welche zentralen Punkte tauchen immer auf?
▶ Wie unterschiedlich stark sind die Streitpunkte emotional besetzt?
▶ Gibt es Parallelen zwischen den unterschiedlichen Streitpunkten?

2. Dimension: **Gegenwärtige Eskalationsstufe, Eskalationsdynamik, künftige Dynamik**
▶ Hat der Konflikt eine Vorgeschichte? Oder ist es ein „situativer Konflikt"?
▶ Ist der Konflikt stabil/labil oder ist er explosiv, so dass schnell vermittelt werden muss?

▶ Gibt es Situationen, die den Konflikt verschärft haben oder gab es Sprünge im Konfliktverlauf? Was stabilisiert oder beschleunigt den Konflikt?

▶ Auf welchen Eskalationsstufen befinden sich die verschiedenen Parteien?

Der Blick auf die Eskalationsstufen (Glasl 2004) gibt Hinweise für das weitere Vorgehen in der Konfliktvermittlung (siehe hierzu Tabelle auf S. 147/148). Ist ein Konflikt bereits hoch eskaliert, sollte der Teamcoach die Konfliktparteien zunächst einzeln beraten und ihre Bereitschaft zur Konfliktklärung hinterfragen.

Die Einschätzung, wie weit ein Konflikt bereits eskaliert ist und welche persönlichen Verletzungen und Kränkungen vorliegen, kann sehr unterschiedlich sein.

Fallbeispiel: Anschaffung einer neuen Maschine

In einer Maschinenbaufirma sollte eine neue Fräsmaschine angeschafft werden. Der Abteilungsleiter bat seine beiden Teamleiter, auf dem Markt nach einer geeigneten Maschine zu suchen. Beide Teamleiter hatten unterschiedliche Vorstellungen über die Leistungsfähigkeit der Maschine. Nach wochenlangen Auseinandersetzungen um die neue Fräsmaschine zog sich Herr Krauts (Teamleiter) plötzlich völlig zurück und brach jegliche weitere Diskussion ab. Sein Kollege Herr Recht (Teamleiter) war völlig irritiert und konnte diese Reaktion nicht verstehen. Aus seiner Sicht war die Auseinandersetzung zwar hart, aber „gerecht" geführt worden.

In den Vorgesprächen ordnete Herr Recht den Konflikt auf einer niedrigen Konfliktstufe ein. Für Herrn Krauts war der Konflikt bereits hoch eskaliert. Wie sich herausstellte, hatte Herr Recht in einer erhitzten Phase darauf hingewiesen, dass er als stellvertretender Abteilungsleiter bei der Entscheidung am längeren Hebel sitzt. Seitdem ging es Herrn Krauts nicht mehr um das Sachthema, vielmehr dominierte der Gedanke an Sieger und Verlierer den Konflikt. Durch die persönliche Einschätzung der Eskalationsstufen wurden den Konfliktgegnern auch Wendepunkte im Konflikt und Konfliktverläufe deutlich.

Konflikte eskalieren sprunghaft. Die Eskalationsdynamik lässt sich in drei Hauptphasen gliedern. Dabei werden Konflikte nicht schleichend intensiver, sondern sie eskalieren sprunghaft. Dieser Sprung wurde meist durch ein unerwartetes Verhalten ausgelöst. Meist können sich die Konfliktbeteiligten an die Übergänge oder Wendepunkte von einer Eskalationsstufe auf die andere gut erinnern.

3. Dimension: **Die Konfliktparteien und deren innere Beschaffenheit**

▶ Welche Kernperson/ExponentInnen treten für die Parteien auf?
▶ Stehen einander Individuen oder Gruppen gegenüber?
▶ Wie deutlich sind die Gruppen gegeneinander abgegrenzt?

4. Dimension: **Art der Beziehungen zwischen den Konfliktparteien**

▶ Welche Verhaltensmuster in den Beziehungen tauchen auf? Sieht sich eine Partei als Opfer, Täter oder Helfer? Wie sehen die Abhängigkeiten, die durch Organigramm, Funktionsdiagramme, Prozeduren definiert sind, aus: Gibt es z.B. Hierarchiestufen, die den Konflikt beeinflussen?
▶ Wie stehen die Parteien zu diesen formalen Gegebenheiten? Werden diese akzeptiert oder abgelehnt? Gibt es oder gab es informelle Beziehungen, die auch in den Privatbereich hinein-reichen?
▶ Welche Bilder haben die Parteien von sich selbst und von der anderen Partei?

5. Dimension: **Grundsätzliche Einstellungen der Streitenden zu Konflikten**

Die Einstellung zu Konflikten legt den Umgang und damit den Ausgang des Konfliktes fest. Wird ein Konflikt eher als etwas Unangenehmes, Störendes oder Bedrohliches angesehen, so werden die Beteiligten Konflikte eher verdrängen oder sehr heftig darauf reagieren. Wird ein Konflikt als Möglichkeit angesehen, dass eine Entwicklung stattfindet und beziehungsgestaltend wirkt, so werden die Beteiligten eher ein klärendes und offenes Gespräch suchen.

Die Situation berücksichtigen Diese zutage tretenden Verhaltensweisen lassen sich in verschiedene Muster einteilen, bei denen es kein „gut" oder „schlecht" gibt. Erst durch die Betrachtung der jeweiligen Konfliktsituationen und der Beteiligten kann sich eine Verhaltensweise als günstig erweisen. Eine Person, die in hoch emotionalisierten Situationen versucht, Konfliktklärungen herbeizuführen und dabei die direkte,

R. Alf-Jähnig, T. Hanke, B. Preuß-Scheuerle: Teamcoaching

Eskalationsstufen nach Friedrich Glasl

Stufe 1: Verhärtung

Standpunkte verhärten zuweilen und prallen aufeinander. Zum Teil kommen verbale Ausrutscher vor („Das ist doch Quatsch ...", „Blödsinn!"), so dass die Parteien sich gegeneinander zu verschließen beginnen. Das Wissen um die bestehende Spannung bewirkt eine weitere Verkrampfung und die Befindlichkeiten und Vorbehalte nehmen zu. Die Kommunikation wird immer anfälliger für Störungen. Die Kooperation ist allerdings größer als die Konkurrenz und noch herrscht die Überzeugung vor, die Differenzen in gemeinsamen Gesprächen lösen zu können.

2. Stufe: Debatte und Polemik

Schwarz-Weiß-Denken dominiert die Gespräche. Gegensätzliche Auffassungen werden durch Übertreibungen ausgetragen, entsprechend nimmt das wechselseitige Zuhören und Aufeinandereingehen ab. Aus dem Zusammenhang gerissene Argumente werden genutzt, um die eigene Sicht besser darstellen zu können. Verbale Attacken werden mit Taktik durchgeführt: Es wird so getan, als ob rational argumentiert würde. Allmählich beginnt die Suche nach Allianzen: Man redet über Dritte und will Anerkennung. Behauptungen werden in den Raum gestellt und Sachargumente abgewertet. Anspielungen und Seiten- hiebe wechseln mit vordergründiger Höflichkeit. Kooperation und Konkurrenz halten sich noch die Waage. Noch steht der Wunsch nach Diskussion und Lösung im Vordergrund.

3. Stufe: Taten statt Worte

„Das ganze Reden hilft nichts mehr" – es werden Taten gefordert und vollendete Tatsa- chen geschaffen. Dadurch kommt es zur Konfrontation und der Gefahr, dass die Taten fehlgedeutet werden. Diskrepanzen zwischen verbalen Aussagen und nonverbalem Ver- halten nehmen zu. Das Einfühlungsvermögen geht verloren. Pessimistische Erwartungen, die aus gewachsenem Misstrauen resultieren, bewirken, dass sich die Parteien zuneh- mend abgrenzen. Die Konkurrenz ist nun größer als die Kooperation. In dieser Phase sind die Beteiligten noch in der Lage, den Konflikt selbst zu lösen. Es sind noch keine persönlichen Verletzungen erfolgt, die eine konstruktive Lösung unmöglich machen.

4. Stufe: Images und Koalitionen

Klischeevorstellungen bezüglich Wissen und Können werden gepflegt: Vorurteile ver- dichten sich zu Stereotypen und Klischees („Das ist ja typisch, der kann nicht anders, das habe ich mir gleich gedacht ..."). Die Kompetenz des Gegners wird abgewertet. Es werden Gerüchte in die Welt gesetzt, die die Auseinandersetzung beherrschen. Anhän- ger werden auch außerhalb des Teams gesucht. Dadurch manövrieren sich die Gegner in negative Rollen und bekämpfen diese. Es dominiert ein positives Selbstbild gegenüber einem negativen Feindbild. Der Prozess der selbsterfüllenden Prophezeiung wird einge- leitet: Die starre Fixierung auf einseitige und verzerrte Feindbilder wird auch durch neue und gegenteilige Erfahrungen nicht mehr korrigiert.

Hauptphase I – Konkurrenz und Kooperation

Hauptphase II

5. Stufe: Gesichtsverlust

Öffentliche, direkte persönliche Angriffe („Gesichtsangriffe") prägen das Geschehen. Bewusste Kränkungen und Beleidigungen werden in aller Öffentlichkeit geäußert. Es kommt zu Gesichtsverlust. Persönliche Abwertung und Ablehnung steigern sich zu Vorwürfen wie: „Kriminell! Krankhaft! Scheusal!" Die moralische Integrität wird vollständig zerstört. Der Kontrahent ist nunmehr ein Feind, dem von Beginn an böswillige und destruktive Absichten unterstellt werden. Auch rückwirkend wird das Verhalten negativ bewertet („Das konnte man damals schon erkennen."), so dass sich alle Erlebnisse „passend" interpretieren lassen. Ich bin „der Gute, der Engel" – der andere ist „der Teufel". Dieses Selbstbild legitimiert rücksichtslose Attacken.

Ab Stufe 5 ist eine selbstständige Lösung kaum noch möglich. Zu viel Schaden ist angerichtet.

6. Stufe: Drohstrategien

Die Spirale von Drohung und Gegendrohung dreht sich immer schneller. Der Konflikt beschleunigt sich. Die Parteien wollen sich so zum Nachgeben zwingen. Da Drohungen nur dann wirken, wenn der Gegner glaubt, dass der Drohende seine Ankündigung realisieren kann, muss der Drohende seine Entschlossenheit demonstrieren. Hieraus entsteht Handlungszwang und der Stress durch Ultimatum und Gegenultimatum nimmt zu. Dadurch entfaltet sich leicht eine Eigendynamik, die nicht mehr kontrollierbar ist. Eigene Initiativen werden unmöglich.

7. Stufe: Begrenzte Vernichtungsschläge

Der Feind hat als Mensch keinerlei Wertbedeutung mehr, er wird lediglich als Objekt gesehen. Der Konflikt bewegt sich nur noch auf der strategischen Ebene: „Wie kann ich dem Feind Schaden zufügen?" Dabei ist es einerlei, ob ich selbst Schaden nehme. Hauptsache, der Schaden beim Gegner ist größer. Der Schaden des anderen wird zum Anlass der Freude. Drohungen werden in die Tat umgesetzt, begrenzte Zerstörung wird als passende Antwort verstanden.

8. Stufe: Zersplitterung des Gegners

Der Zusammenbruch des feindlichen Systems steht im Vordergrund. Die Gegner versuchen, sich gegenseitig „außer Gefecht" zu setzen. Angestrebt wird die Zerstörung des Gegners durch Lahmlegen wichtiger Abläufe.

9. Stufe: Gemeinsam in den Abgrund

Man sieht keinen Weg mehr zurück. Die Vernichtung des Feindes wird auch zum Preis der Selbstvernichtung in Kauf genommen. Die Parteien gehen auf totale Konfrontation. Im Untergang erleben sie noch einen Triumph: dass mit ihnen auch der Feind in den Abgrund stürzt.

Dieser Konfliktverlauf ist „idealtypisch" in dem Film „Der Rosenkrieg" mit Kathleen Turner, Michael Douglas und Danny de Vito beschrieben.

offene Klärung bevorzugt, kann in undurchsichtigen Konfliktsituationen Klarheit herbeiführen. Als „Schwertkämpfer" in Konfliktsituationen sollte sie aber das Schwert besser stecken lassen, wenn damit der Konflikt noch stärker eskaliert. Stattdessen sollte sie mehr den „Diplomaten" zu Wort kommen lassen.

Verhaltensweisen in Konflikten

Der Fliehende: „Achtung Konflikt – nichts wie weg hier!"

Die manchmal – scheinbar – einfachste Variante ist das Vermeiden des Konflikts. Die Fliehenden versuchen dem Konflikt und/oder dem Konfliktpartner in der Hoffnung aus dem Weg zu gehen, dass sich der Konflikt von selbst löst oder in Vergessenheit gerät. Meistens aber löst sich der Konflikt weder von selbst noch wird er vergessen, sondern er manifestiert sich und wird größer. Die Lösungsfindung wird somit auch immer schwerer. Die wenigsten Konflikte lösen sich von selbst.

Der Großzügige: „Ich bin großherzig."

„Der Klügere gibt nach": Wer verzichtet bzw. nachgibt, kann seinen moralisch überlegenen Standpunkt behalten, auch wenn die Sache verloren scheint. Man fühlt sich im Recht, gibt aber nach, da der andere noch nicht in der Lage ist, die „richtige" Lösung zu erkennen. Konflikte werden so schnell beendet. Ziel ist es, den Konfliktpartner zu beschwichtigen.

Der Diplomat: „Lass uns reden."

Die Diplomaten berücksichtigten die Bedürfnisse der anderen. Die Beziehung steht im Vordergrund. Diplomaten sind bereit, zugunsten einer Einigung Abstriche zu machen und sich in der Mitte zu treffen. Ein Kompromiss wird angestrebt, der davon lebt, dass alle Beteiligten Zugeständnisse machen.

Der Durchsetzungswillige: „Ich kämpfe für mein Recht."

Wer sich durchsetzen möchte, hat den Wunsch zu beweisen, dass er/sie im Recht ist. „Schwertkämpfer" lieben die klaren Worte und formen diese oft zu einem scharfen, teils verletzenden Schwert. Sie bevorzugen schnelle Entscheidungen. Die Meinung des Gegenübers ist nicht präsent, da man zu sehr von seinem eigenen Standpunkt überzeugt ist.

6. Dimension: **Wie sieht das strategische Kalkül der Parteien aus?**

▶ Was erwarten sie sich subjektiv an Kosten?
▶ Was erwarten sie sich subjektiv an Gewinn/Nutzen?

Wer profitiert vom Konflikt?

Nicht jeder Konfliktbeteiligte ist an einer Lösung des Konflikts interessiert. Wem nutzt der Konflikt? Wer verliert in dem Konflikt, wenn es zu einer Lösung kommt? In einem Konflikt Meinungsführer zu sein und die Flurgespräche zu dominieren ist eine Rolle, die einen erheblichen Einfluss besitzt. Sich davon zu verabschieden, fällt nicht immer leicht. Der persönliche Vorteil eines Konflikts kann auch darin liegen, dass die Beteiligten sich einen Sprung nach oben erhoffen, wenn sie ihren Konkurrenten bloßgestellt haben, oder dass der Chef auf diese Weise seine Stärke und Durchsetzungsfähigkeit demonstrieren will.

Demgegenüber sind die vermeintlichen Kosten eines Konflikts abzuwägen: Wenden sich die Kollegen von mir ab und ist meine Stelle oder meine Karriere gefährdet? Droht ein Imageverlust? Wird mein Einflussbereich beschnitten?

Mit diesen Analysemöglichkeiten als Handwerkszeug wollen wir anhand eines Fallbeispiels in einem Team einen Konfliktverlauf und dessen Lösungsansätze vorstellen.

4. Was steht hinter dem Konflikt? – Ein Fallbeispiel

Im Frühjahr erhielten wir den Anruf einer Mitarbeiterin (nennen wir sie Frau Kruel) aus einem großen Konzern. Sie fragte nach einem Teamcoaching, da sich nach einem Umstrukturierungsprozess die Arbeitsatmosphäre dramatisch verschlechtert habe. Misstrauen und gegenseitige Schuldzuweisungen bei Fehlern nähmen zu.

Bei näherem Nachfragen erzählte die Mitarbeiterin, dass sie von ihren Kollegen geschnitten wird und Gespräche plötzlich verstummen, kaum dass sie den Raum betritt. Wir sollten ihr ein Angebot über die ersten Schritte zuschicken, das sie ihrem Chef vorlegen wollte. Das Angebot wurde kurze Zeit später angenommen. Die Terminfindung für ein Erstgespräch mit den Mitarbeitern und dem Abteilungsleiter gestaltete sich allerdings sehr schwierig. Mehrmals kam es zu Terminvorschlägen und -verschiebungen. Der Coach versuchte die Hintergründe zu erfragen, aber die Kundin wich aus und meldete sich nicht mehr. Der Kontakt brach ab.

Nach neun Monaten rief die Kundin wieder an. Jetzt ging alles ganz schnell und der Coach hatte das erste Gespräch mit dem Abteilungsleiter und den Mitarbeitern. Wie sich später herausstellte, hatten die Kollegen und der Teamleiter die erste Terminfindung boykottiert, da sich keiner etwas von dem Teamcoaching versprach. Dass es im Nachhinein dennoch klappte, lag am Einsatz des Abteilungsleiters.

Der erste Termin sah Einzelgespräche mit dem Abteilungsleiter, dem Teamleiter und seinen Mitarbeitern vor. Die Gespräche mit den Mitarbeitern waren anfänglich von sehr viel Misstrauen begleitet, da Frau Kruel als Initiatorin des Teamtrainings nicht besonders beliebt war und der Coach als „Spitzel" von Frau Kruel angesehen wurde. In den Vorgesprächen wurde sehr schnell deutlich, dass es einen zentralen Konflikt zwischen Frau Kruel und Herrn Franz gab, der sich auf das ganze Team ausweitete. Interessanterweise war der Konflikt zwischen diesen beiden Personen vorher nie erwähnt worden. Für den Coach hieß das, dass er in den Gesprächen auf eine Konfliktanalyse einschwenken musste und die allgemeinen Fragen zum Hintergrund des Teamcoachings nicht mehr ausreichten (siehe Fragen auf S. 144 ff.).

Schwierige Situation: Die Initiatorin des Teamcoachings ist unbeliebt – und Part eines offenen Konflikts.

Die Streitpunkte

Die Kollegen benannten zunächst sachliche Streitpunkte wie die Art und Weise des Auftrags- und Kundenmanagements. Informationen wurden nicht weitergeleitet, wodurch die Kollegen ins Leere laufen. Beklagt wurden die Alleingänge der Kollegen – „sowohl die von Frau Kruel als auch die von Herrn Franz".

Zugleich wurde um die Anerkennung beim Abteilungsleiter konkurriert. Eine deutliche Konfliktverschärfung gab es, als Frau Kruel zur stellvertretenden Teamleiterin benannt wurde. Ab diesem Zeitpunkt wurde der Konflikt auch über die Grenzen des Teams nach außen getragen und Herr Franz diskreditierte Frau Kruel, wo es nur ging. Herr Franz hatte eine gute Beziehung zum Teamleiter und war auch dessen Kandidat für die Stellvertretung. Dass es Frau Kruel wurde, entschied der Abteilungsleiter.

Buhlen um Anerkennung und Posten

151

Die Arbeitskollegen sympathisierten anfangs mit Herrn Franz, da er sehr umgänglich und humorvoll auftrat. Herr Franz war aufgrund seiner fachlichen Expertise für das Team sehr wichtig. Frau Kruel hingegen war in ihrer Art sehr direkt und polarisierend. Unter Stress vergriff sie sich auch manchmal im Ton.

Der Konfliktverlauf

Führungsprobleme des Teamleiters werden sichtbar.

Im weiteren Konfliktverlauf änderten sich die Parteilichkeiten. Die Arbeitskollegen waren von Frau Kruel und Herrn Franz gleichermaßen genervt und wollten den Konflikt endlich gelöst wissen. Eine Kollegin saß zwischen den beiden Kontrahenten und wurde permanent aufgerieben. Jeder der beiden wollte sie auf ihre Seite ziehen. Neben dieser Konfliktsituation wurde auch deutlich, dass es im Team Führungsprobleme gab. Entscheidungen und Entschlossenheit des Teamleiters wurden kritisiert.

Das Kalkül der agierenden Personen

Frau Kruel war die Initiatorin des Teamcoaching-Prozesses und setzte sich dafür beim Abteilungsleiter ein. Für sie war der Leidensdruck in dem Konflikt sehr hoch, da sie sich von den Kollegen „geschnitten" fühlte. Sicherlich hegte sie dabei die Hoffnung, dass in dem Teamcoaching-Prozess deutlich wird, wie Herr Franz hinter ihrem Rücken gegen sie agierte und – aus ihrer Sicht – Unwahrheiten verbreitete. Herr Franz erhoffte sich durch die Diskreditierung der Kollegin bessere Chancen auf die Position des stellvertretenden Teamleiters. Er zog lange Zeit einen Nutzen aus dem Konflikt. Daher stand er dem Teamcoaching-Prozess sehr skeptisch und zurückhaltend gegenüber. Gleichzeitig war ihm aber auch an der Akzeptanz innerhalb des Teams gelegen. Er wollte nicht als Verhinderer einer Konfliktlösung angesehen werden und dadurch vielleicht im Abseits stehen.

Die Kollegen waren an einer Konfliktlösung interessiert, da sie der monatelangen Auseinandersetzungen überdrüssig waren. Gegen beide Seiten hatten sie mittlerweile ihre Vorbehalte. Zunächst waren sie sehr kritisch gegenüber Frau Kruel eingestellt. Im Laufe des Konflikts stand aber auch zunehmend das Verhalten von Herrn Franz in der Kritik. Er trug den Konflikt nach außen, „beschwerte" sich bei anderen Teams über seine Kollegin und warf ihr Inkompetenz vor. Für die Kollegen war es wichtig, dass in diesem

Prozess auch das Verhalten des Teamleiters thematisiert wird, da dieses nach ihrer Ansicht zum Eskalieren des Konflikts beitrug. Der Teamleiter hielt sich anfangs entsprechend zurück. Ihm war bereits klar, dass der Konflikt auch mit seinem Führungsverhalten zu tun hatte. Im Einzelgespräch thematisierte er zunächst nur die Probleme mit Frau Kruel und erläuterte, dass Herr Franz sein Kandidat für die Stellvertreterposition war. Ihm war aber letztlich ebenfalls an einer erfolgreichen Konfliktvermittlung gelegen, da das Team nach außen einen immer schlechteren Ruf bekam – was unmittelbar auf ihn zurückfiel. Der Abteilungsleiter war lediglich an einer schnellen Konfliktklärung interessiert, bei der er am besten nicht belästigt wurde.

Reflexion des Coaches

Bereits der erste Kontakt zum Team war vorbelastet, da der Coach durch Frau Kruel vorgestellt wurde. Der Coach wurde mit ihr assoziiert und die Kollegen waren sich nicht sicher, wie neutral er fortan agieren würde. Für den weiteren Verlauf war es daher wichtig, dass der Abteilungsleiter seine Ziele und Erwartungen an den Teamcoaching-Prozess vor dem Team artikuliert und den Coach „offiziell" mit der Begleitung beauftragt. Dieser Schritt sollte bei der Besprechung der Analyse-Ergebnisse mit dem Team erfolgen.

Der Coach muss den Anschein der Parteilichkeit widerlegen ...

Der Konflikt zwischen Herrn Franz und Frau Kruel war nach Glasls Eskalationsmodell bereits auf der Stufe 4 angelangt. In dieser Phase ist eine Klärung ohne Mediator schwierig. Die Gräben waren schon gezogen und es fanden bereits öffentliche Angriffe in Teamleitersitzungen statt. Gerüchte und Unwahrheiten wurden in die Welt gesetzt, um sich gegenseitig zu schaden. Zu Beginn des Konflikts wurden Koalitionen geschaffen mit der Absicht, Frau Kruel ins Abseits zu stellen. Frau Kruel wiederum reagierte mit Angriffen in Teamleitersitzungen. Bei Herrn Franz wurde zunächst nicht ganz deutlich, inwieweit er sich auf eine Konfliktvermittlung einließ. Herr Franz hatte allerdings keine große Unterstützung mehr im Team und der Druck, den Konflikt zu lösen, wurde zunehmend größer.

... und ist als Mediator gefordert.

Die anfänglichen Koalitionen im Team hatten sich im Laufe des Konfliktes aufgelöst, da alle Kollegen des Konfliktes überdrüssig waren und dieser nur noch ihre Arbeit behinderte. Die Teamkollegen waren in ihrem Konfliktverhalten um Harmonie bemüht. Außer

Frau Kruel scheute jeder die offene Konfrontation. Eine offene und konstruktive Konfliktkultur war nicht vorhanden.

Konfliktgegner mit sehr unterschiedlichen Persönlichkeiten

Frau Kruel und Herr Franz waren in ihrer Persönlichkeit sehr unterschiedlich. Frau Kruel agierte etwas burschikos. Schnell in der Abwicklung von Arbeitsprozessen, nahm sie manchmal auch Fehler hin. Herr Franz hingegen, von seinem Naturell sensibel und sehr kontaktfreudig, war Perfektionist. Fehler, die im Team entstanden, nahm er sehr persönlich. Ihm fehlte ein wertschätzender Umgang. Da er auch fachlich sehr gut war, hatte er Schwierigkeiten, seine Kollegin menschlich oder gar fachlich zu akzeptieren. Im Laufe des Konflikts wurden etliche kränkende Bemerkungen geäußert, die schon in den Vorgesprächen immer wieder erwähnt wurden. Da das Team kaum Erfahrungen im Umgang mit offenen Aussprachen hatte, entschied sich der Coach zu einem Mediationsprozess zwischen Frau Kruel und Herrn Franz. Es war zu erwarten, dass in diesem geschützteren Raum mehr Offenheit möglich ist. In der Mediation sollte es zunächst um die Aufarbeitung der Gefühle und Bedürfnisse der Kontrahenten gehen. Konkrete Vereinbarungen im Umgang miteinander und bei der Arbeitsorganisation sollten im zweiten Schritt mit dem ganzen Team erörtert werden.

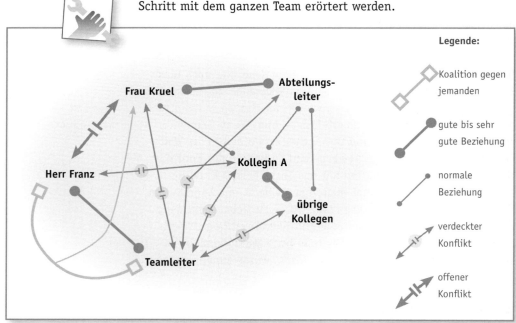

Abb.: Visualisierung der Konfliktstruktur im Team – ein gutes Diagnoseinstrument, um die häufig verworrenen wie komplexen Beziehungsgeflechte sichtbar zu machen.

Die Abbildung unten links veranschaulicht die Konfliktstruktur innerhalb des gesamten Teams. Deutlich wurde dabei eine Vielzahl von verdeckten Konflikten. Lediglich der Konflikt zwischen Frau Kruel und Herrn Franz kam offen zum Ausbruch.

Wie sahen die nächsten Schritte aus?

1. Schritt: Gespräch mit dem Abteilungsleiter und dem Teamleiter

In diesem Gespräch sollten anonymisiert die Ergebnisse aus den Vorgesprächen vorgestellt und das weitere Vorgehen abgestimmt werden. Darüber hinaus sollten die Rolle und die Ziele des Abteilungsleiters während des Prozesses geklärt sowie Erwartungen zwischen Abteilungsleiter und Teamleiter offen angesprochen werden. Folgende Fragen standen dabei im Mittelpunkt:

▶ Was soll sich verändern?
▶ Woran erkennen wir, dass eine Veränderung eingesetzt hat?
▶ Was wünsche ich mir in diesem Prozess von meinem Abteilungsleiter/von meinem Teamleiter?

2. Schritt: Teammeeting

Hier sollte die Zielsetzung des Abteilungsleiters dargelegt werden und es galt, den Schulterschluss zwischen Abteilungsleiter und Coach vor den Mitarbeitern „offiziell" zu vollziehen. Die Analyse aus den Vorgesprächen wurde präsentiert.

3. Schritt: Coaching mit dem Teamleiter

In einem Einzelcoaching sollte der Teamleiter sein Führungsverhalten und seine Fähigkeiten zur Konfliktvermittlung weiterentwickeln.

4. Schritt: Teamworkshop

In einem zweitägigen Teamworkshop sollte der Aufbau einer tragfähigen Konfliktkultur und ein Abgleich der gegenseitigen Erwartungen an die Zusammenarbeit erarbeitet werden.

5. Schritt: Mediationsprozess

Nach der Abstimmung über die Vorgehensweise mit den Führungskräften nahm der Coach telefonischen Kontakt mit den beiden zentralen Konfliktfiguren auf. Es musste zunächst die Bereitschaft von Frau Kruel und Herrn Franz für einen Mediationsprozess geklärt werden. Der Coach erläuterte, was eine Mediation leisten kann und warum dieser Schritt innerhalb des Teamcoaching-Prozesses sinnvoll ist.

Herr Franz sah sich anfänglich vor allem in der Rolle des „Unschuldigen", der lediglich auf Missstände aufmerksam gemacht hatte. Im Vorgespräch räumte er allerdings auch ein, dass persönliche Konflikte vorlägen und er an einem besseren Verhältnis zu Frau Kruel interessiert sei. Nach anfänglichem Zögern gab er zur Mediation seine Zustimmung – wenn auch mit der Bitte, dass der Mediator keine „Vorwurfsorgien" zulassen sollte. Frau Kruel stimmte sofort zu.

Die Schilderung der Beteiligten ließ darauf schließen, dass ein Beziehungskonflikt vorlag, der durch die unklare Führungsrolle des Teamleiters zusätzlich angeheizt wurde. Daraus entwickelten sich weitere Konfliktherde wie der Kampf um die Position des stellvertretenden Teamleiters. Für den weiteren Verlauf war es daher wichtig, zunächst die Beziehungsebene zu verbessern.

Der Mediationsprozess

Der U-Prozess der Mediation

Nehmen wir im Folgenden den Mediationsprozess näher unter die Lupe. Zur Verbesserung der Beziehung sollten gegenseitiges Verständnis und Empathie gefördert werden, um dadurch ein Fundament für tragfähige Vereinbarungen zu schaffen. Dazu wählte der Coach eine Methode, die die Konfliktpersonen dabei unterstützt, Gefühle und die darunter liegenden Bedürfnisse zu verbalisieren: den U-Prozess in Anlehnung an Friedrich Glasl (siehe Abb. rechts).

1. Streitpunkte sammeln

Das erste Treffen fand in den Büroräumen des Coaches statt und wurde auf zwei Stunden angesetzt. Vorweg erläuterte der Coach seine Rolle in dieser Vermittlung. Er ist Begleiter, der für einen konstruktiven Rahmen sorgen kann. Da ohne eine beiderseitige Bereitschaft zur Konfliktklärung keine Lösung zustande kommt, sind die Parteien ergebnisverantwortlich.

Im ersten Schritt wurden beide Personen aufgefordert, ihre Streitpunkte zu benennen. Diese wurden auf dem Flipchart festgehalten.

1. Streitpunkte sammeln

6. Übereinkunft

2. Schilderung der Situation

5. Lösungssuche

3. Wahrnehmung der Gefühle, Perspektivwechsel

4. Wahrnehmung der gegenseitigen Bedürfnisse

Abb.: Der U-Prozess in der Mediation (nach Glasl verändert)

Beim Sammeln der Stichworte war es wichtig, die Punkte neutral und (vor-)urteilsfrei zu formulieren. Aus der Äußerung „Der soll nicht hinter meinem Rücken über mich reden" wurde so die „offene Ansprache von Problemen".

Streitpunkte von Frau Kreul:
▶ Informationsweitergabe
▶ offene Ansprache von Problemen

Streitpunkte von Herrn Franz:
▶ Informationen über abteilungsübergreifende Projekte
▶ wertschätzender Umgang
▶ partnerschaftliche Kommunikation

Bei der Wahl des ersten Themas gibt es verschiedene Möglichkeiten. Der Coach kann mit dem „heißesten" Thema beginnen und den Stier direkt bei den Hörnern packen. Das hat den Vorteil, dass man schnell an die Ursachen kommt – dies kann aber, und das ist der Nachteil, für die Kontrahenten zu früh sein: Sie sind noch nicht bereit, sich zu öffnen, wodurch ein Perspektivwechsel nicht gelingen kann. Die Alternative besteht also darin, mit einem weniger brisanten Thema zu beginnen und die Kontrahenten langsam warm werden zu lassen.

Direkt zur Sache kommen oder langsam warm werden?

Der Coach wählte in diesem Fall den schnellen Einstieg, da er den Eindruck hatte, dass durch die Vorgespräche die erste Anwärmphase bereits durchlaufen war und die Kontrahenten den Coach schon näher kennengelernt hatten. Der Coach schlug vor, als Erstes mit dem Thema „offene Ansprache von Problemen" zu starten und als zweiten Punkt die „Wertschätzung" mit hinzuzunehmen.

2. Schilderung der Situation

Aufgabe des Coaches: auf Sachlichkeit achten, wiederholen, paraphrasieren, ...

Herr Franz war damit einverstanden und Frau Kruel begann die Situation aus ihrer Sicht zu schildern. Der Coach bat sie, sachlich ihre Situation zu schildern und zu versuchen, Urteile und Bewertungen außen vor zu lassen. Aufgabe des Coaches war es, die Dinge zu hinterfragen und das Gesagte mit seinen eigenen Worten zu wiederholen bzw. zu paraphrasieren. Dadurch wurde Frau Kruel zur sachlichen Schilderung angeregt. Durch das Wiederholen und Überprüfen ihrer Aussagen fühlte sie sich verstanden. Sie schilderte Situationen, in denen sie ausgegrenzt war und von ihren Kollegen erfuhr, dass Herr Franz sie schlecht gemacht und als inkompetent dargestellt hatte. Immer wieder adressierte sie in dieser Phase ihre Vorwürfe direkt an Herrn Franz.

3. Wahrnehmung von Gefühlen

... Gefühle spiegeln, ...

Der Coach hinterfragte dann, wie es ihr in den geschilderten Situationen ergangen sei und sprach sie auf ihre Empfindungen und Gefühle an. Durch das Hinlenken auf die Gefühlsebene kam Frau Kruel zunehmend „auf sich zu sprechen", wodurch die direkten Vorwürfe nachließen. Frau Kruel konnte ihre Gefühle gut beschreiben, die über anfänglichen Ärger und Wut bis hin zur Ohnmacht reichten. Unverständnis und das Erschrecken über die Dynamik, die sich im Umgang miteinander entwickelt hatte, waren deutlich zu spüren. Indem der Coach die Gefühle spiegelte, bestärkte er Frau Kruel in ihren Gefühlsäußerungen.

... auf Reaktionen des Konfliktgegners achten.

Während ihrer Schilderungen warf der Coach immer ein „Auge" auf Herrn Franz, um wahrzunehmen, wie er die Dinge aufnahm. Für die andere Partei ist diese Anfangsschilderung zum Teil schwer auszuhalten. Noch hatte Herr Franz keine Gelegenheit, die eigene Sicht der Dinge zu formulieren. Auch können durch die Schilderung, was die Situation bei der Person gegenüber ausgelöst hat,

Schuldgefühle entstehen. Dabei geht es in der Mediation nicht um eine Schuldfrage oder um die detaillierte Darstellung des Täter-Opfer-Verhaltens, sondern um das gegenseitige Verständnis und die Bereitschaft, sich auf die „Welt" des anderen einzulassen. Indem der Coach diese schwierige Situation ansprach, konnte sich Herr Franz besser darauf einlassen.

Verständnis für die Situation des Konfliktgegners signalisieren ...

Nachdem Frau Kruel eine typische Situation und ihre Gefühle geschildert hatte, gab der Coach das Wort an Herrn Franz. Er bat ihn zunächst, kurz auf das Geschilderte einzugehen und hakte nach, ob er das Geschilderte nachvollziehen könne und wie es bei ihm ankam. Man merkte Herrn Franz an, dass die emotionale Schilderung von Frau Kruel bei ihm ein wenig Verständnis und Betroffenheit ausgelöst hatte. Bezüglich der beschriebenen Situation war seine Sichtweise allerdings eine gänzlich andere. Während seiner Darstellung ging der Coach genauso wie bei Frau Kruel vor: konsequentes Nachhaken („Schildern Sie die Situation konkret. Wer, wann, wie genau?"), Paraphrasieren und hartnäckiges Aufmuntern, die durchlebten Gefühle und Empfindungen genau zu schildern.

... und ihn zu Wort kommen lassen.

Herr Franz schilderte, wie er bei Eintritt in die Abteilung von Frau Kruel heftig kritisiert wurde und sich wie ein kleiner Schuljunge gefühlt hatte. Diese Situation wurde nie angesprochen, hatte aber zur Konsequenz, dass Herr Kruel von diesem frühen Zeitpunkt an stark auf Abstand achtete. Den rauen Umgangston nahm er immer sehr persönlich. Er fühlte sich angegriffen, nicht ernst genommen und vor den Kollegen vorgeführt. Da es für ihn unmöglich erschien, mit Frau Kruel offen darüber zu sprechen, suchte er schließlich die Unterstützung der Kollegen. Nach dieser Darstellung fragte der Coach auch Frau Kruel, wie das Geschilderte bei ihr ankam und ob sie die Sicht von Herrn Franz nachvollziehen könne.

Frau Kruel erklärte, ihre burschikose Art hätte nichts mit Herrn Franz zu tun und dass sie solche Dinge nicht als persönlichen Angriff meinen würde. Sie käme nun einmal aus einem kulturellen Umfeld, in dem dieser Umgangston normal sei. Dass sich Herr Franz in solchen Situationen „abgekanzelt" fühlt, war ihr bis dahin nicht bewusst und war auch nicht ihre Absicht. Durch diese Einsicht gelang ein deutlicher Sprung nach vorne. Danach war es auch für Herrn Franz möglich, Verständnis für Frau Kruel zu zeigen.

4. Wahrnehmung der Bedürfnisse

Frei nach dem Motto „Gefühle sind Kinder von Bedürfnissen" ging es im nächsten Schritt vor allem darum, die Bedürfnisebene anzusprechen. Gefühle wie Ohnmacht, Wut, Trauer oder Scham entstehen durch nicht befriedigte Bedürfnisse. Diese Bedürfnisse zu artikulieren und das gegenseitige Verständnis dafür zu wecken ist daher die Grundlage für die Erarbeitung einer konstruktiven Vereinbarung.

Bedürfnisse schaffen die Basis für Gemeinsamkeiten.

Im Wechsel befragte der Coach Frau Kruel und Herrn Franz, was ihnen in den geschilderten Situationen gefehlt hatte und welches Bedürfnis nicht erfüllt wurde. Dabei war es wichtig, dass beide „nach innen" schauen konnten. Die zu klärende Frage lautet also: „Was ist das eigene Bedürfnis?" Und nicht: „Was soll der andere tun, damit sich meine Bedürfnisse erfüllen?" Die Bedürfnisse von Frau Kruel und Herr Franz lagen nicht weit auseinander. Beiden ging es um Anerkennung, Wertschätzung und Zugehörigkeit. Das Herausarbeiten dieser Gemeinsamkeiten erzeugte „Mit-Gefühl" – und ließ das Eis langsam schmelzen.

5. Sammeln von Lösungen/Vereinbarungen

Der Weg war nun frei für das Sammeln von konkreten Handlungsoptionen. Gemeinsam wurden folgende Lösungen gesammelt:

- ▶ direktes Ansprechen von Problemen (keine Kollegen mit einspannen)
- ▶ Zeit für fachliche Gespräche (kein Gespräch zwischen Tür und Angel), sollte das in der Situation nicht möglich sein, muss ein anderer Zeitpunkt vereinbart werden
- ▶ Zeit nehmen füreinander (einmal wöchentlich zum gemeinsamen Essen in der Kantine verabreden)

Verständnis für unterschiedliches Konfliktverhalten einfordern

Beide Personen waren in ihrem Konfliktverhalten sehr unterschiedlich. Frau Kruel bevorzugte klare Worte und war als „Kämpferin" für ihr Recht sehr direkt und durchsetzungsfähig. Herr Franz hingegen zog in schwierigen Situationen lieber die Flucht vor und ging der direkten Auseinandersetzung aus dem Weg. Der Coach spiegelte beiden seinen Eindruck und bat darum, diese Unterschiedlichkeit bei zukünftigen Auseinandersetzungen zu berücksichtigen.

6. Übereinkunft

Die Umsetzung dieser Lösungen wurde gemeinsam vereinbart. Der erste Vermittlungsschritt war nach drei Stunden zu Ende. Es wurde eine Überprüfung der Vereinbarung in drei Wochen festgelegt. Bis dahin sollte auch überprüft werden, ob sich die anderen genannten Streitpunkte durch die getroffenen Vereinbarungen ebenfalls erledigt hatten.

Reflexion des Coaches

Das offene Ansprechen von Konfliktsituationen sowie die Vereinbarung, sich nicht mehr bei den Kollegen über den anderen zu beschweren, erwiesen sich als die schwierigsten Punkte. Die Achtsamkeit im gegenseitigen Miteinander musste erlernt und entwickelt werden. Für Herrn Franz bedeutete dies gleichzeitig, die „Hoheit über den Flurfunk" aufzugeben, was ihm bis dato immer eine attraktive Sonderrolle in der Abteilung einbrachte. Der Abschied von dieser Rolle wurde aber begünstigt, da die Kollegen zum überwiegenden Teil längst von seinen „Berichten" genervt waren.

Besonders schwierig: Respekt erlernen

In der ersten Sitzung gelang es beiden Personen, die Perspektive zu wechseln. Es ging nicht mehr um die vermeintlichen Sachthemen, vielmehr wurde über die Gefühle und Bedürfnisse gesprochen – ein guter Start. Im nächsten Schritt sollte die Konkurrenz zwischen beiden und die Rolle der stellvertretenden Teamleiterin thematisiert werden. Parallel musste dieses Thema mit dem Teamleiter angesprochen werden. Seine Unklarheit in dieser Frage heizte den Konflikt zusätzlich an. Nicht nur in diesem Punkt war sein Führungsverhalten unklar. Entscheidungen wurden aufgeschoben, Informationen zurückgehalten und nicht zuletzt war seine Präsenz im Team sehr gering. Durch dieses Führungsvakuum entstanden immer wieder Konfliktsituationen im Team. Ergo: Der Konflikt zwischen Frau Kruel und Herrn Franz stand auch stellvertretend für die Führungsschwäche des Teamleiters.

Das Führungsvakuum provoziert Konflikte.

Wie ging es weiter?

Die zweite Sitzung fand drei Wochen später statt. Frau Kruel und Herr Franz berichteten, dass die vergangenen drei Wochen gut verlaufen waren und die getroffenen Vereinbarungen weitestgehend beherzigt wurden. An einer Stelle drohten jedoch wieder die alten

Gräben aufzubrechen: als sich Frau Kruel in einem Teamprojekt kurzerhand für die Einführung einer neuen Software entschieden hatte, ohne das mit dem Team zu besprechen.

Der Coach fragte nach den üblichen Entscheidungsstrukturen im Team und es stellte sich heraus, dass diese Entscheidung dem Teamleiter obliegt. Wenn dieser abwesend ist, entscheidet der stellvertretende Teamleiter. Insofern hatte sich Frau Kruel ihrer Position nach angemessen verhalten. Damit stand allerdings das Thema Konkurrenz auf der Agenda, das in dieser Sitzung bearbeitet wurde.

Zur Stützung und Absicherung der Position von Frau Kruel war im Anschluss auch ein Gespräch zwischen ihr und dem Teamleiter notwendig. Hier sollten das Vertrauen gefestigt und die gegenseitigen Erwartungen geklärt werden. Ziel war es, ein gemeinsam akzeptiertes Rollenverhalten von Teamleiter versus Stellvertretung zu erreichen.

Arbeit an der Konfliktkultur des Teams

Als wichtiger Schritt für das Team erwies sich der Teamworkshop, bei dem es um das Konfliktverhalten und die Ansprache der zahllosen verdeckten Konflikte ging. Hier sollte an der Konfliktkultur des Teams gearbeitet und das ganze Team befähigt werden, zukünftige Konflikte frühzeitig anzusprechen und selbst die Vermittlung und Klärung herbeizuführen. Der gesamte Teamcoaching-Prozess mit den oben aufgeführten Schritten eins bis fünf erstreckte sich über einen Zeitraum von einem Jahr.

Frau Kruel und Herr Franz hatten eine gute Basis gefunden, wodurch sich auch das Team deutlich weiterentwickelte. Der Umgang mit Konflikten wurde offener gestaltet. Einzig die Entscheidungsschwierigkeiten des Teamleiters traten immer mal wieder zutage. Doch das ist ein anderes Thema ...

Das Teamtraining im Teamcoaching-Prozess

Dieses Kapitel widmet sich den Teamtrainings, die innerhalb eines Teamcoaching-Prozesses stattfinden können. Dabei klären wir zunächst die Einsatzmöglichkeiten im Rahmen des Teamcoachings und konkretisieren diese anhand eines Fallbeispiels. Anschließend stellen wir die Grundlagen von wichtigen Erklärungs- und Team-modellen sowie Auswertungsmöglichkeiten für Teamübungen vor. Das Fallbeispiel greifen wir wieder auf, um die Konzeption und Durchführung eines Outdoor-Trainings detailliert zu beschreiben (ab S. 181). Ein zweites Fallbeispiel zeigt, wie sich die beschriebe-nen Methoden, Modelle und Auswertungsmöglichkeiten im Rahmen eines Indoor-Trainings nutzen lassen (ab S. 199).

Einsatzmöglichkeiten von Teamtrainings

Wie Sie in den vorangegangenen Kapiteln gesehen haben, können die Interventionen in einem Teamcoaching-Prozess auf vielen Ebenen ansetzen:

▶ bei einzelnen Personen im Team, z.B. im Einzelcoaching,
▶ zwischen einzelnen Parteien, z.B. zur Konfliktvermittlung
▶ im ganzen Team oder
▶ auf der Organisationsebene.

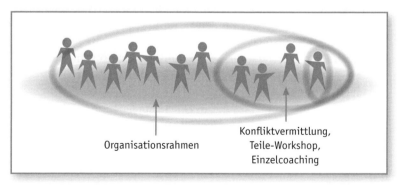

Abb.: Interventionsansätze im Teamcoaching

Die bisher beschriebenen Methoden wie Einzelcoaching oder Konfliktvermittlung konzentrieren sich auf bestimmte Teammitglieder, die übrigen Mitarbeiter sind allenfalls am Rande in den Entwicklungsprozess involviert und erleben die Veränderung nur mittelbar. Bestimmte Situationen in einem Teamcoaching-Prozess machen es allerdings erforderlich, das gesamte Team einzubeziehen:

Gründe, das gesamte Team in den Coaching-Prozess einzubeziehen

▶ Wenn eine Überprüfung und Weiterentwicklung der Kommunikations- und Konfliktkultur erfolgen soll und die Gruppe dazu ihre Rollen und die gegenseitigen Erwartungen klären muss.
▶ Wenn eine Gruppe aus Führungskräften und Experten am Anfang einer Aufgabe steht und zu einem Team entwickelt werden soll.
▶ Wenn eine Initialzündung für eine bevorstehende Veränderung oder einen zu bewältigenden Konflikt gesetzt werden soll.
▶ Wenn Unstimmigkeiten oder Konflikte zwischen einzelnen Personen stellvertretend für die Schwierigkeiten im gesamten Team stehen. Dann ist die Klärung des Konfliktes zwischen den eigentlichen „Kontrahenten" nur der erste Schritt. Die gesamte Gruppe muss am Entwicklungs- und Klärungsprozess teilnehmen.
▶ Wenn der Teamcoaching-Prozess eine nachhaltige Veränderung in der gesamten Gruppe in Gang setzen soll. Dies geht über die Begleitung Einzelner weit hinaus.

Fallbeispiel: Der Chef als Übervater

Problem: mangelnde Bereitschaft, Verantwortung zu übernehmen ...

In einem unserer Teamcoaching-Prozesse wurden wir von einem Geschäftsführer beauftragt, seine Abteilungsleiter zu mehr Kooperation und Verbindlichkeit zu entwickeln. Im ersten Gespräch schilderte er uns, dass zwischen seinen Führungskräften starke Spannungen herrschen und an vielen Stellen Probleme nicht eigenverantwortlich gelöst werden. Aufgrund dieser Unstimmigkeiten hatte die Personalchefin des Unternehmens ein Jahr zuvor einen Workshop durchgeführt, der Schnittstellen, Zuständigkeiten und Anforderungen aufgezeigt hatte. Gleichzeitig wurden entsprechende Aufgabenpakete für die Abteilungsleiter geschnürt. Nach anfänglicher Verbesserung in den Absprachen und in der Zusammenarbeit stellte sich jedoch schnell wieder der alte Zustand ein: schleppende Auftragsabwicklung, Missverständnisse zwischen Vertrieb und Auftragsmanagement, unverbindliche Terminplanung, gegenseitige Schuldzuweisungen und eine schlechte Arbeitsatmosphäre.

Durch die Vorgespräche mit den Abteilungsleitern stellte sich heraus, dass sich der Chef sehr häufig in das operative Geschäft einmischte. Je nach Stimmungslage behandelte er seine Führungskräfte wie „kleine Jungs". Keiner war in der Lage, dem Chef kritisch gegenüberzutreten. Die Führungskräfte waren sehr darauf bedacht, es dem Chef recht zu machen und schoben Fehler schnell den anderen Bereichen zu. Der Geschäftsführer förderte dieses „Fingerpointing" – sicherlich ungewollt –, indem er sich den vermeintlich Schuldigen „zur Brust nahm". Die Konsequenz: Das Führungsteam löste die operativen Probleme nicht mehr selbst, sondern suchte Unterstützung bei der Geschäftsführung. Darüber hinaus fehlte es an Anerkennung und Wertschätzung der Kompetenzen und der geleisteten Arbeit sowie an einer zufriedenstellenden Kommunikation zwischen den Abteilungsleitern und ihren Mitarbeitern.

... durch ständige Einmischung des Chefs

Die Ergebnisse der Vorgespräche waren für die Abteilungsleiter nicht überraschend. Obwohl sich vorher niemand darüber ausgetauscht hatte, stimmten die jeweiligen Einschätzungen über den Zustand der Zusammenarbeit weitgehend überein.

In diesem Teamcoaching-Prozess war es wichtig, zunächst einmal ein Führungsteam zu entwickeln, das die anstehenden Probleme selbstständig lösen konnte. Das Team musste gestärkt und die Konfliktfelder mussten deutlich herausgearbeitet und besprochen werden. Das Konzept hierzu umfasste folgende Schritte:

▶ **Outdoor-Teamtraining:** Da die bereits durchgeführten Workshops keine nachhaltigen Veränderungen bewirkt hatten und eine gewisse „Seminarmüdigkeit" bei den Mitarbeitern zu erkennen war, entschieden wir uns für einen Methodenwechsel. Ein Outdoortraining hat den Vorteil, dass die Teilnehmer durch die ungewohnte Umgebung und die herausfordernden Übungen schnell mit ihren „typischen Verhaltensmustern" re- und interagieren. Dadurch werden die problematischen Themen des Teams deutlich und lassen sich in der Auswertungsphase analysieren und bearbeiten (vgl. hierzu auch Kap. 2.4, Möglichkeiten der Ist-Analyse eines Teams, S. 61ff.)

Das Konzept

▶ **Reflexionsgespräche:** Während des Teamcoaching-Prozesses führten wir regelmäßig mit dem Geschäftsführer Einzelgespräche zu seiner Rolle in diesem Prozess und zur Überprüfung des Prozessstatus.

▶ **Workshop mit den Abteilungsleitern und Geschäftsführern:** Im Anschluss an das Teamtraining wurden die Ergebnisse mit der Geschäftsführung abgeglichen und die Erwartungen bezüglich der Zusammenarbeit geklärt und festgehalten.

▶ **Überprüfung der Vereinbarungen:** Die vereinbarten Ergebnisse wurden in regelmäßigen Abständen überprüft und zusätzlich bei Bedarf nachgesteuert.

Das hier vorgestellte Fallbeispiel zeigt Vorgehensweise und Zielsetzung im Rahmen eines Team*coachings*. In diesem Kapitel setzen wir uns lediglich mit einer Facette dieses Prozesses auseinander: den Methoden und der Konzeption von (Indoor- und Outdoor-)Team*trainings*. Dazu stellen wir im Folgenden – anhand von Themen, die in Teamtrainings häufig im Fokus stehen – einige gut geeignete Erklärungs- und Teammodelle sowie Analyse- und Auswertungsmöglichkeiten vor.

Das TZI-Teammodell

Die vier Faktoren des Teamerfolgs

Das TZI-Dreieck von Ruth Cohn zeigt zentrale Ansatzpunkte auf, um den Erfolg eines Teams zu fördern (siehe Abb. rechts). Danach spielen in einem Team vier Faktoren eine Rolle, die möglichst in einer Balance stehen sollten:

Hohe Übereinstimmung von Selbst- und Fremdbild

▶ **Faktor Einzelperson:** Hier kommt es auf die Kommunikations- und Konfliktfähigkeit der Einzelperson sowie ihre Entfaltungs- und Entwicklungspotenziale an. In erfolgreichen Teams zeigt sich, dass der Einzelne motivierter ist, wenn er eigenverantwortlich arbeiten und sich im Betrieb entfalten kann. Er besitzt ein hohes Maß an Selbst-Bewusstsein, das heißt, er kann gut einschätzen, wie das eigene Verhalten auf die anderen wirkt – Selbst- und Fremdbild sind einander ähnlich.

Respektvoller Umgang und verbindliche Spielregeln

▶ **Faktor Gruppe:** Die Atmosphäre in einem gut funktionierenden Team ist geprägt von Offenheit, gegenseitiger Akzeptanz und dem Gefühl von Zugehörigkeit. Die Interaktionen zwischen den Gruppenmitgliedern sind in hohem Maße stimmig.

Dies zeigt sich speziell in einer gut funktionierenden Kommunikation und einer konstruktiven Konfliktkultur. Die Rollen und Spielregeln sind verhandelt, verteilt und transparent. Die

Teammitglieder achten mehr auf die verbindenden als auf die trennenden Aspekte.

Damit sich eine solche Atmosphäre einstellen kann, müssen die Beziehungen im Team aktiv gestaltet werden. Dann können Vertrauen und Offenheit entstehen, dann kann die Arbeitssituation von gegenseitiger Unterstützung und von der Teilhabe an Wissen und Erfahrungen geprägt sein.

▶ **Faktor Ziele und Aufgaben:** Die Aufgabenerledigung im Team erfordert verbindliche Zielsetzungen, eindeutige Verantwortlichkeitsregelungen und eine strukturierte Planung und Kontrolle. Die Teammitglieder sind über das Ziel informiert und stimmen diesem zu. Ideal ist es, wenn sich die individuellen Interessen im Ziel des Teams widerspiegeln.

Klar artikulierte Ziele und Verantwortlichkeiten

▶ **Faktor Umfeld:** Das Team ist nur ein Rädchen im Gesamtsystem Unternehmen. Es muss auch in Beziehung zu den anderen Organisationseinheiten gut funktionieren und auch nach außen als gutes Team wahrgenommen werden. Zudem müssen Informationsaustausch und Kooperation nach außen funktionieren. Ein Team, das sich zu sehr abschottet, wird mittelfristig zu einem Fremdköper im Unternehmen. Daneben spielen auch die zur Verfügung stehenden Ressourcen (Manpower, Finanzmittel) eine Rolle.

Gute Einbindung in die Gesamtorganisation

Die Themen eines Teamtrainings können vielseitig sein und selbstverständlich nicht alle gleichzeitig in einem zwei- bis dreitägigen Training behandelt werden. Daher ist es wichtig, die Schwerpunkte

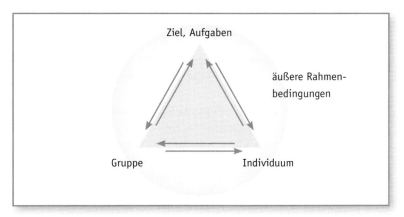

Abb.: Einflussfaktoren auf die Teamsituation (TZI-Dreieck)

der Analyse-Ergebnisse und den Stand der Mitarbeiter im Teamcoaching-Prozess bei der Konzeption des Trainings zu berücksichtigen und entsprechende Prioritäten zu setzen. Allerdings gibt es häufig wiederkehrende Themen wie Kommunikation und Konfliktkultur, Rollenklarheit und Spielregeln, die vor allem im Faktor Einzelperson und im Faktor Gruppe auftauchen.

Authentizität/Stimmigkeit – Grundlage konstruktiver Zusammenarbeit

Ein Teamtraining ist eine geeignete Methode, die Fähigkeiten eines Teams zur Erfüllung seiner Aufgaben und Ziele zu verbessern und die Beziehungen zwischen den Teammitgliedern stimmig und positiv zu gestalten. „Stimmig" bedeutet in diesem Zusammenhang, dass sich die Führungskräfte authentisch verhalten und in Übereinstimmung mit der Situation handeln können (Schulz von Thun 2007).

In Anlehnung an Kriz & Nöbauer (2002) gibt es vier Verhaltensmöglichkeiten:

Vier Verhaltensmöglichkeiten

▶ **Stimmig:** Das Verhalten ist authentisch (es entspricht der Person) und steht in Übereinstimmung mit der Situation.
▶ **Angepasst:** Das Verhalten steht in Übereinstimmung mit der Situation, entspricht aber nicht der Person.
▶ **Daneben:** Das Verhalten entspricht der Person, ist aber nicht in Übereinstimmung mit der Situation.
▶ **Verquer:** Das Verhalten ist weder in Übereinstimmung mit der Person noch mit der Situation.

Nicht stimmige Verhaltensweisen führen zu Konflikten.

Aus allen nicht stimmigen Verhaltensweisen erwachsen Spannungen und Konflikte, die die Arbeitseffizienz stark beeinträchtigen.

Die Führungskräfte des im Fallbeispiel beschriebenen Teams waren gegenüber ihrem Geschäftsführer sehr angepasst und in ihren Beziehungen zueinander nicht authentisch. Offenheit und Vertrauen fehlten. Sie versuchten „hintenrum" beim Chef zu punkten. Unstimmigkeiten wurden dann angesprochen, wenn die Situation günstig war – und nicht wenn „innerer Druck" (Wut oder Ärger) eine Aussprache erfordert hätte.

Für den Teamprozess war es wichtig, dass die Führungskräfte Kommunikations- und Handlungsmuster entwickelten, die sowohl ihrer Persönlichkeit als auch der Situation angemessen waren. Diese Stimmigkeit ist die Grundlage, auf der das Team Aufgaben und Probleme selbstverantwortlich und verbindlich regelt. Infolgedessen werden empfundene Unstimmigkeiten auch offen angesprochen und das Team sucht gemeinsam nach Lösungen.

Gleichzeitig ist Stimmigkeit kein statisches Gebilde, sondern ein Prozess, der sich immer wieder auch an den äußeren Rahmenbedingungen, den Beziehungen der Teammitglieder untereinander und der individuellen Entwicklung des Einzelnen orientieren muss. Für den Coach, letztlich aber auch für jedes einzelne Teammitglied, heißt das, aufmerksam diese verschiedenen Ebenen auf ihre Stimmigkeit zu prüfen – ausgehend von der Konfliktkultur des Unternehmens bis hinunter zu den Teamspielregeln.

Die Stimmigkeit ist auf verschiedenen Ebenen zu prüfen.

Konfliktkultur

Die Entwicklung einer stimmigen Konfliktkultur ist ein ständiger Prüfstein für ein Team. In Konfliktsituationen entscheiden sich immer wieder aufs Neue die Festigkeit und der Wille nach Fortbestand des Teams oder der sukzessive Rückgang und die Brüchigkeit der Beziehungen im Team. Interessen, Bedürfnisse und Werte der Teammitglieder müssen immer wieder neu verhandelt werden und gestatten kein Verdrängen, Übergehen oder Hinwegbestimmen, wenn das Team und die Aufgabenerfüllung Bestand haben sollen.

Wenn diese Themen im Fokus eines Teamtrainings stehen, sind einerseits Offenheit und Vertrauen in der Gruppe gefragt, damit die individuellen Bedürfnisse besprochen werden können. Doch unter Offenheit kann viel verstanden werden: von der direkten offenen Konfrontation bis hin zum diskreten „Wink mit dem Zaunpfahl". Hier gilt es zu berücksichtigen, dass der Umgang mit Konflikten von Person zu Person sehr unterschiedlich ist und dass Offenheit auch sehr bedrohlich empfunden werden kann.

Analysefragen zur Konfliktkultur eines Teams

Hilfreiche Fragen, um die Konfliktkultur eines Teams zu analysieren:

▶ Wie gehen die Mitglieder mit Konflikten um?
▶ Wie artikulieren sie Ärger?

▶ Was steckt hinter dem Konflikt?
▶ Sind sich die Beteiligten dessen bewusst?

Kommunikation

Auch die Einbindung in die informelle Kommunikation ist wichtig.

Wie gut funktioniert unsere Kommunikation? Mit dieser Frage beschäftigt sich irgendwann jedes Team. Häufig bezieht sich diese Frage auf den Informationsfluss: Bekommen wir ausreichende Informationen, die wir für unsere Aufgaben brauchen? Allerdings wird es nicht als ausreichend empfunden, wenn nur die unmittelbar arbeitsrelevanten Informationen fließen. Für die Mitarbeiter ist die Frage „Inwieweit bin ich auch in den informellen Informationsfluss eingebunden?" mindestens ebenso wichtig. Konkret heißt das: Fließen auch Informationen über die rein arbeitstechnischen Belange hinaus, die zum Beispiel Stimmungsbilder und Meinungsbilder widerspiegeln? Dieser zweite Faktor ist nicht unerheblich, da Teammitglieder sich erfahrungsgemäß gerade in diesem Punkt oft schlecht informiert „fühlen".

Neben dem Aspekt Informationsfluss spielt aber auch die Art und Weise der Kommunikation eine Rolle in Teams.

Analysefragen zur Kommunikation im Team

▶ Kommunizieren die Teammitglieder wertschätzend miteinander – oder sind die Meetings von schroffen „Neins" und ablehnender Gestik geprägt?
▶ Werden eingebrachte Ideen aufgegriffen und sachlich diskutiert?
▶ Gibt es Außenseiter in Diskussionen, deren Vorschläge kaum ankommen?
▶ Werden die Themen bis zur Entscheidung diskutiert oder kommen die Gesprächspartner vom „Hölzchen aufs Stöckchen"?
▶ Wird Kritik offen angesprochen oder halten sich die Teammitglieder zurück?

Ein weiterer wichtiger Fokus ist der Entscheidungsprozess im Team:

▶ Kommen die Entscheidungen durch Konsens, Mehrheitsbeschluss oder durch Cliquenbildung zustande? Wenn genügend Zeit zur Verfügung steht und die Gruppen nicht so groß sind, ist Konsens sicherlich die beste Entscheidungsform.
▶ Stehen die Teammitglieder auch hinter Entscheidungen, die mehrheitlich beschlossen wurden?

Rollen in Teams

Rollen ergeben sich aus den Erwartungen der Gruppe an das Verhalten des Einzelnen. Aus den Erwartungen leiten sich oftmals Rollenvorschriften ab, wie eine Person „zu sein hat", die eine bestimmte Position bekleidet. Während Spielregeln bzw. Normen für alle Gruppenmitglieder gültig sind, richten sich Rollenvorschriften nur an Personen, die eine bestimmte Position innehaben. Die Position kann sich auf eine berufliche Stellung beziehen, etwa Abteilungsleiter, Gruppenleiter oder Mitarbeiter, und beinhaltet dann häufig Rangunterschiede. Wichtiger ist aber, dass Positionen mit unterschiedlichen Erwartungen an das Verhalten verbunden sind:

Positionen sind mit Erwartungshaltungen verbunden.

▶ Eine Führungskraft muss Vorbild sein.
▶ Ein Mitarbeiter muss Verantwortung übernehmen.
▶ Der Chef muss klare Entscheidungen treffen.

Bestimmte Dinge *muss* ein Rollenträger tun, um seine Position nicht zu verlieren. Andere Dinge *sollte* er tun, sie gehören zu seinen Pflichten. Gewisse Dinge *kann* er tun, die Gruppe reagiert neutral oder erfreut darauf.

Ein Mitarbeiter z.B. ...
▶ *muss* zuverlässig sein,
▶ *soll* seine Aufgaben planen können und
▶ *kann* an seinem Geburtstag Kuchen für die Kollegen mitbringen.

Nicht immer sind Rollenvorschriften klar und auch deutlich ausgesprochen. Oftmals liegen Erwartungen vor, wie der Chef, der Kollege oder der Mitarbeiter zu sein hat – ohne dass diese Person die Erwartungen kennt. Erst wenn sie formuliert sind, kann der Betreffende entscheiden,

▶ ob er den Erwartungen entsprechen,
▶ er die Erwartungen verhandeln oder
▶ bewusst „aus der Rolle fallen" will.

In einem Teamtraining lässt sich die Rollenklärung gut über die Methode des Rollenverhandelns nach Roger Harrison durchführen (Näheres hierzu auf S. 192f.).

Bei der Entwicklung einer Rolle spielt die Persönlichkeit der Beteiligten entscheidend mit: Wer tendiert eher zum Schweigen, wer zum Vielreden? Wer ist eher passiv? Wer bringt andere gern zum La- chen? Derartige Verhaltensweisen mögen zunächst „persönlichkeits- typisch" sein. Je länger aber eine Gruppe besteht, desto deutlicher werden sie zu Verhaltenserwartungen (Rollen). Typische Beispiele:

Die Persönlichkeit prägt Verhaltens- erwartungen.

- ▶ Bei Entscheidungen wird der stellvertretende Teamleiter gar nicht gefragt. Alle haben sich daran gewöhnt, dass er „keine Meinung" hat.
- ▶ Das ganze Team wartet, bis Frau Müller die Initiative ergreift. Sie ist für „diese Sachen" zuständig.
- ▶ Herr Maier ist derjenige, der alles kritisch abwägt. Jeder hat sich daran gewöhnt, dass er über alles noch einmal „drüber- schaut".
- ▶ Herr Mainz ist zuständig für die „sozialen Belange", während seine Kollegin der kreative Kopf der Abteilung ist.

Gefahren durch festgelegte Rollen

Die dahinter liegenden Persönlichkeitsstrukturen wurden in dem Teamrollenmodell von Meredith Belbin bereits genannt und kurz erläutert (vgl. Kapitel 2.4, S. 68ff.). Die Qualität eines Teams zeigt sich in seiner Rollenflexibilität, das heißt, ob die Mitglieder in der Lage sind, ihre Rollen zu wechseln. Ist dies nicht der Fall, besteht die Gefahr der Rollenfestschreibung. Die Bedürfnisse der Einzelnen gehen unter.

Wenn zum Beispiel Kollege Müller immer derjenige ist, der Defi- zite anspricht und mit dem Chef in die Auseinandersetzung geht, bekommt er das Gefühl, ständig für das Team die heißen Kohlen aus dem Feuer holen zu müssen. Dann ist es für den Zusammenhalt und die Entwicklung der Gruppe wichtig, dass auch andere in diese Rolle „schlüpfen".

Spielregeln kreie- ren, die persönliches Wachstum zulassen

Zusätzlich ist es für ein Team förderlich, wenn die Gruppener- wartungen einen großen Verhaltensspielraum beinhalten und der Einzelne die jeweilige Rolle seiner Persönlichkeit entsprechend gestalten kann. Im Idealfall arbeiten die Mitglieder in Teams, die es ihnen erlauben, ohne Rollenzwang sie selbst sein zu können. Für Teams bedeutet dies, Spielregeln (Normen) aufzustellen, die das persönliche Wachstum und die Entwicklung des Individuums zulassen und sogar fördern.

Spielregeln in Teams

Spielregeln lassen sich nicht beliebig in Leitsätzen formulieren, die ein Ideal beschreiben, das mit den gruppeneigenen Strukturen nichts zu tun hat – auch hier kommt es auf die „Stimmigkeit" an, die je nach Gruppe sehr unterschiedlich sein kann.

Spielregeln entstehen, sobald Menschen längere Zeit miteinander kommunizieren. Ihre Ansichten und Verhaltensweisen gleichen sich allmählich an. Gruppen entwickeln Vorstellungen über richtiges oder angemessenes Verhalten ihrer Mitglieder. Diese Verhaltensregeln geben der Gruppe Sicherheit sowie Verlässlichkeit und ermöglichen stabile Beziehungen. Wenn der Einzelne die Regeln kennt, weiß er, was möglich ist und was nicht. Wenn klar ist, dass auch die anderen Gruppenmitglieder die Regeln kennen und beachten, kann sich der Einzelne sicher fühlen. Alle sind orientiert, das Verhalten der Beteiligten ist vorhersehbar, es wird wenig Konfliktstoff geben. In der Realität sind die Spielregeln lediglich mehr oder weniger sichtbar und werden für den Einzelnen manchmal erst dann deutlich, wenn er sie überschreitet:

Verhaltensregeln schaffen Verlässlichkeit.

In einer Arbeitsgruppe besteht vielleicht eine „stillschweigende Vereinbarung" darüber, dass Konflikte nicht in Teamsitzungen angesprochen werden. Der „Neue" hat bei seiner Einführung vieles über die Leitsätze (wie z.B. Offenheit: „Wir sprechen Probleme zeitnah an." etc.) erfahren und will nun seinen Konflikt in der Teamsitzung besprechen – betretenes Schweigen macht sich breit ...

Dieses Beispiel macht deutlich, dass auch unausgesprochene, vielleicht sogar unbewusste Regeln das Verhalten von Gruppenmitgliedern beeinflussen können. Die so genannten „Selbstverständlichkeiten" gehören zu den wirksamsten Gruppenregeln. Häufig nehmen nur Außenstehende sie überhaupt wahr. Der Einzelne lernt die Normen häufig erst dann kennen, wenn er sie übertreten hat und die Reaktionen der Gruppe zu spüren bekommt. Es gibt viele Sanktionen, und häufig sind sie fein abgestuft:

Unausgesprochene Regeln sind besonders wirksam.

- ▶ Grinsen
- ▶ Achselzucken
- ▶ Bemerkungen und Sprüche: „Klugscheißer"
- ▶ Direkte Missbilligung: „Damit kannst du gleich aufhören."
- ▶ Kontaktverminderung
- ▶ Ausschluss aus der Gruppe („Schneiden")

173

Das Einhalten der Spielregeln wird durch positive Sanktionen gesichert: Wer die Regeln respektiert, gehört dazu, er ist „in Ordnung", er wird beachtet und anerkannt.

Zu einer Änderung bestehender Regeln kommt es im Allgemeinen,

Regeln ändern sich ...

▶ wenn sie kaum mehr beachtet werden,
▶ wenn sie den Bedürfnissen vieler Mitglieder nicht mehr entsprechen,
▶ wenn sich die Rahmenbedingungen für das Team so grundlegend ändern, dass auch Änderungen der Spielregeln notwendig werden (z.B. selbstkritischer Umgang, Offenheit mit Fehlern). Allerdings kann dieser Anstoß von außen zunächst als Bedrohung angesehen werden, so dass sich die Gruppe abschottet.

Ziel von Teamtrainings: Verhaltensweisen erkennen und reflektieren

Im Rahmen eines Indoor- oder Outdoortrainings lassen sich die vorgestellten Modelle und Themen anhand von Teamübungen so verdeutlichen, dass sowohl der Einzelne als auch das Team seine Verhaltensweisen erkennen und reflektieren kann. Doch neben der Wahl der geeigneten Übung kommt der Auswertung eine große Bedeutung zu. Hier kann der Coach „die blinden Flecken" im Team ansprechen und die Entwicklungsziele beeinflussen. Das zur Auswertung notwendige Rüstzeug stellen wir im Folgenden vor.

Auswertungsmethoden von Teamtrainings

Die Auswertungsgespräche zu den Übungen ermöglichen es den Teilnehmern, ihre Erfahrungen aufzuarbeiten. Sie fördern eine offene Kommunikation, indem die Teilnehmer motiviert werden, über ihre individuellen Erlebnisse, Konflikte, Missverständnisse und Gefühle zu sprechen. Zudem gewährleistet eine dezidierte Auswertung, dass aus der simulierten Übungssituation der Wechsel zur Praxis gelingt. Je nach Entwicklungsstand können verschiedene Auswertungsmethoden eingesetzt werden:

Kleingruppenarbeit mit strukturierten Fragen

Hier bekommen die Teilnehmer zunächst Fragen, wie z.B.:

▶ Was waren unsere Stärken bei der Übung?
▶ Mit welchen Übungen hat sich das Team schwer getan?

▶ Wie ist die Gruppe mit diesen Situationen umgegangen?
▶ Wie verliefen unsere Entscheidungsprozesse?
▶ Wie haben wir unsere Unstimmigkeiten angesprochen?

Die Ergebnisse der Diskussion werden festgehalten und präsentiert. *Fortgeschrittener*
Diese Auswertungsform bietet sich im fortgeschrittenen Stadium *Entwicklungsstand des*
eines Teamtrainings an. Wenn die Gruppe in der Lage ist, ihren *Teams erforderlich*
eigenen Prozess kritisch zu reflektieren und sich nicht scheut,
brisante Themen anzusprechen.

Gruppen-Reflexion

Hier reflektieren die Teilnehmer ohne strukturierte Fragen und
zunächst ohne den Coach den gesamten Teamübungsprozess. Die
Auswertung kann dabei erfolgen:

▶ in der Gesamtgruppe,
▶ in Kleingruppen (z.B. in den Teams, die auch während der
   Übung zusammengearbeitet haben)
▶ oder in Paaren, die sich gegenseitig über ihre Erfahrungen und
   Erkenntnisse austauschen.

Moderierte Auswertung

Eine kompetent durchgeführte moderierte Auswertung hat gerade *Schlüssel für einen*
zu Beginn des Trainings eine Schlüsselfunktion und ist meist rich- *erfolgreichen*
tungsweisend für den weiteren Verlauf des Trainings. Daher wollen *Trainingsverlauf*
wir diesen Typus etwas ausführlicher beschreiben. Diese Moderation
ist wichtig, da sich die Teilnehmer auf die zum Teil ungewohnte
Atmosphäre einlassen und Vertrauen gewinnen sollen. Der Coach
kann hier die Knackpunkte ansprechen und den Teilnehmern eine
Struktur an die Hand geben, die eine offene und kritikfähige Ar-
beitskultur fördert.

Angelehnt an das Modell von Kriz und Nöbauer verläuft die Auswertung vom Beschreiben der momentanen Gefühle und Eindrücke
über das Schildern der genauen Vorgänge und des Erlernten bis hin
zum Praxisbezug.

1. Ebene: Erste Eindrücke und Gefühle
▶ *Wie war die Übung? Was sind die ersten Eindrücke? Wie haben
Sie sich während der Übung gefühlt?*

  175

Hier geht es darum, spontan die ersten Eindrücke und Gefühle zu sammeln und eventuelle Spannungen abzubauen. In dieser Phase ist es wichtig, dass jeder die Möglichkeit hat – noch relativ unreflektiert – seine Eindrücke zu schildern und dass nicht die „Vielredner" die Zwischentöne und Eindrücke dominieren. Hier gilt es auch, Unterschiede im Erleben zuzulassen und aufzuzeigen, dass Situationen zum Teil ganz unterschiedlich erlebt, gefühlt und gedeutet werden. Die Frage nach den Gefühlen ist für die Teilnehmer nicht immer leicht zu beantworten. Hier zeigt sich auch, inwieweit es ein Team gewohnt ist, über die eigene Gefühle zu sprechen.

Wichtig: Nicht voreilig urteilen und bewerten!

Der Coach kann unterstützen, indem er nach Unsicherheiten, Ärger, Vertrauen, Anerkennung, Akzeptanz während der Übung fragt. In dieser Phase kann ein größeres gegenseitiges Verständnis für verschiedene Deutungen und Emotionen entstehen. Die Eindrücke sollen nicht bewertet werden, noch sollen Rechtfertigungen stattfinden. In diesem Fall muss der Coach ausdrücklich darauf hinweisen, dass es bei dieser Übung darum geht, urteilsfrei seine Empfindungen zu schildern. Durch die Schilderung der erste Eindrücke und der Gefühle können Spannungen abgebaut und es kann eine Distanz zur Übung hergestellt werden.

Diese Distanz ist wichtig, damit die Teilnehmer die Übung auch als das ansehen, was sie ist: Mittel zum Zweck, um einzelne Handlungsmuster und die Interaktionen transparent und besprechbar zu machen. Den Teilnehmern kann auch die Bedeutung des ersten Auswertungsschrittes erläutert werden, damit sie sich vom Geschehen besser distanzieren können. Ideal ist es, wenn die Teilnehmer sich während der Auswertung allmählich in eine Metaposition begeben, in der sie sich selbst vorurteilsfrei reflektieren können.

2. Ebene: Strukturiertes Aufarbeiten des Ablaufs der Übung

▶ *Welche Phasen in der Übung gab es? Was ist genau geschehen?*

Durch das Aufarbeiten der zeitlichen Abläufe der Übung lässt sich ihr Verlauf besser bearbeiten. Aussagekräftig für den Entwicklungsstand eines Teams ist dabei häufig die Anfangssituation, in der sich das Team mit der Aufgabenstellung auseinandersetzt und mögliche Lösungsideen sammelt. Die zentralen Analysefragen lauten an dieser Stelle:

▶ Arbeitet das Team hier zusammen und kommen alle Teammitglieder zu Wort?

▶ Sondern sich Einzelne ab?

▶ Wie kamen die Entscheidungen zustande?

Diese Auswertungsstufe hat das Ziel, die verschiedenen Sichtweisen zum Ablauf und zu den kritischen Situationen zu sammeln und gemeinsam zu analysieren. Was ist gut gelaufen? Wo gab es Situationen, die nicht adäquat gelöst wurden?

Verschiedene Sichtweisen sammeln und analysieren

In diesem Abschnitt können auch Fragen gestellt werden, die sich auf die spezifischen Lernziele des Teams beziehen, wie z.B. Führung, Kommunikationskultur oder Umgang miteinander.

3. Ebene: Analyse der Metaebene – typische Handlungsmuster identifizieren

▶ *Was davon kennen Sie aus Ihrem Arbeitsalltag? Gab es Aha-Erlebnisse? Welche Situationen/Ereignisse/Diskussionen kamen Ihnen bekannt vor?*

Auf dieser Ebene wird die spielerische Übung in den beruflichen Zusammenhang gestellt. Im Idealfall wird deutlich, dass die Übung Mittel zum Zweck ist, um typische Handlungsmuster zu erkennen, die auch im Alltag dominieren. Dabei stellen wir insbesondere bei Outdoor-Übungen immer wieder fest, dass die Teilnehmer durch die ungewohnte Atmosphäre sehr schnell ihre typischen Verhaltensstrukturen zeigen, die oftmals eins zu eins auf den Alltag übertragbar sind. In der Auswertung fallen dann oftmals Bemerkungen wie: „Das ist ja genau wie bei der Arbeit – auch da dominiert der blinde Aktionismus!" oder „Das war mal wieder typisch – nie sprechen wir uns vernünftig ab."

Das ungewohnte Umfeld provoziert typische Verhaltensweisen.

In der Auswertung muss der Coach nun bei genau diesen spontanen Äußerungen intervenieren und mit den Teilnehmern konkrete Berufssituationen herausarbeiten. Wenn der Wiedererkennungseffekt hoch ist, diskutieren die Teilnehmer über ihre beruflichen Situationen und Möglichkeiten, wie sie diese verbessern können. Die Übung gerät dann zunehmend in den Hintergrund.

Wiedererkennungseffekte herausarbeiten

Natürlich sind nicht alle Übungssituationen und Verhaltensmuster immer und jederzeit auf konkrete Berufssituationen übertragbar. Dies hängt nicht zuletzt vom Abstraktionsvermögen der Teilnehmer

Kompakt: Die moderierte Auswertung von Team-Übungen

1. Schilderung der ersten Eindrücke und Gefühle:
▶ Wie war die Übung?
▶ Was sind die ersten Eindrücke?
▶ Wie haben Sie sich während der Übung gefühlt?

Wichtig für den Coach: zur spontanen Äußerung der Eindrücke und Gefühle ermuntern, Vielfalt und Vieldeutigkeit zulassen, ohne zu bewerten.

2. Strukturiertes Aufarbeiten des Ablaufs der Übung
▶ Welche Phasen in der Übung gab es?
▶ Was ist genau geschehen?

Wichtig für den Coach: insbesondere die Anfangssituation ist aufschlussreich: Wie ging das Team an die Übung heran?

3. Typische Handlungsmuster identifizieren
▶ Was davon kennen Sie aus Ihrem Arbeitsalltag?
▶ Gab es Aha-Erlebnisse?
▶ Welche Situationen/Ereignisse/Diskussionen kamen Ihnen bekannt vor?

Wichtig für den Coach: spontane Äußerungen der Teilnehmer während der Übung in die Diskussion einbringen.

4. Reflexion des persönlichen Lerneffekts und Lerntransfers
▶ Was habe ich in der konkreten Übungssituation gelernt?
▶ Was habe ich für meinen Berufsalltag gelernt?

Wichtig für den Coach: mit Auswertung der Gruppenprozesse beginnen, dann erst Auswertung der persönlichen Eindrücke anschließen und hierfür ggf. Vier-Augen-Gespräch anbieten.

5. Ziele und Umsetzungsmaßnahmen planen
▶ Was wollen wir wie verändern?

Wichtig für den Coach: Punkte schriftlich fixieren und am Trainingsende zur Ergebnissicherung aufgreifen.

ab und inwieweit sie bereit sind, sich auf die Auswertung und das gegenseitige Feedback einzulassen.

Was passiert nun, wenn die Übungen sehr stimmig verlaufen und die Schwierigkeiten, die die Teilnehmer im Alltag haben, nicht zutage treten? Dann ist es wichtig, nicht nur die Übereinstimmungen, sondern ebenso die Gegensätze zwischen Übung und Realität zu diskutieren. Dabei steht natürlich die Frage im Vordergrund, warum es bei der Übung gut klappt, es aber im Berufsalltag immer wieder zu Störungen kommt.

4. Ebene: Persönlicher Lerneffekt und Lerntransfer

▶ *Was habe ich gelernt? Was habe ich für meinen Berufsalltag gelernt?*

Hier geht es darum, aus dem Erlebten und der bisherigen Auswertungsdiskussion Erkenntnisse zu sammeln und Schlussfolgerungen zu ziehen. Der Lernprozess kann sich sowohl auf der Ebene des individuellen Verhaltensmusters als auch auf der Ebene der Verhaltensweise der Gruppe abspielen.

Auswertung der persönlichen Erkenntnisse

Die Erkenntnisse auf der persönlichen Ebene lassen sich nicht immer in der Gruppe vertiefend auswerten. Dabei kommt es wesentlich auf die Offenheit und auf die bestehende Feedback-Kultur in der Gruppe an. Der Coach sollte an dieser Stelle ein Vier-Augen-Gespräch anbieten, in dem der Teilnehmer seine ganz individuellen Fragen und Erkenntnisse erörtern kann.

Feedback-Kultur des Teams beachten!

Auf der Ebene des Gruppenprozesses lassen sich die Erkenntnisse in der Regel einfacher zusammenfassen. Auf dieser Ebene sollte daher auch zu Beginn eines Teamtrainings mit der Auswertung begonnen werden. Später, wenn die Teilnehmer sich sicherer fühlen und Vertrauen untereinander und zum Trainer aufgebaut haben, kann man die Auswertung auch auf der persönlichen Ebene vertiefen.

Die Auswertung des Gelernten bezieht sich zunächst einmal auf die konkrete Übungssituation („Was habe ich hier gelernt?"). Erst im zweiten Schritt erfolgt mit der Frage „Was habe ich für meinen Berufsalltag gelernt?" der Transfer in die Praxis.

5. Ebene: Ziele und Umsetzungsmaßnahmen planen

▶ *Was wollen wir wie verändern?*

Konkrete Handlungen beschreiben

Im letzten Auswertungspunkt werden eindeutige und verbindliche Ziele für die zukünftige Zusammenarbeit erarbeitet. Die Teilnehmer sollen möglichst konkrete Handlungen beschreiben, wie sie sich in vergleichbaren Berufssituationen anders verhalten wollen. Die Punkte werden schriftlich festgehalten und bei der Ergebnissicherung am Ende des Trainings aufgegriffen.

R. Alf-Jähnig, T. Hanke, B. Preuß-Scheuerle: Teamcoaching

Konzept für ein Outdoor-Training

Nach der Schilderung der Methoden, Modelle und Themen für ein Teamtraining kommen wir nun wieder auf unser Eingangsbeispiel zurück. Im Anschluss an die Vorgespräche wurde der Teamcoaching-Prozess mit den Abteilungsleitern mit einem Outdoortraining fortgeführt.

Diese Maßnahme bot sich wegen ihrer vielfältigen Interventionsmöglichkeiten zur Veränderung von Verhaltensmustern an (vgl. „Wippe der Veränderung, S. 95): Outdoortrainings vermitteln ein ganzheitliches Erlebnis. Aha-Effekte, die unmittelbar erlebte Betroffenheit oder auch Erkenntnisse werden real erfahren und müssen nicht erst theoretisch vermittelt werden. Das eigene Gefühl wird bewusst und klar. Die erlebten Situationen und Bilder in der Natur bleiben sehr lange im Bewusstsein und erleichtern damit den Transfer. So entstehen häufig auch eigene Wortschöpfungen wie z.B. bei einem Führungsteam, das nach dem Outdoortraining bei blindem Aktionismus immer von dem „Irreler Syndrom" sprach. Damit war ein kleiner Eifelort gemeint, in dessen Nähe das Team in einer Schlucht völlig kopflos und mit viel Aktionismus fast an einer Outdoorübung scheiterte.

Aha-Effekte und unmittelbare Betroffenheit

Zielsetzung des Outdoortrainings war es:

▶ ein Führungsteam zu entwickeln, das die Probleme eigenverantwortlich lösen kann,
▶ die Rollen zu klären, in der die Stärken des Einzelnen vertreten sind sowie die gegenseitigen Erwartungen zu verhandeln,
▶ das Team in die Lage zu versetzen, die selbst erarbeiteten Spielregeln verbindlich zu leben,
▶ das Klärungsgespräch mit dem Geschäftsführer vorzubereiten.

Ablaufschema des Outdoortrainings

Punkte	Inhalte/Übungen	Zeit
	1. Tag vormittags	
1.	Kurzes Aufgreifen der Ergebnisse und der Themen aus den Vorgesprächen ▶ Vorstellung des TZI Dreieck-Modells ▶ Diskussion	1 Stunde
2.	Teamübung: Moorpfad ▶ Beschreibung der Übung, Intro ▶ Auswertung	45 Minuten 1 Stunde
	1. Tag nachmittags	
3.	Teamübung: Bau einer Seilbrücke ▶ Auswertung	2 Stunden 1,5 Stunden
4.	Analyse der eigenen Teamrolle ▶ Besprechung der Ergebnisse	2 Stunden
	Fackelwanderung	abends
	2. Tag vormittags	
5.	Teamübung: Abseilübung ▶ Auswertung	1,5 Stunden 1,5 Stunden
	2. Tag nachmittags	
6. 7.	Rollenklärung: Welche Erwartungen haben wir untereinander? Überprüfung und Erarbeitung von Spielregeln	2 Stunden
	3. Tag vormittags	
8.	Welche Ergebnisse haben wir erzielt? Was wollen wir dem Geschäftsführer präsentieren? Was wollen wir mit dem Geschäftsführer klären?	30 Minuten 1,5 Stunde
	Abschlussrunde	

1. Erläuterung der Ergebnisse aus den Vorgesprächen anhand des TZI-Dreiecks

Oftmals ist den Teilnehmer unklar, was in einem Outdoortraining auf sie zukommt. Wie werden welche Themen aufbereitet und was wird von mir erwartet? Daher ist es neben der Vorstellung des reinen Programmablaufs wichtig, die zu bearbeitenden Themen in einen Zusammenhang zum Team zu stellen. Das TZI-Modell von Ruth Cohn ist hierfür ein hilfreiches Instrument, da es – wie oben beschrieben – die Einflussfaktoren für ein gut funktionierendes Team aufzeigt. Die aus den Vorgesprächen extrahierten Themen werden anhand des Dreiecks erläutert. In unserem Beispiel lag der Schwerpunkt des Teamtrainings auf der Ebene des Individuums und auf der Ebene der Gruppe. Zur besseren Einordnung und Erläuterung wurden die Themen mit den konkreten Beobachtungen des Coaches aus dem Arbeitsalltag unterfüttert.

Themen des Outdoortrainings anhand der Teamsituation erläutern

Ebene Individuum

▶ **Übernahme von Verantwortung:** Ziel ist es, dass die Führungskräfte ihre täglichen Probleme wie Terminabstimmungen, Qualitätsmängel etc. selbst und einvernehmlich lösen.

▶ **Konfliktkompetenz:** Die Führungskräfte verfolgten bis dato eher eine Konfliktvermeidungsstrategie. Es fiel ihnen schwer, die Probleme direkt und offen anzusprechen. Zumeist wurden die Konflikte an den Geschäftsführer herangetragen – in der Hoffnung, dass dieser die Konflikte löse. Nach außen hin wurde immer wieder betont, wie gut man sich ja eigentlich verstehe.

Ebene Gruppe

▶ **Rollenklärung:** In dem Team lagen viele unausgesprochene Erwartungen vor. So erwartete der Vertriebsleiter, dass der Produktionsleiter Unstimmigkeiten zeitnah ansprach, während der Produktionsleiter nur davon sprach, dass er dies schon „oft probiert hat und jetzt keine Lust mehr habe".

▶ **Kommunikation zwischen den Abteilungen:** Je größer die arbeitstechnischen Probleme sind, desto notwendiger ist eine gut funktionierende Kommunikation. Das setzt einen reibungslosen Informationsfluss und regelmäßige Abstimmungsgespräche voraus. In diesem Fall lagen die Mitarbeiter der jeweiligen Abteilungen oft im Streit, da Informationen zum Teil überhaupt nicht oder zu spät flossen.

▶ **Offenheit, Konfliktkultur:** Die Führungskräfte sprachen nur selten die Konflikte zeitnah und offen an. Es war zu klären, wie für das Team eine stimmige Konfliktkultur aussehen könnte, die diese individuellen Konfliktstrategien berücksichtigt und dennoch die Spannungen konstruktiv auflöst.

Die Erläuterung dieser Punkte sensibilisierte die Führungskräfte und ihnen wurde klar, welchen individuellen Beitrag sie im anstehenden Outdoortraining zu leisten hatten.

Teilnehmer in Kontakt bringen und für ihren Umgangsstil sensibilisieren

Nach dieser Einführung konnte die erste Outdoor-Übung beginnen. Ihre Zielsetzung war es, die Teilnehmer zu aktivieren und miteinander in Kontakt zu bringen. Darüber hinaus sollte die Übung Hinweise auf die bestehende Kommunikationskultur und den Umgang miteinander geben.

2. Teamübung „Moorpfad"

Bei der Übung wird das Spielgelände bzw. das „Moorgebiet" mit einem Seil abgegrenzt. In dem Moorgebiet befinden sich Trittsteine aus Holz, die in unterschiedlichen Abständen zueinander aufgebaut sind. Die Teilnehmer müssen das Moor durchqueren, ohne den Boden zu berühren.

Die Abstände zwischen den Trittsteinen können die Teilnehmer mit Kanthölzern von ca. zwei Metern Länge überbrücken. Die Zahl der Kanthölzer ist begrenzt. Auf einem Kantholz haben etwa vier Personen Platz. Dabei müssen die Kanthölzer auf den Trittsteinen liegen und dürfen den Boden ebenfalls nicht berühren. Vom Startpunkt aus sind verschiedene Wege möglich, die ein Team mit Kanthölzern auslegen und überbrücken kann. Allerdings führt nur ein Weg ans andere Ufer. Die anderen Wege enden blind, d.h., die Abstände zwischen den Trittsteinen sind länger als das Kantholz. Falls ein Teilnehmer im „Moor" den Boden berührt, muss das ganze Team wieder an den Startpunkt zurückkehren.

Beobachtung während der Übung

Bei dieser Eingangsübung war das Team fast schon betont freundlich zueinander. Am Anfang überlegten die Teammitglieder gemeinsam, sammelten Ideen und nahmen aufeinander Bezug. Als dann mehrere Ideen im Raum standen, kam es jedoch zu keiner Entscheidung und die Gruppe diskutierte ihre Ideen nochmals. Offensichtlich traute sich noch keiner nach vorne, die Unsicherheit war greifbar. Die „Entscheidung" wurde schließlich dadurch getroffen, dass ein Teilnehmer sich das Kantholz schnappte und anfing. Nach fünf Minuten Balance auf dem Kantholz fiel der Erste herunter und die Gruppe musste von Neuem beginnen. Umgehend machte sie sich wieder an die Arbeit. Nach einigen Minuten fiel der Nächste „ins Moor". Beim dritten Anlauf rückten die Teilnehmer auf den Kanthölzern näher zusammen und hielten sich gegenseitig fest. Der erste Kontakt kam zustande. Auffällig war, dass die Gruppe mit zunehmender Übungsdauer genervter reagierte und auf Verbesserungsvorschläge weniger einging. Der Leiter Auftragsmanagement übernahm zunehmend die Führung, allerdings ohne sich mit seinen Kollegen abzusprechen. Er schuf Fakten, indem er seine Gedanken direkt umsetzte. Allerdings sprach keiner seiner Kollegen das Verhalten an. Nach etwa 45 Minuten und mehrmaligem Starten war die Gruppe schließlich am Ziel.

Entscheidungen fallen durch Schaffen von Fakten.

Moderierte Auswertung der Übung „Moorpfad"

„Wie war die Übung, was haben Sie gefühlt?" – Bei der Auswertung verhielten sich die Teilnehmer ausgesprochen vorsichtig. Sie schilderten, dass sie sich „gut" fühlten, weil sie die Übung gemeistert und zudem den Eindruck hatten, dass die Zusammenarbeit untereinander gut funktioniert hat. Die gegenseitige Unterstützung und das allmähliche Zusammenrücken wurden positiv empfunden. Vorsichtig sprach der Coach die Teilnehmer auf die schwierigen Situationen an und hinterfragte ihre Gefühle und Stimmungen. Daraufhin brachten einige Teilnehmer ihre Ungeduld zur Sprache und gaben zu, dass sie nach dem vierten Start ziemlich frustriert waren.

Bei der strukturierten Aufarbeitung der Übung stand die Anfangssequenz im Vordergrund. Den Teilnehmern war sehr wohl bewusst, dass zwar viel diskutiert, aber die Vorgehensweise nicht klar entschieden wurde. Ursachen dafür wurden zwar nicht benannt, dafür aber die direkten Parallelen zur Arbeit gezogen. Das Thema „Wie

Viel diskutiert, aber wenig entschieden

verlaufen bei uns Entscheidungsprozesse?" kam auf und wurde in den Themenspeicher aufgenommen.

Zunehmend konnten auch die beschriebenen Frustrationen und der Umgang der Gruppe damit angesprochen werden. Allmählich entstand eine Offenheit und die Möglichkeit, auch Differenzen zu thematisieren. Interessanterweise hatte der Leiter Auftragsmanagement von den genannten Situationen während der Übung nicht viel mitbekommen und zeigte sich über die Schilderung der Kollegen ganz überrascht. Den Teilnehmern war schnell bewusst, dass manche Situationen und Verhaltensmuster an den Job erinnerten. Dort wurde zwar nicht endlos diskutiert, sondern schnell agiert – allerdings ebenfalls ohne sich vorher abzusprechen.

Differenzen konnten zur Sprache gebracht werden.

Die Teilnehmer artikulierten das Ziel, ihre Entscheidungsprozesse zu verändern, Klarheit für das gemeinsame Vorgehen herzustellen und aufkommenden Ärger unmittelbar anzusprechen.

Reflexion des Coaches

Der „Tiefgang" der Auswertungsdiskussion war für die erste Übung zunächst einmal ausreichend, obwohl sich natürlich noch weitere Fragen aufdrängten wie z.B.: „Wer übernahm hier welche Rolle?", „Wie wurde mit Frust und Ärger umgegangen?" „Und wie gehen die Teilnehmer mit derartigen Emotionen in der Arbeitssituation um?"

Für den Coach war es wichtig, dass die Teilnehmer sich langsam annäherten und geübter in der Ansprache von Unstimmigkeiten oder Differenzen wurden. Dies war im ersten Schritt erreicht. Mehr als deutlich wurde die Schwierigkeit, gemeinsame Entscheidungen zu treffen. Hier zeigten sich die Teilnehmer sehr ungeübt, was sicherlich auch daran lag, dass diese Rolle bis dato maßgeblich vom Geschäftsführer im Stile eines Autokraten übernommen wurde. In ihren eigenen Befugnisbereichen sah das natürlich anders aus, doch dort agierten die Führungskräfte nun ihrerseits im Stile eines einsamen Entscheiders. Dies führte aber auch immer wieder zu Konflikten, wenn die anderen Bereiche von den Entscheidungen letztlich mit betroffen waren. Da dieser Aspekt unmittelbar mit der Eigenverantwortlichkeit der Führungskräfte verknüpft war, sollte er nach der Mittagspause aufgegriffen werden.

Alleingänge statt gemeinsamer Entscheidungen

Nach der Auswertung konnten sich die Teilnehmer in der Mittagspause stärken, wobei die eine oder andere Übungssituation für
weiteren Diskussionsstoff sorgte.

Vor der nächsten Übung kam der Coach auf das Thema Entscheidungsprozesse zurück. Anhand folgender Fragen mussten die Teilnehmer nochmals das Gruppenverhalten aus der Übung „Moorpfad"
analysieren, den Bogen zum Arbeitsplatz schlagen sowie Entwicklungsmöglichkeiten erarbeiten:

▶ Welche Entscheidungen wurden wie getroffen (Abstimmung,
  Konsens, Fakten schaffen durch Aktion etc.)?
▶ Wurden die Entscheidungen von allen mitgetragen?
▶ Wie treffen Sie im Berufsalltag Ihre Entscheidungen?
▶ Welche Aspekte Ihres Entscheidungsprozesses sind hinderlich
  oder hilfreich?
▶ Wie wollen Sie zukünftig agieren?

Analysefragen zum Entscheidungs-verhalten

Die anschließende Diskussion über die Entscheidungsprozesse
machte die Ursachen für viele kleine und große Konflikte in dem
Team deutlich. Entscheidungen liefen oftmals bilateral mit den
Kollegen oder mit dem Chef – und das auch oder gerade dann,
wenn die anderen Kollegen ebenso davon betroffen waren. Gestärkt
durch die guten Vorsätze ging es nach dieser Vertiefung wieder ins
Gelände und zur nächsten Übung.

3. Teamübung „Seilbrücke"

Eingebunden in Klettergurte erhalten die Teilnehmer die Aufgabe,
eine Seilbrücke zu bauen, mit der sie eine rund 30 Meter brei-
te Schlucht überqueren können. Dies soll unter Verwendung der
zur Verfügung gestellten Materialien – Seile, Karabiner, Rollen
– geschehen. Während der Bauphase gibt es für das Team zwei
„Tickets", mit denen zwei Personen ohne Seil auf die andere Seite
gehen können, um Seile und Karabiner zu installieren.

Beobachtung

Nach der Instruktion der Übung stellte sich die Gruppe in einen
Kreis, überlegte und diskutierte über Umsetzungsideen. Währenddessen überprüfte eine andere Person das Material. Nach der

Erörterung einiger Ideen besannen sich die Teilnehmer auf das am Vormittag erarbeitete Wissen und sammelten Entscheidungskriterien. Danach wurde im Konsens entschieden. Die verschiedenen Arbeiten wurden verteilt und die Gruppe teilte sich auf: Einer suchte einen geeigneten Standort für die Überquerung, die Übrigen überlegten sich die Umsetzung der vorgeschlagenen Idee. Obwohl die Gruppe nur vier Personen umfasste, schaffte sie es nach der Aufteilung der Aufgaben nicht, nochmals in der Gesamtgruppe zusammenzukommen. Die Gespräche und Abstimmungen fanden nur noch bilateral statt.

Bilaterale anstelle gemeinsamer Gespräche

Interessant wurde es, als der Coach den „Techniker" aus dem Team nahm und ihn mit einem Sonderauftrag betraute („Sie haben ein zusätzliches Projekt bekommen und müssen dies in einer halben Stunden präsentieren. Ihre Aufgabe: Welcher Standort im Gelände eignet sich für eine Abseilaktion?"). Der Teilnehmer ließ seine Arbeit augenblicklich liegen und widmete sich der neuen Aufgabe. Nach 15 Minuten stellte die Gruppe seine Abwesenheit fest. Nach 30 Minuten kam der Teilnehmer zurück und berichtete den etwas verwunderten Kollegen, wo er zwischenzeitlich abgeblieben war. Die Teilnehmer waren inzwischen so in ihre Teilaufgaben vertieft, dass keiner mehr den Gesamtüberblick hatte. Nach rund zwei Stunden und vielen Problemen in den Absprachen hatten die Teilnehmer die Schlucht mittels Seil überquert.

„Sonderauftrag" für einen Teilnehmer

Reflexion der Übung

Die Gefühle der Teilnehmer hatten viele Facetten. Sie reichten von Ärger über Unsicherheiten und Ängsten bezüglich der Höhe bis hin zu purer Erleichterung, als sie die gegenüberliegende Seite endlich erreicht hatten. Als sehr positiv wurde von den Teilnehmern die Herangehensweise im Entscheidungsprozess herausgestellt sowie die gemeinsame Besprechung zu Beginn.

Abstimmungsprobleme und einsame Entscheidungen werden bewusst.

In der strukturierten Aufarbeitung der Übung fiel dann vor allem die anschließend um sich greifende „Vereinzelung" auf. Ab einem gewissen Zeitpunkt stimmte sich die Gruppe nicht mehr ab. In der Folge entstanden zum Teil ganz unterschiedliche Vorstellungen, wie die Übung absolviert werden könnte. Das plötzliche Verschwinden des Kollegen wurde lange besprochen, die direkten Parallelen zum Beruf lagen auf der Hand. Die vielen Unstimmigkeiten und Abstimmungsprobleme wurden während der Übung zwar von allen

Teilnehmern wahrgenommen, allerdings sprach sie keiner an. Diese Verhaltensweise – jeder bemerkt es, aber keiner redet darüber – führte auch im Arbeitsalltag dazu, dass bestimmte Probleme nicht gelöst wurden. Neben der Gruppenprozess-Ebene rückte immer mehr die Auswertung der persönlichen Ebene in den Mittelpunkt. Wer übernahm welche Rolle in den einzelnen Abschnitten? Wer versuchte die Gruppe zusammenzubringen? Wer arbeitete eher für sich?

Dieser erste Teil der Auswertung fand noch im Gelände statt. Danach ging es zurück ins Hotel. Die Gruppe reflektierte ihren eigenen Übungsprozess immer besser, daher führte der Coach die weitere Auswertung anhand folgender strukturierter Fragen ohne Moderation durch und ließ die Gruppe agieren:

▶ Wo gab es Parallelen zwischen der Übung und dem Berufsalltag?
▶ Was haben wir gelernt?
▶ Was wollen wir künftig wie verändern?

Reflexion des Coaches

Durch die Übung konnten typische Verhaltensweisen des Teams aufgedeckt werden. Allmählich kamen die Führungskräfte über ihre problematischen Punkte in der Zusammenarbeit ins Gespräch. Die Teilnehmer entwickelten eine kritisch-konstruktive Gesprächs-kultur. Die zwei Stunden im Gelände zwischen Seilen, Karabinern, einer tiefen Schlucht und vielen lustigen wie auch sehr ungewohn-ten Situationen hatten das Team ein Stück zusammengeführt. Im nächsten Schritt sollten die einzelnen Persönlichkeiten stärker in den Fokus genommen werden. Ziel war es, sich untereinander Feed-back zu geben und die gegenseitigen Erwartungen zu formulieren.

Erste Ansätze einer kritisch-konstruktiven Gesprächskultur

4. Analyse der eigenen Teamrolle

Um Feedback und gegenseitige Erwartungen konstruktiv formu-lieren zu können, war zunächst einmal ein objektiver Blick auf die eigene Rolle und die Rolle der anderen Mitarbeiter im Team erforderlich. Zu diesem Zweck wurde auf ein Teamrollen-Modell zurückgegriffen, das die unterschiedlichen Teamrollen und Ar-beitspräferenzen beschreibt. Bei der Besprechung der Teamrollen setzten sich die Teilnehmer mit ihrem Selbstbild und Selbstver-

Das nächste Ziel: Objektiver Blick auf die eigene Teamrolle

ständnis auseinander, dies wurde mit der Einschätzung der Kollegen abgeglichen. Dazu wurde folgende Frage gestellt:

▶ Wie sehen mich die Kollegen, in welchen Situationen kommt die Rolle besonders deutlich zum Vorschein?

Die Ergebnisse dienten auch als Diskussionsgrundlage, um Erwartungen an die Zusammenarbeit im gegenseitigen Gespräch zu überprüfen. Die Abgrenzung der unterschiedlichen Rollen fand anhand zahlreicher Beispiele aus dem Berufsalltag statt. Dabei wurde allerdings auch immer wieder Bezug zu den erlebten Situationen während der Übung „Seilbrücke" genommen. Die Teilnehmer erkannten sich in der einen oder anderen Situation deutlich wieder und die beschriebenen Rollen bekamen klare Konturen. Die Auswertung zeigte eine Rangfolge von Rollen, die im Team bevorzugt wurden. Nach diesem Abgleich galt es zu überprüfen, ob alle Rollen im Team vertreten oder ob Rollen vakant sind.

> **Hinweis:** Wenn bestimmte Teamrollen nicht vertreten sind, lassen Sie die Teilnehmer Situationen schildern, in denen diese Rollen benötigt werden und welche Konsequenz die Vakanz hat. Eine Stärke im Team ist es sicherlich, wenn die Mitglieder eine hohe Rollenflexibilität entwickeln. Sie sollten auch in der Lage sein, Rollen zu übernehmen, die sie weniger bevorzugen. Ein Team mit vielen Machern wird zwar vor Aktivismus strotzen – verliert aber schnell das Ziel und das Team aus den Augen.

Im vorliegenden Fall bestand das Team aus zwei Machern, einem eher introvertierten Denker und einem Perfektionisten. Die Rollen wurden mit Symbolen auf Papier aufgemalt, woraufhin sich eine Diskussion über die Stärken, aber auch über die Schwächen und Konkurrenzen dieser Rollenkonstellation entwickelte. Zentrale Frage:

▶ Wie gehen wir mit den Rollenvakanzen und der Rollenkonkurrenz um?

Nach Abschluss der Runde hatten die Teilnehmer einen guten Einblick in ihre Teamstruktur und konnten viele problematische

Arbeitssituationen und Handlungsweisen ihrer Kollegen in einem anderen Licht sehen. Nach einer angeregten Unterhaltung beim Abendessen wurde der erste Tag mit einer Fackelwanderung im Wald abgerundet.

5. Abseilübung im Team

Direkt nach dem Frühstück ging es zum nächsten Übungsplatz. Nach einem Fußmarsch von 30 Minuten sahen die Teilnehmer einen ca. 25 Meter hohen Felsen, von dem sie sich abseilen sollten. Die ungläubigen Blicke unter den Teilnehmern – dem ein oder anderen stand die Furcht ins Gesicht geschrieben – waren beabsichtigt. Diese Übung bedarf der Auseinandersetzung mit seinen eigenen Grenzen. Sie wurde gewählt, damit die Gruppe auch auf den ersten Blick individuelle Herausforderungen gemeinsam erlebt und diese im Team meistert. An der Felsenkante zu stehen und zum Teil über seine Grenzen hinauszugehen sind Momente, in denen die Teilnehmer Vertrauen zu sich und zu ihren Kollegen entwickeln.

In Kontakt mit den eigenen Grenzen

Hinweis: Der Gruppenzwang in dieser Übung ist nicht zu unterschätzen. Teilnehmer, die mit Höhenangst zu tun haben und für sich entscheiden, diesen Schritt nicht zu gehen, müssen in ihrer Entscheidung gestärkt werden! In der Auswertung ist diese Thematik unbedingt aufzugreifen: Was bedeutet das, wenn eine Person sich abgrenzt? Wie verhält es sich mit der gegenseitigen Akzeptanz, wenn die Grenzen des anderen deutlich werden?

Beobachtung

Wurde bei den anderen Übungen noch manchmal der eine oder andere flotte Spruch gebracht, war hier den Teilnehmern die hohe Anspannung und Konzentration anzumerken. Die Person, die den Kollegen absicherte, agierte sehr sensibel und unterstützte, wo er nur konnte. Als alle unten angekommen waren, stand die Freude über die gemeinsam gemeisterte Herausforderung im Vordergrund.

Hohes Verantwortungsbewusstsein der Teilnehmer

Auswertung

Ängste werden ansprechbar.

Die Auswertung fokussierte sich auf die Gefühle während der Übung. „Wie habe ich mich in der Gruppe gefühlt?", „Wie war es für mich, als ich an der Reihe war?" Die Antworten reichten von „Das hätte ich mir nie zugetraut" über „Als ich unten ankam, habe mich wie noch nie auf meinen Kollegen gefreut" bis zu „Ich wollte zuerst nicht, aber in der Gruppe habe ich mich aufgehoben gefühlt". In Bezug auf den beruflichen Kontext ging es um ähnliche „Grenzerfahrungen" und herausfordernde Situationen. Der Produktionsleiter erzählte von beruflichen Situationen, die für ihn ähnlich herausfordernd sind. Nun spürte man förmlich, wie die Gruppe Vertrauen aufbaute und sich auch über die vermeintlich unangenehmen Situationen offen ausgetauscht wurde.

Reflexion des Coaches

Auf dem Rückweg ins Hotel waren die Teilnehmer stolz auf sich. Das gemeinsame Erlebnis brachte die Gruppe stark miteinander in Kontakt. Die Stimmung im Team war fast „ausgelassen" und die Teilnehmer gingen sehr vertraut miteinander um. Die Basis war geschaffen, um im nächsten Schritt an der Feedbackkultur zu arbeiten.

6. Rollenklärung – Feedback zu gegenseitigen Erwartungen

Wünsche und Erwartungen artikulieren

Nach einer längeren Mittagspause sollten sich die Teilnehmer noch intensiver mit ihren Rollen auseinandersetzen. Dafür wurde in der folgenden Seminareinheit auf die Methode des Rollenverhandelns („role negotiation") von Roger Harrison zurückgegriffen (siehe Kasten). Während Teamrollen-Modelle die unterschiedlichen Verhaltensmuster aufzeigen, verfolgt die Methode des Rollenverhandelns das Ziel, die gegenseitigen Erwartungen, Wünsche und Sichtweisen zurückzumelden. Hierbei steht die Rolle – im Sinne der Summe der Erwartungen, die an eine Person gestellt werden – im Vordergrund.

> **Wichtig:** Die Übung bedarf einer sensiblen Begleitung durch den Coach. Manchmal kommen hier Frustrationen, und Konflikte zur Sprache, die aufgearbeitet werden müssen.

Das Rollenverhandeln nach Roger Harrison

1. Schritt: Jedes Teammitglied beschriftet ein Plakat mit seinem eigenen Namen

2. Schritt – in Stille (20 Minuten):

Alle schreiben auf alle Plakate konkrete Verhaltenswünsche sowie ihren Namen (Absender: z.B. Frank (F), Barbara (B)). Wer an die betreffende Person ähnliche Wünsche hat, schreibt sich als Absender dazu.

Beispiel: Damit ich (Absender) meine Funktion gut erfüllen kann, bitte ich Thomas: Zeige folgendes Verhalten ...

a) neu / öfter / deutlicher:
► Informiere uns, wenn du Konstruktionen veränderst (F)
► Reagiere selbstkritischer (B)

b) nicht mehr / weniger:
► blinder Aktionismus, wenn Fehler behoben werden müssen (B, C, E)

c) unverändert wie bisher:
► hohe Präsenz und Flexibilität in Projekten (B, E, F)
► klare Ansprache bei Unstimmigkeiten (B, F, G)

3. Schritt: das Versprechen (10 Minuten pro Person)

► Thomas fragt nach, was konkret gemeint ist, um Missverständnisse oder Unklarheiten auszuräumen.
► Thomas sagt zu – und bekräftigt dies mit seiner Unterschrift

Folgende Spielregeln sind dabei von den Teilnehmern zu beachten:
► Nicht über die Vergangenheit reden!
► Auf eindeutige Formulierungen achten und sich auf gut beobachtbare, nicht zu komplexe Verhaltensweisen beschränken.

Reflexion des Coaches

Nach eineinhalb Tagen Training konnten sich die Teilnehmer konstruktive Rückmeldungen geben. An manchen Stellen blieben sie zwar zunächst an der Oberfläche, aber beim anschließenden Nachfragen wurden die Dinge konkret angesprochen.

Tragfähig für Konflikte

Auch die Konflikte im Team wurden in dieser Einheit thematisiert. Natürlich war diese Art der Auseinandersetzung für das Team noch sehr ungewohnt. Die Gruppe war sichtlich bemüht, sich nicht „weh zu tun", entsprechend vorsichtig sprachen die Teilnehmer die persönlichen Konflikte anfangs an. Sie sahen aber auch, dass die Gruppe tragfähig war und Belastungen aushalten konnte. Es hatte sich Vertrauen entwickelt, so dass Ärger und Unstimmigkeiten zum Schluss auch deutlich und konstruktiv ausgesprochen werden konnten.

7. Überprüfung und Erarbeitung von Spielregeln

Die Teilnehmer arbeiteten in dieser Konstellation seit ca. zwei Jahren zusammen. In dieser Zeit hatten sich stillschweigend Regeln etabliert, die in der Zusammenarbeit und in der Auseinandersetzung wirksam waren. Diese Regeln – ob ausgesprochen oder unausgesprochen – sollten in dieser Einheit transparent gemacht, überprüft und gegebenenfalls verändert werden.

Für ein Team, das sich ständig weiterentwickelt und seine Herausforderungen meistern kann, gibt es gewisse fördernde und hilfreiche Rahmenbedingungen und Spielregeln.

Folgende Merkmale sind für „fördernde Gruppen" besonders charakteristisch:

Entwicklungsfördernde Teamregeln

▶ Die Regeln in der Gruppe erlauben Offenheit im Ausdruck von Gefühlen.
▶ Die Gruppenregeln erlauben das „Anderssein". Andersartigkeit wird akzeptiert.
▶ Die Gruppenstruktur reagiert flexibel auf persönliche Entwicklungen von Einzelnen.
▶ Die Gruppe pflegt einen lebendigen Austausch mit der Umwelt.

Nach einem kurzen Input über das Thema „Spielregeln in Gruppen"
mussten sich die Teilnehmer mit folgenden Fragen auseinandersetzen:

Übung zur Erarbeitung
von Spielregeln im
Team

▶ Was müsste ich tun, damit ich mich in der Gruppe unbeliebt
mache?
▶ Was müsste ich tun, damit ich in der Gruppe schnell Annerken-
nung finde?

Die ersten Antworten wurden im Plenum gesammelt, anschließend
arbeiteten die Teilnehmer einzeln weiter und stellten die Ergebnisse vor.

Als interessante Beispiele, um sich unbeliebt zu machen, wurden
unter anderem genannt:

▶ Konflikte offen in Abteilungsleitersitzungen mit dem Chef
ansprechen.
▶ Meine Kollegen zur Einhaltung von verbindlichen Terminen
anzuhalten.
▶ Den Besserwisser raushängen zu lassen.

Beispielaussagen zum gegenteiligen Aspekt: Beliebt sind diejeni-
gen, die ...

▶ nicht nachtragend sind,
▶ versuchen mit den Kollegen im Gespräch zu bleiben
▶ und (man höre und staune) nicht zum Chef rennen, wenn etwas
nicht rund läuft.

Die Sammlung wurde anschließend kritisch hinterfragt. Warum,
zum Beispiel, sollen Themen nicht offen vor dem Chef angesprochen werden? Zudem wurden gewisse Widersprüche in den verschiedenen Aussagen angesprochen und geklärt.

Nach dieser Diskussion konfrontierte der Coach die Gruppe mit drei
weiteren Fragen:

▶ Welche von den genannten Spielregeln sind für uns stimmig?
▶ Welche wollen wir verändern?
▶ Welche brauchen wir zukünftig, damit sich unsere Zusammenar-
beit verbessert?

Die erarbeiteten Spielregeln wurden von den Teilnehmern unterschrieben und eine Überprüfung in sechs Wochen vereinbart.

Reflexion des Coaches

Betroffenheit über die etablierten Gruppenmuster

Diese Trainingseinheit förderte viele unausgesprochene Gruppenmuster zutage. Die Diskussion darüber brachte die Teilnehmer zwar manchmal zum Lachen, doch spürte man auch die dahinter liegende Betroffenheit. Vor allem war es zu diesem Zeitpunkt des Gruppenprozesses wichtig, dass sich die Mitglieder einer selbstkritischen Überprüfung „unterziehen" und sich auf stimmige Spielregeln verständigen. Dadurch richtete die Übung den Blick nach vorne und die Teilnehmer entwickelten Lust, es zukünftig anders machen zu wollen. Deutlich wurde aber auch, dass Neuerungen nicht einfach vom Himmel fallen, sondern dass diese „Spielregeln" mit Leben gefüllt werden müssen. Dazu ist ein hohes Maß an gegenseitiger Rückmeldung und Überprüfung notwendig.

7. Ergebnissicherung, die nächsten Schritte und Abschluss

Der letzte Tag wurde dazu genutzt, das Teamtraining auf zwei Ebenen auszuwerten: zum einen hinsichtlich der Wirkung auf den Einzelnen, zum anderen im Hinblick auf den Teamcoaching-Prozess und die angepeilten Ziele für das Training.

Persönliche Auswertungsrunde

Zu Beginn der individuellen Auswertungsrunde gab der Coach einen kurzen Abriss über das vorangegangene Programm und den Stand der jeweiligen Diskussionspunkte. Die Teilnehmer bekamen danach folgende Fragen und Aufgaben gestellt:

▶ Welche Eindrücke nehme ich für mich mit?
▶ Welche Dinge haben mich beschäftigt oder beschäftigen mich immer noch?
▶ Was habe ich über mich und das Team erfahren?
▶ Gehen Sie nun bitte nach draußen und suchen sich einen Gegenstand aus der Natur, der das Erlebte symbolisiert.

Die Teilnehmer bekommen dafür 30 Minuten Zeit.

Diese Auswertungsform hat den Vorteil, dass die Teilnehmer sich intensiver mit den vergangenen Trainingstagen beschäftigen. Das mitgebrachte Symbol bzw. Bild einer aufgehenden Blüte oder eines kantigen Steins besitzt zudem einen hohen Erinnerungswert.

Auswertung auf Team-Ebene

Hinsichtlich der Auswertung auf der Ebene des Teams setzte der Coach das Training wieder in den Rahmen des Gesamtprozesses. Dazu stellte er die Zielsetzung für das Training nochmals vor. Jeder Teilnehmer sollte für sich überprüfen, inwieweit die Ziele erfüllt wurden. Die individuellen Einschätzungen wurden auf einer Skala von 1 bis 10 übertragen. Lag die Einschätzung unter der 10, fragte der Coach nach, was weiterhin geschehen müsste, damit die Zahl 10 doch noch erreicht wird (siehe Abb. unten). Die genannten Punkte sollten dann im weiteren Verlauf des Teamcoaching-Prozesses aufgegriffen werden.

Nach dieser Auswertungsrunde ging es ans „Eingemachte": Der Geschäftsführer sollte über die Ergebnisse des Trainings in Kenntnis gesetzt und in den Prozess eingebunden werden. Die Abteilungsleiter stellten die Ergebnisse des Teamtrainings zusammen und formulierten ihre Erwartungen bezüglich der Zusammenarbeit mit der

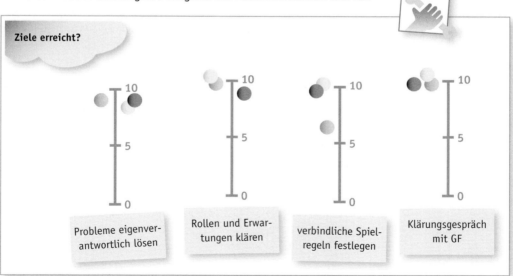

Abb.: Die individuelle Einschätzung der Teilnehmer zum Grad der Zielerreichung geschieht offen an der Pinwand.

Geschäftsführung. Die Erwartungen wurden in der Runde diskutiert und abgeglichen, so dass die Abteilungsleiter (vielleicht erstmalig) geschlossen dem Geschäftsführer gegenübertreten konnten. Der Termin für dieses Gespräch wurde noch im Hotel telefonisch mit dem Geschäftsführer abgesprochen. Mit diesem letzten Schritt ging das Teamtraining zu Ende – und der Prozess natürlich weiter …

Konzept für ein Indoor-Training

Das folgende Beispiel für ein 2,5-tägiges Indoortraining wurde für die Abteilung einer Verwaltung konzipiert. Es belegt, dass bereits in einem relativ kurzen Zeitraum mit vordergründig eher unspektakulären Themen eine hohe Gruppendynamik entstehen kann, die vom Coach spontanes Handeln verlangt – auch entgegen seiner ursprünglichen Konzeption.

Die Vorgespräche hierzu fanden mit dem Amtsleiter statt, der erst seit einem halben Jahr im Amt war. Sein Vorgänger hatte eine recht schlechte Stimmung hinterlassen. Seinem autoritären Führungsstil war es unter anderem auch zu verdanken, dass die Teammitglieder seit Jahren überhaupt keine Fortbildung mehr genossen hatten, da er dies für überflüssig hielt. Auch die Auswirkungen einer neuen Zusammensetzung des Teams aufgrund einer Umstrukturierung hielt er für nicht relevant. So hatte sich die Stimmung im Team nach und nach von gereizt bis hin zu offener Feindseligkeit entwickelt. Das Team hatte ein großes Arbeitspensum zu bewältigen und einige Teammitglieder waren stark überlastet.

Ausgangssituation: Ein autoritärer Führungsstil als Altlast

Insgesamt bestand die Abteilung aus drei Teams mit drei Teamleitungen. Der Wunsch des neuen Amtsleiters: Es sollte sowohl die Zusammenarbeit innerhalb der einzelnen Teams als auch zwischen den Teams verbessert werden*, um die Arbeitsbelastung Einzelner zu reduzieren und die Vertretungssituation eindeutig zu regeln. Außerdem sollten die Öffnungszeiten vereinheitlicht werden, da jeder Bereich zum Leidwesen der Kunden zu anderen Zeiten geöffnet hatte.

---

* Bei der folgenden Beschreibung des Trainings wird der Begriff Team verwendet, wenn von einem der drei Teams gesprochen wird. Sind alle drei Teams gemeint, werden die Begriffe Gruppe bzw. Abteilung verwendet.

In den Vorgesprächen kristallisierten sich insgesamt fünf akute Handlungsfelder für die Abteilung heraus:

- einheitliche Öffnungszeiten,
- eine bürgerfreundliche Beratung,
- eine bessere Vertretungsregelung,
- eine bessere Verteilung der Arbeit, um die Altlasten aufzuarbeiten und
- die Verbesserung der Teamatmosphäre, mehr Wertschätzung und gegenseitige Rücksichtnahme.

Im Kontext des TZI-Dreiecks (vgl. S. 166f.) lag der Schwerpunkt des diskutierten Indoortrainings bei den Faktoren Gruppe (Verbesserung der Zusammenarbeit, Definition der Spielregeln, bessere Verteilung der Arbeit) sowie Ziele und Aufgaben (Öffnungszeiten, Beratung, Vertretungsregelung).

Das Indoortraining als Kick-off des Team-coaching-Prozesses

Das im Folgenden beschriebene 2,5-tägige Indoortraining sollte Startpunkt und Kick-off des Teamcoaching-Prozesses markieren. Die Abteilung sowie einzelne Teams und Personen wurden dann über einen Zeitraum von zwei Jahren in unterschiedlicher Form begleitet. Das Teamtraining fand in einem Hotel statt, in dem die gesamte Abteilung übernachtete. Die Erwartungen waren dabei ebenso hoch wie die Skepsis.

Entscheidung für ein Indoortraining

Die Amtsleitung und der Coach hatten sich gegen ein Outdoortraining entschieden, da bereits die Vorbehalte gegen ein „normales" Teamtraining sehr hoch waren. An „Spielchen" oder gar irgendwelche sportlichen Aktivitäten für die Gruppe – das war spätestens nach den Vorgesprächen mit einzelnen Mitarbeitern klar – war überhaupt nicht zu denken. Zudem war der Altersunterschied der Teammitglieder sehr groß und auch die körperliche Konstitution sehr unterschiedlich. Und schließlich fand das Training im November statt, was die Akzeptanz für Betätigungen außerhalb eines Raumes noch geringer werden ließ.

Viele Vorbehalte der Teilnehmer

Letztlich können aber auch Indoortrainings ebenso wie Outdoortrainings ein Aha-Erlebnis vermitteln. Die reale Erfahrung ist dabei allerdings weniger intensiv als zum Beispiel beim Überqueren einer

R. Alf-Jähnig, T. Hanke, B. Preuß-Scheuerle: Teamcoaching

Ablaufschema des Indoortrainings

Inhalte/Übung	Zeit
1. Tag vormittags	
▶ Gemeinsame Anreise im Bus ▶ Begrüßungskaffee	1,5 Stunden
▶ Begrüßung durch die Führungskraft und den Coach ▶ Erwartungsabfrage im Plenum mit Karten in Kleingruppen ▶ Prioritätensetzung im Themenspeicher mit Punkten	40 Min
▶ Gruppe startet mit Thema „Kundenorientierte Öffnungszeiten" ▶ Brainstorming: Was ist Kundenorientierung? ▶ Meine Kunden lieben es /hassen es /sind überrascht, wenn ... ▶ Was sind kundenorientierte Öffnungszeiten und wie wollen wir diese gewährleisten? ▶ Präsentation in Kleingruppen und Diskussion im Plenum	2 Stunden
1. Tag nachmittags	
▶ Übergang zum Thema „Zusammenarbeit" ▶ Spiel „Knoten lösen" mit anschließender Auswertung ▶ Ergebnisse visualisieren	1 Stunde
▶ Bearbeitung des Themas „Bürgerfreundliche Beratung" ▶ Rollenspiele ▶ Festlegung von verbindlichen Verhaltensregeln ▶ mit integrierter Kaffeepause	2,5 Stunden
▶ Thema „Zusammenarbeit" ▶ Übung „Zauberstab" ▶ Reflexion über einheitliches Vorgehen bezüglich der Themen „Öffnungszeiten" und „Bürgerfreundliche Beratung"	40 Minuten
Gemeinsames Abendessen mit offenem Ende	

Ablaufschema des Indoortrainings (Forts.)

Inhalte/Übung	Zeit
2. Tag vormittags	
▶ Feedback zum gestrigen Tag und Orientierung zum Ablauf des heutigen Tags ▶ Bearbeitung des Themas „Vertretungsregelung" ▶ in Gruppen parallel, analog des Organigramms	1,5 Stunden
Präsentation der Lösungen im Plenum mit Diskussion und Entscheidungsfindung	1,5 Stunden
2. Tag nachmittags	
„Scaling" – Skalierung der Stimmung im Team	1,5 Stunden
„Highlights" – In welchen Situationen haben wir unsere Ressourcen wie genutzt, um erfolgreiche Lösungen zu finden?	1,5 Stunden
▶ Was heißt das zukünftig für unsere Zusammenarbeit? ▶ Festlegen von Maßnahmen	30 Minuten
Gemeinsame Abendgestaltung – Stadtführung mit anschließendem Abendessen	
3. Tag vormittags	
Feedback zum gestrigen Tag und Orientierung zum Ablauf des heutigen Tags	20 Minuten
„Schriftliches Feedback für die Leitungsebene" mit roten und grünen Moderationskarten	50 Minuten
Spielregeln der Zusammenarbeit überprüfen, ändern, Maßnahmen festlegen (mit integrierter Kaffeepause)	50 Minuten
Abschlussrunde	40 Minuten

Schlucht. Die eigenen Gefühle werden ebenfalls bewusst, die Reaktionen fallen jedoch bei den meisten schwächer aus. Die „Gefahr", der „Nervenkitzel" kann natürlich bei Outdoorerlebnissen stärker erzeugt werden und führt zwangsläufig zu einer stärkeren Intensität der Gefühle.

Für Teams wie in unserem Beispiel war ein Indoortraining jedoch schon Nervenkitzel genug und die Spannung bereits bei der gemeinsamen Anreise im Bus zu spüren.

„Übung" Anreise im Bus

Die gemeinsame Anreise im Bus *ohne* Coach war der erste Step der Teamentwicklung. Hier konnten Erwartungen und Befürchtungen, Neugierde und Skepsis diskutiert werden. Die Abwesenheit des Coaches ließ es zu, Bedenken gegenüber der Maßnahme zu äußern. Die Leitung war hier in der Verantwortung einzugreifen, wenn die Stimmung zu sehr ins Negative rutschen würde. Diese Befürchtung erwies sich jedoch als unbegründet, denn trotz der großen Skepsis überwog in der Gruppe Neugierde und Freude. Schließlich war das Training für alle Mitarbeiter nach Jahren verordneter Weiterbildungsabstinenz etwas Neues und Besonderes.

Der Coach gibt der Skepsis Raum – durch Abwesenheit.

Erwartungsabfrage

Zum Start des Teamtrainings im Hotel wurden noch einmal die Erwartungen abgefragt, da bei der vorangegangenen Abfrage per E-Mail nicht alle Teammitglieder geantwortet hatten. Um die Skepsis abzubauen, war es dem Coach wichtig, der gesamten Gruppe von Beginn an das Gefühl zu geben: Die Gruppe steuert mit.

Die Erwartungsabfrage erfolgte in Kleingruppen quer über die Teams verteilt, auf Flipchart visualisiert und von den Gruppen präsentiert. Die Kernthemen wurden in den Themenspeicher übertragen und durch Punkte priorisiert. Dieses Vorgehen barg natürlich auch ein Risiko: dass die Gruppe es vermeidet, heikle Themen anzusprechen. Und genau diesen Weg wählte die Gruppe auch beim Priorisieren der Themen. Sie setzte mit dem Thema „Öffnungszeiten" das Thema in der Agenda nach ganz oben, das am unverfänglichsten schien.

Gefahr: Die heiklen Themen bleiben außen vor

Reflexion des Coaches

Der Gruppe war einerseits das Arbeiten an den Inhalten ein großes Anliegen, andererseits war sie in der Fähigkeit zur Reflexion der Zusammenarbeit und des Umgangs miteinander noch nicht sehr geübt. Daher verständigte man sich intuitiv auf den leichter gangbaren Weg, über die Inhalte zum Thema Zusammenarbeit zu gelangen.

Gruppenarbeit „Öffnungszeiten"

Um die Kommunikation zwischen den Teams weiterzuentwickeln und die verschiedenen Ansichten miteinander zu verbinden oder auch zu konfrontieren, arbeiteten die Teams teamübergreifend in Arbeitsgruppen. Die Ergebnisse des Brainstormings wurden dabei auf Flipchart visualisiert und anschließend im Plenum präsentiert. Die Wiederholung dieser Methode analog zur Erwartungsabfrage gab der Gruppe Sicherheit und ermöglichte dadurch eine Lockerung der Atmosphäre.

Um eine Vereinheitlichung der Struktur zu gewährleisten, assoziierten die Gruppen zu den Fragestellungen: „Meine Kunden lieben es /hassen es /sind überrascht, wenn ..." Ebenso sollten die Gruppen die Frage „Was sind kundenorientierte Öffnungszeiten und wie wollen wir diese gewährleisten?" diskutieren und Vorschläge machen, wie diese zu realisieren sind.

Reflexion des Coaches

Die Gruppenarbeit war mit Spaß und Ernsthaftigkeit verbunden. Vor allem der Punkt der Öffnungszeiten galt im Vorfeld als heikel und strittig. Interessant war die einheitliche Meinung über alle Teamgrenzen hinweg: Es sollte keine Verlängerung der Öffnungszeiten

Erstaunen über den schnellen Konsens und falsche Mutmaßungen

geben, stattdessen eine Vereinheitlichung und eine kundenorientierte Vereinfachung. Sollte ein Kunde außerhalb der Öffnungszeiten mit einem schnell zu erledigenden Anliegen kommen, wird dies auch außerhalb der Öffnungszeiten erledigt. Dieses gruppenübergreifende Ergebnis erstaunte alle gleichermaßen, denn dass so schnell ein Konsens erreichbar ist, hatte kein Team vermutet. Ein schönes Beispiel dafür, wie Mutmaßungen und mangelnde Kommunikation Positionen kreieren, die real nicht vorhanden sind, wenn die eigentlichen Interessen einmal klar artikuliert sind. Das erzielte

Ergebnis wurde von der Führungskraft sofort akzeptiert und die Abteilung ging mit einem Erfolgsgefühl zum Mittagessen.

Übung „Knoten lösen"

Um nach der Mittagspause Schwung in die Gruppe zu bringen und das Thema Zusammenarbeit bewusster anzugehen, entschied sich der Coach für eine Übung, die sowohl indoor als auch outdoor möglich ist. In ein Kletterseil werden so viele Knoten wie Teammitglieder gemacht. Da auch die teamübergreifende Kommunikation Thema sein sollte und die Abteilung aus über 20 Mitarbeitern bestand, traten zwei Gruppen in Konkurrenz zueinander an.

Bei dieser Aufgabe müssen die Teammitglieder eine Hand an das Seil legen, und zwar neben einen Knoten. Die Spieler am jeweiligen Seilende legen die Hand zwischen Knoten und Seilende. Diese Hand bleibt während des Spiels am Seil, mit der anderen darf jeder machen, was er für hilfreich hält, um die Knoten herauszubekommen. Die Knoten sind nur zu lösen, wenn der erste Mitspieler durch den ersten Knoten steigt, durch den zweiten Knoten steigen zwei durch den dritten drei und so weiter. Effektiv geht das, wenn sich das Team austauscht und an beiden Enden gleichzeitig beginnt. Die in der Mitte stehenden Mitspieler können koordinieren und unterstützen, denn sie steigen erst zum Schluss durch den Knoten.

Das Spiel verdeutlicht strategisches Vorgehen (die Teilnehmer starten an beiden Enden gleichzeitig) und den Nutzen gegenseitiger Unterstützung und Hilfestellung (die Schlinge muss groß genug sein, am Boden liegen oder maximal auf Kniehöhe gehalten werden, um leicht hindurchzusteigen; gegenseitiges Handreichen erleichtert dies). Sofern zwei Teams gegeneinander antreten, kann im Sinne des Best-Practice-Gedankens auch voneinander abgeschaut werden, falls das eigene Team Schwierigkeiten hat, das Prinzip des Durchsteigens zu entdecken.

Strategisches Vorgehen und gegenseitige Unterstützung gefragt

Reflexion des Coaches

Das strategische Denken war kein Thema, die gegenseitige Hilfestellung dagegen ein großes. Zum Teil mussten die Teammitglieder durch viel zu enge Schlingen steigen. Auf die Idee, die Schlinge so zu vergrößern, dass gleich drei Teammitglieder auf einmal durch-

Fazit: Eklatanter Mangel an gegenseitiger Unterstützung

passen, kam keine Gruppe. Auch mussten sich die Mitglieder zum Teil durch viel zu hoch gehaltene Schlingen quälen und keiner gab dem anderen die Hand. Obwohl das Spiel an sich ungefährlich ist, kann durch diese Rücksichtslosigkeit eine Gefahr entstehen. Der Coach musste an einer Stelle intervenieren und mehr gegenseitige Unterstützung einfordern. Die teamübergreifende Kommunikation funktionierte genauso wenig wie die teaminterne: Das „eine Ende des Seils" hatte das Prinzip entdeckt und schon drei Knoten gelöst, ohne dass das „andere Ende des Seils" auch nur Notiz davon nahm – sie waren in ihre eigene Diskussion verstrickt. Dasselbe wiederholte sich zwischen den Teams.

Moderierte Auswertung im Plenum

Nach dem recht chaotischen Verlauf war es wichtig, genau dieses Verhalten in der Auswertung zu reflektieren. Zu diesem Zweck wurde die moderierte Auswertungsform eingesetzt und zwar im großen Plenum, um auch einen Austausch zwischen den Teams zu gewährleisten.

Die erste Ebene der Diskussion – das Sammeln der Eindrücke und Gefühle – war bereits sehr gewinnbringend, denn das Gefühl, zu wenig Unterstützung zu bekommen, artikulierten viele Teilnehmer sehr deutlich. Auf der zweiten Ebene – dem strukturierten Aufarbeiten – wurden die verschiedenen Phasen der Übung beleuchtet und wichtige Prinzipien der Kommunikation generiert. Alle Ergebnisse wurden auf Flipchart visualisiert und dienten in der nächsten Übung zur Zusammenarbeit als Bewertungskriterium für eine Veränderung.

Übung „Bürgerfreundliche Beratung" im Rollenspiel

Nachdem die einzelnen Gruppenmitglieder die Erfahrung gemacht hatten, dass es sehr wohl möglich und auch äußerst konstruktiv ist, offen zu kommunizieren, waren einige bereit, sich auf Rollenspiele einzulassen. Diese hatten zum Ziel, Regeln im Umgang mit den Bürgern zu definieren, denn einige Mitarbeiter der Teams waren bereits als „Bürgerschreck" in Verruf geraten. Um den Einstieg zu erleichtern, schlüpfte der Coach in die Rolle des Bürgers und der Amtsleiter führte das erste Beratungsgespräch. Die Rolle des Bürgers zu spielen, machte vielen Teilnehmern sichtlich Spaß, die Rolle des Beratenden zu übernehmen, bedeutete hingegen Stress. Als jedoch deutlich wurde, dass das Feedback vom Coach und der Gruppe ein wertschätzendes war, übernahmen immer mehr aus der Gruppe auch die Rolle des Beratenden. Verschiedene Beratungssituationen wurden gespielt, anschließend Tipps und Tricks, Verhaltensregeln und Formulierungshilfen auf Flipchart visualisiert. Dieser eher seminarartige Charakter der Sequenz erfüllte den Wunsch der Gruppe nach fachlichem Input und war gleichzeitig eine gute Übung zum konstruktiven Geben von Feedback. So konnten auch die, die nicht aktiv an den Rollenspielen teilnahmen, ihre Wahrnehmungen äußern, bekamen ihr eigenes Verhalten gespiegelt und konnten die eigenen langjährigen Erfahrungen im Umgang mit Kunden einbringen.

Übungsfeld für konstruktives Feedback

Übung „Zauberstab"

Diese bekannte Übung ist in ihrer Einfachheit genial und bietet gerade bei großen Gruppen eine gute Plattform, um Koordination und einheitliches Vorgehen zu üben. Die Teilnehmer stellen sich dabei paarweise gegenüber entlang des Stabes auf, so dass sich die gegenüberstehenden Partner anschauen können. Auf jeder Seite des Stabes stehen die Personen dicht nebeneinander und strecken ihre rechten Arme mit ausgestrecktem Zeigefinger etwa im rechten Winkel zum Körper nach vorne aus. Anschließend legt der Trainer den Stab auf die Fingerspitzen. Aufgabe der Gruppe ist es, den Stab gemeinsam sachte auf den Boden zu legen, ohne dass jemand dabei den Kontakt zum Stab verliert. Verliert jemand den Kontakt zum Stab, wird wieder die Ausgangsposition eingenommen. Zum Erstaunen aller wandert der Stab immer höher – da jeder den Kontakt halten möchte, drücken alle nach oben. Es erfordert einiges an Koordination, Absprache, Ruhe und geordnetem Vorgehen, um diese Aufgabe zu lösen.

Training des Koordinations- geschicks

Beim Debriefing können folgende Fragen eingebracht werden:

- ▶ Wie habt ihr euch während der Übung gefühlt?
- ▶ Wurden Verbesserungen und Ideen eingebracht? Von wem?
- ▶ Hat jemand die Bewegungsabläufe im Sinne einer Qualitätskontrolle koordiniert?
- ▶ Wie hat sich die Koordination bzw. die fehlende Koordination ausgewirkt?
- ▶ Was war notwendig, um die Übung erfolgreich abzuschließen?

▶ Welche Bedingungen sind notwendig (z.B. konzentrierte gemeinsame Anstrengung)?
▶ Welche Sensibilität ist für den Berufsalltag im Team notwendig?
▶ Wie können diese Eigenschaften verbessert werden?

Reflexion des Coaches

Gereizte Atmosphäre – und ein Beispiel für wirksame Führung

Der Abteilung fiel es sichtlich schwer, koordiniert vorzugehen. Auch auf die Anweisung der Amtsleitung oder der Teamleitung wurde nicht wirklich reagiert. Diesen Punkt galt es genauso zu reflektieren wie den gereizten Ton, der nach mehreren Fehlversuchen aufkam. Erst durch das Kommando des Ältesten in der Gruppe, an dem sich dann alle orientierten, gelang es, den Stab abzulegen. Ein guter Einstieg in die Themen Respekt, Erfahrung, Wissen, Hierarchie und Umgang miteinander – und natürlich zu komplex, um in allen Punkten aufgearbeitet zu werden. Die Schwerpunkte lagen daher auf den Themen „Umgang miteinander" und „Respekt". Die anderen Themen wurden nachrangig reflektiert, das Thema Führung auf den 3. Tag vertagt.

Recht zufrieden mit ihren Erfahrungen des Tages ging die Gruppe in den Abend, der bewusst freigehalten wurde, um der Individualität Raum zu lassen.

Feedbackrunde zu Beginn des 2. Seminartags

Die Feedbackrunde am Morgen diente zur Stimmungsabfrage und zum Komittment für den Tag. Die Stimmung war optimistisch und die Gruppe guter Dinge, auch das schwierige Thema Vertretungsregelung zu bewältigen.

Teamarbeitsgruppen „Vertretungsregelung"

Für diese Gruppenarbeit wurde die Gruppe in die eigentlichen Teams eingeteilt, da nur sie aus fachlicher Hinsicht eine vernünftige Vertretungsregelung erarbeiten konnten.

Die Präsentation der Regelungen erfolgte im Plenum und mündete in eine heftige Diskussion über Arbeitsverteilung, Belastbarkeit und Personalengpässe. Der Coach moderierte die Diskussion im Hinblick auf Lösungen und die Gruppe erarbeitete Modelle, die in der Praxis für eine gewisse Zeit erprobt werden sollten. Organisatorische Änderungen wurden genauso diskutiert wie die Priorisierung der Arbeit.

Reflexion des Coaches

An vielen Punkten erreichte die Diskussion einen Ton, der unterschwellige Schuldzuweisungen und Vorwürfe enthielt. Der Coach musste daher immer wieder an die Kommunikationsregeln erinnern, die am Vortag bei den Übungen erarbeitet worden waren. Die Diskussion war aber eine gute Grundlage, um sie in der Übung nach dem Mittagessen aufzuarbeiten.

Diskussionen mit vorwurfsvollem Unterton

Die Stimmung beim Mittagessen war zwar angestrengt, aber mit den erarbeiteten Lösungen waren im Moment alle zufrieden. Sowohl die Gruppe als auch die Teams bekamen zunehmend das Gefühl, dass sie in der Lage sind, mit einer guten Moderation der Diskussion gute Lösungen zu erarbeiten.

„Scaling" – Skalierung der Stimmung im Team

Bei dieser Übung wird eine Skala in die Mitte des Raumes gelegt; die Skalierung geht von 1 (= schlechtester Zustand) bis 10 (= bester Zustand). Die Teilnehmenden stellen sich entsprechend auf oder legen einen Punkt an die Skala, der ihrer persönlichen Einschätzung über die momentane Situation im Training oder im beruflichen Alltag entspricht. In dieser Übung sollte der gegenwärtige berufliche Alltag bewertet werden, da dies für die Gruppe aussagekräftiger war.

Wichtig ist hierbei die einführende Kommentierung des Coaches, dass es sich beim Scaling um eine momentane, subjektive Einschätzung handelt. Es geht nicht darum, einen Durchschnittswert zu errechnen. Ziel der Übung ist es vielmehr, Unterschiede transparent zu machen und Feinheiten zu erkennen. Die absolute Höhe der Zahlen ist dabei weniger interessant als stark unterschiedliche Bewertungen zwischen den einzelnen Teilnehmern. Hier muss der Coach einhaken und von den einzelnen Teilnehmern genauere Hintergründe erfragen. Dabei gilt es aber, den Blick nach vorne

Momentane, subjektive Einschätzung der Situation

zu richten und Perspektiven zu entwickeln. Relevante Fragen des Coaches können in diesem Sinne sein:

▶ Was hat der Einzelne oder das Team bereits getan, um einen Schritt voranzukommen?
▶ Was wäre nötig, um der 10 näher zu kommen?
▶ Woran würden die Mitarbeiter merken, dass sie der 10 einen Schritt näher gekommen sind?

Reflexion des Coaches

Angst vor ehrlicher Bestandsaufnahme ...

Die Gruppe tat sich schwer zu punkten. Es kam die Befürchtung auf, dass man schräg angesehen wird, wenn man den eigenen Punkt in der Skala niedrig ansetzt. Der Widerstand war enorm und der Coach befürchtete schon eine komplette Blockade der Übung. Die einzige Intervention, die die Gruppe voranbrachte, war, an das Ziel des Trainings zu erinnern. Wenn die Zusammenarbeit verbessert werden sollte, dann war eine genaue und ehrliche Bestandsaufnahme unumgänglich.

... und gänzlich unterschiedliche Bewertungen

Einige Mutige legten dann ihre Punkte und zogen so die verunsicherten Teilnehmer nach. Erstaunt war die Gruppe über die sehr unterschiedliche Bewertung. Das subjektive Empfinden reichte von der Zwei bis kurz vor die Zehn.

Im Dialog mit den Teilnehmenden wurde die Punktvergabe erklärt. Die Themen, die dabei angesprochen wurden, bewegten alle sehr: Von der Schilderung völliger Überlastung bis hin zu Statements wie „Ich freue mich jeden Tag zur Arbeit zu kommen, weil ich so tolle Teamkollegen habe" war alles vertreten. Nach dieser sehr emotionalen Übung gingen alle bewegt in die Pause. Diese Stimmung wurde nach der Pause mit der Übung „Highlights" aufgegriffen.

Übung „Highlights"

Blick aufs Positive

Die Übung „Highlights" orientiert sich an dem einfachen Grundsatz: Analysiere, was gut funktioniert und baue darauf auf. Die einleitende Frage des Coaches bezieht sich auf Situationen, in denen das Team oder eine einzelne Person bereits Ressourcen genutzt hat, um erfolgreiche Lösungen zu entwickeln. Es ist eine Frage nach Erfahrungen, denn was in der Vergangenheit gut funktioniert hat, kann auch aktuell weiterhelfen. Der Coach fragt nach Highlights, nach Erfolgen, nach schönen Begebenheiten im Berufsalltag. Bei kleinen Teams wird in der gesamten Gruppe gearbeitet, bei großen Teams werden Kleingruppen vorbereitet und anschließend die Ergebnisse im Plenum präsentiert.

Folgende Fragen sind dabei hilfreich:

- ▶ Welche Situation war für Sie ein solches Highlight?
- ▶ Was war daran besonders?
- ▶ Was haben Sie dazu beigetragen?
- ▶ Was hat Ihnen geholfen, in dieser Situation so zu reagieren?
- ▶ Was haben Sie dazu beigetragen, dass Ihr Kollege so reagieren konnte?
- ▶ Was war anders als sonst?
- ▶ Was könnten Sie daraus für eine Lösung des Problems oder für die Verbesserung der Zusammenarbeit ableiten?

Auswertungsfragen

Die Übungen „Highlights" und „Skalierung" können auch in umgekehrter Reihenfolge vorgenommen werden. Dies richtet sich nach dem Gesamtkonzept und der jeweiligen Situation der Gruppe.*

Reflexion des Coaches

Üblicherweise hätte man bei dieser Übung die Inhalte in Kleingruppen erarbeitet. Da zuvor aber die Stimmung im Plenum sehr emotional und bewegend war, griff der Coach diese auf und arbeitete weiter im Plenum – auch auf die Gefahr hin, dass vielleicht nicht alle etwas sagen konnten oder wollten. Indes zeigte sich, dass die Gruppe und die Teams einen großen Schritt vorangekommen waren: Alle kamen zu Wort und die Beiträge konnten von den Teilnehmern als subjektive Wahrnehmung akzeptiert werden. Lob und Wertschätzung wurden geäußert, und für ein Teammitglied war diese Übung das Highlight, denn so viel Lob war ihr vorher noch nie zuteil geworden.

Erstmals Lob nach langer Zeit

Die daraus abgeleiteten Maßnahmen erhielten durch diese Emotionalität eine andere Bedeutung und Verbindlichkeit. Sie standen

---

* Im Konzept SolutionCircle von Daniel Meier: „Wege zur erfolgreichen Teamentwicklung", Basel 2004, werden sie in der umgekehrten Reihenfolge genutzt.

nicht nur als Absichtserklärung auf dem Papier, sondern waren als Motivation erlebt worden. Zufrieden freute sich die Gruppe auf den gemeinsamen Abend.

Rück- und Ausblick zu Beginn des 3. Seminartags

Der Start in den Tag begann mit einem Rückblick auf das bisher Erreichte und mit einem Ausblick auf das Anstehende. Während der Rückblick sehr positiv ausfiel, stand der Ausblick unter keinem guten Stern. Die Aufgabe, den Führungskräften schriftliches Feedback zu geben, stieß auf Widerstand in der Gruppe.

Übung „Feedback für die Leitungsebene"

Bei dieser Übung erhält das Team die Möglichkeit, ihrer Leitung schriftlich auf roten und grünen Karten Feedback zu geben. Kritische Verhaltensweisen sollten dabei auf rote Karten notiert, positive Verhaltensweisen oder Leistungen auf grüne Karten geschrieben werden.

Schriftliche Statements zu guten und schlechten Verhaltensweisen der Führungskräfte

Diese Übung ist immer dann sinnvoll, wenn es dem Team noch schwer fällt, offenes mündliches Feedback zu geben, oder wenn starke Wortführer in der Gruppe sind, die andere Meinungen nicht gelten lassen. Durch die Karten erhält jeder im Team die Möglichkeit, seine Meinung zu äußern. Sollten einzelne Teilnehmer die Befürchtung haben, dass ihre Statements an der Handschrift zu erkennen sind, schreibt einer aus dem Team alle Karten noch einmal ab. Das Team kann über einzelne Karten diskutieren, allerdings muss kein Konsens erreicht werden – auch eine Einzelmeinung darf bleiben.

Der Coach ist während dieser Zeit bei den Führungskräften und bereitet sie darauf vor, wie sie reagieren sollen. Wichtig ist: Die Führungskräfte müssen inhaltlich nicht auf die Karten eingehen. Sie bedanken sich lediglich für die grünen Karten und nehmen die roten als Aufgaben mit. Lediglich bei inhaltlicher Unklarheit darf nachgefragt werden. Diese Spielregel wird vor Beginn der Übung mit allen besprochen.

Selbstverständlich steht es den Führungskräften frei, auf rote und grüne Karten unmittelbar zu reagieren, wenn sie dies möchten. So passiert es bei dieser Übung immer wieder, dass eine Führungskraft direkt zu einem Punkt Stellung bezieht und diesen auch sofort verändern will. (Typisches Beispiel: „Was, das stört euch, wenn ich hinter euch am Schreibtisch stehe? Das wusste ich ja gar nicht, das werde ich sofort abstellen.")

> **Wichtig:** Bei der Reaktion auf das Feedback muss der Coach unbedingt darauf achten, dass die angesprochene Führungskraft in keine Rechtfertigungssituation gerät.

Erfahrungsgemäß sind die Führungskräfte von den vielen grünen Karten angetan. Umgekehrt nehmen sie die roten Karten sehr ernst mit nach Hause und arbeiten an Lösungen. Im weiteren Team-coaching-Prozess kann die Führungskraft die roten Karten immer wieder auf den Tisch legen und nachfragen, ob sich der angesprochene Punkt verbessert oder gar erledigt hat. Die Veränderung des Führungsverhaltens wird so für das Team transparenter und die Führungskraft erhält auf diese Weise im weiteren Verlauf immer wieder direktes Feedback.

Veränderng im Führungsverhalten wird transparent.

Reflexion des Coaches

Einige aus der Gruppe weigerten sich, auf diese Art und Weise Feedback zu geben. Als Begründungen wurden genannt: Sie würden Dinge immer direkt ansprechen, sie hätten das nicht nötig oder es wären bereits alle Punkte angesprochen worden. Dem gegenüber standen die Befürworter der Übung und der Coach sah sich mit der Aufgabe konfrontiert, Kompromisslösungen zu erarbeiten.

Die Gruppendynamik war enorm und der Coach entschloss sich schließlich, die Übung zu streichen. Stattdessen erfolgte eine Reflexion über diese Dynamik in der Gruppe. Die Spielregeln der Zusammenarbeit wurden daraufhin noch einmal überprüft, verändert und weitere Maßnahmen festgelegt. Um die starken Emotionen aus dem Plenum herauszunehmen, wurde zunächst in Kleingruppen mit strukturierten Fragen gearbeitet und im Anschluss daran wieder im Plenum. Die aufgeworfenen Fragen zu Normen und Individualität wie zum Beispiel: „Was macht ein Team, wenn sich

Verweigerung einiger Teilnehmer erfordert spontane Änderung des Konzepts.

ein Teammitglied verweigert?!", „Gibt es ein Vetorecht?", „Was bedeutet Konsens?", „Wie kann ein Team die Entscheidungsfindung beschleunigen?" wurden durch eine moderierte Auswertung intensiv bearbeitet, die daraus abgeleiteten Maßnahmen im Konsens akzeptiert. Dadurch wurde das Gemeinschaftsgefühl der Abteilung gestärkt und die Maßnahmen erhielten eine hohe Priorität und Verbindlichkeit.

Die Verweigerung – Thema im Coaching-Prozess

Die erzwungene Änderung des Konzepts hinterließ in der Gruppe positive Spuren und das Feedback zum Training fiel insgesamt gut aus. Lediglich in Bezug auf die letzte Übung erhielt der Coach negative Rückmeldungen. Die Verweigerung der Gruppe genau an diesem Punkt war im weiteren Verlauf des Teamcoachings ein wichtiges Thema für die Teams wie für die Abteilung und wurde im anderen Kontext aufgearbeitet.

So zeigte dieses Indoortraining einmal mehr, dass der Prozess nicht immer so läuft, wie der Coach das gerne hätte und manchmal wünscht sich der Coach sogar selbst Hilfe. Doch dazu mehr im nächsten Kapitel.

Der Coach im Prozess

R. Alf-Jähnig, T. Hanke, B. Preuß-Scheuerle: Teamcoaching

„Ich bin der Coach – holt mich hier raus!"

Nicht immer ist eine Auftragsklärung auch wirklich eine Klärung. Missverständnisse, quasi „nebenbei" lancierte Erwartungen und „versteckte" Aufträge lassen die Auftragsklärung manchmal eher zu einem Auftragssumpf werden. Der Coach steckt mitten in der Dynamik des Prozesses, da verschärfen Fehler in der Auftragsklärung Konflikte, die im Prozess des Teamcoachings ohnehin auftreten. So kommt es, dass Sie als Coach manchmal gerne rufen würden: „Hilfe, ich bin der Coach – holt mich hier raus!" Aber wer kann Sie rausholen? Und wie geraten Sie in solch prekäre Situationen, in denen Sie zwischen widersprüchlichen Zielen und Erwartungen zerrieben werden, überhaupt hinein?

Missverständnisse, versteckte Aufträge, falsche Erwartungen – was tun?

Ein Großteil des Sumpfes lässt sich mit einer differenzierten Auftragsklärung gut vermeiden. Einen anderen Teil des Sumpfes können Sie durch eine kontinuierliche Begleitung und Reflexion während des Prozesses trockenlegen. Das Restrisiko minimieren Sie, indem Sie manche Aufträge schlichtweg nicht annehmen. Im Folgenden werden die verschiedenen Fallstricke und Stolperfallen der Auftragsklärung näher betrachtet und das Verhalten des Coaches kritisch hinterfragt.

Die Auftragsklärung oder: Was ist eigentlich der Auftrag?

Das Dilemma beginnt mit der mangelnden Klarheit der Auftragsklärung. Auch in der Kommunikation zwischen Coach und Kunde ist, wie bei jeder Kommunikation, mit Missverständnissen zu rechnen. Wie würden Sie beispielsweise das folgende Statement eines Kunden interpretieren: „Wir können diesen Abteilungsleiter nicht mehr lange halten."

Das Missverständnis ist die Regel.

Im besten Fall verstehen Sie als Coach die Aussage so: „Wir können ihn so, wie es jetzt läuft, nicht mehr halten, deshalb wenden wir uns an Sie mit dem Coaching-Auftrag." Der Satz ließe sich aber genauso gut in eine andere Richtung interpretieren: „Wir beauftragen Sie als Coach, diesem Abteilungsleiter zu vermitteln, dass es für ihn besser ist, ‚freiwillig' das Feld zu räumen." Auch eine dritte Interpretationsmöglichkeit liegt im Bereich des Möglichen: „Wir wollen Sie als Coach, damit Sie das Team wieder zum Laufen bringen. Tun Sie was und krempeln Sie diesen Abteilungsleiter um, sonst werfen wir ihn raus."

Interpretations-
spielräume aufdecken
und ansprechen

Wahrscheinlich finden Sie noch weitere Interpretationsmöglichkeiten. Egal, welche Sie dabei heraushören: In der Auftragsklärung muss dieser Satz von beiden Seiten gleich interpretiert werden. Schließlich müssen Sie ja anschließend auch mit dem Abteilungsleiter den Coaching-Auftrag klären. Und wenn es ein Outplacement-Projekt werden soll, dann muss das auch mit allen Beteiligten besprochen werden.

Verstanden haben heißt noch lange nicht, richtig zu handeln

Was die Auftrags-
klärung klären muss

Nehmen wir die erste Interpretation. Sie lässt sich gut als Einstieg für die weitere Auftragsklärung nutzen. Fragen Sie den Auftraggeber so zielgerichtet wie möglich,

- ▶ was nach dem Coaching anders sein soll.
- ▶ wie es im Idealfall sein sollte bzw. woran er merken würde, dass das Ziel erreicht ist.
- ▶ wie die Zusammenarbeit im Team aussehen soll.
- ▶ welche Probleme mit dem Abteilungsleiter bisher aufgetreten sind.
- ▶ wie sich die Probleme äußern und wo der Coaching-Bedarf konkret liegt.
- ▶ ob es ein Teamcoaching, ein Einzelcoaching oder beides in Kombination werden soll.
- ▶ wie Ergebnisse validiert werden und wie der Erfolg des Coachings nachhaltig gesichert werden kann.

Machen Sie zudem unmissverständlich deutlich:

▶ Sie brauchen vorab ein Gespräch mit dem Abteilungsleiter,
▶ Sie brauchen die Gespräche mit den Teammitgliedern und
▶ im gemeinsamen Gespräch zwischen PE, Abteilungsleiter und Coach muss klar werden, was das Ziel des Coachings ist.

Erst dann können Sie sicher sein, möglichst viele Fallstricke umgangen zu haben (ausführliche Hinweise zur Auftragsklärung finden Sie in Kap. 2.2 ab S. 35).

Der Auftraggeber äußerst sich konsequent nebulös

Was aber, wenn der Kunde nicht so leicht in die richtige Richtung zu führen ist? Oder anders ausgedrückt: Alle Antworten, die Sie auf Ihre dezidierten Fragen erhalten, führen nicht wirklich dazu, die Situation zu klären. Der Kunde bleibt in seinen Antworten so nebulös wie allgemein und der genaue Auftrag damit weiterhin unklar.

Würden Sie wirklich nachfragen, ob Sie den Abteilungsleiter – siehe zweite Interpretationsmöglichkeit – aus dem Unternehmen „rauscoachen" sollen? Diese direkte Frage ist sicher nicht angenehm, bei nebulösen Antworten aber eine sehr hilfreiche provokative Intervention, um Licht ins Dunkel zu bringen. Denn wenn das der vorrangige Auftrag ist, dann braucht der Kunde kein Teamcoaching, sondern der Abteilungsleiter eine Outplacement-Beratung. Und dann ist es an Ihnen, diesen Auftrag anzunehmen oder abzulehnen.

Keine Scheu vor provokativen Interventionen!

Einen Menschen beim Verlassen eines Unternehmens zu unterstützen ist eine wichtige und auch schwierige Aufgabe. Überprüfen Sie deshalb genau, ob Sie diesen Auftrag annehmen möchten:

▶ Gehört diese Form des Coachings zu Ihren Kernkompetenzen?
▶ Sind Ihre Branchenkenntnisse ausreichend, um dem Coachee Perspektiven bieten zu können?
▶ Haben Sie die richtige Ausbildung für diese Arbeit?
▶ Können Sie den Coachee psychologisch unterstützen?
▶ Können Sie ihn in puncto Image gut beraten?
▶ Können Sie mit den Ängsten und Befürchtungen des Klienten adäquat umgehen?

Passt der Auftrag zu mir?

219

▶ Sind Sie in der Lage, auch einen wirklich tief gehenden Prozess zu steuern?

▶ Können Sie neutral bleiben? Denn Ihr Auftraggeber ist immer noch die PE. Oder fangen Sie an, sich mit dem Coachee zu solidarisieren und über das schlechte Unternehmen schlecht zu reden?

▶ Haben Sie genügend Kontakte, um den Klienten gezielt in Bewerbungsgespräche zu bringen?

Haben Sie die meisten Fragen mit „Ja" beantwortet? Dann können Sie den Auftrag annehmen und mit PE und Abteilungsleiter das Coaching-Ziel definieren, den Vertrag abschließen (siehe Vertragsentwurf auf S. 41) und loslegen. Wenn nein, dann lassen Sie lieber andere den Job machen, bevor Sie rufen: „Hilfe, ich bin der Coach ..."

Wer überbringt schlechte Botschaften?

Die dritte Interpretationsmöglichkeit bedeutet, dass das Coaching für den Abteilungsleiter die letzte Chance ist, um im Unternehmen zu bleiben. Doch wer entscheidet das und wer sagt es ihm? Und welche Auswirkungen hat ein solches Ultimatum auf den Coaching-Prozess?

Der Coach ist kein Handlanger des Auftraggebers.

Zur ersten Frage: Das Stellen und Verkünden eines Ultimatums ist wohl kaum die Aufgabe eines Coaches, sondern ganz allein die des Vorgesetzten beziehungsweise der Personalabteilung. Da das rechtlich heikel sein kann, will natürlich keiner diese ungeliebte Aufgabe freiwillig übernehmen. Dementsprechend gerne wird sie als versteckter Auftrag an den Coach delegiert.

Doch was passiert, wenn Sie als Coach dem Coachee gegenüber solche Hiobsbotschaften verkünden im Sinne von: „Hören Sie, ich habe das Gefühl, dass das Ihre letzte Chance ist" oder „Wenn ich Ihren Chef richtig verstanden habe, wird das Ihre letzte Chance sein"? Wie wird der Coachee reagieren? Mit hoher Wahrscheinlichkeit und zu Recht empört. Glaubt er Ihnen, ist er vielleicht für Ihre Ehrlichkeit dankbar. Doch wie gehen Sie beide anschließend mit dem Wissen um, dass der Coachee eigentlich nicht haben sollte?

Bleibt als Fazit: Sie müssen den Auftrag genau klären, sonst sind Team- wie Einzelcoaching von vornherein zum Scheitern verurteilt. Und auch hier stehen Sie anschließend vor der Frage: Wollen und können Sie diese Aufgabe übernehmen? Sprechen Sie folgende Punkte an:

- ▶ Klären Sie, ob diese Aussage mit der „letzten Chance" wirklich so gemeint ist?
- ▶ Wie wird das dem potenziellen Coachee mitgeteilt?
- ▶ Wer teilt ihm das mit?
- ▶ Ist das rechtlich legal?
- ▶ Weiß der Betriebsrat davon?
- ▶ Wie wird das Team eingebunden?

Grenzen ziehen – auch im laufenden Prozess

Haben Sie dann doch einmal einen Auftrag angenommen, dessen Zielsetzung sich mit zunehmender Dauer im Nebel verliert, ist im Zweifelsfall die offensive Strategie immer noch die beste. Sprechen Sie Ihre Vermutungen gegenüber dem Auftraggeber klar an und ziehen Sie eine Grenze. Es ist allemal besser, ein Ende mit Schrecken herbeizuführen, als einen Schrecken ohne Ende bis zum bitteren Ende zu leben.

Ansonsten werden Sie weder mit dem Coachee noch mit dem Team vertrauenswürdig zusammenarbeiten können. Vielleicht erfüllen Sie den versteckten Auftrag des Kunden, doch es wird sich herumsprechen, dass Sie Leute aus dem Unternehmen hinauskomplimentieren. Die Möglichkeit, langfristig auf einer soliden Vertrauensbasis zu arbeiten, wird damit immer geringer. Sind Sie offiziell ein Outplacement-Berater, dann wird Ihnen das keiner krummnehmen, denn die Aufträge sind klar und Ihre Aufgaben und Ziele sind für alle transparent. Sind Sie hingegen immer wieder inkognito in dieser Funktion unterwegs, verlieren Sie über kurz oder lang Ihre Reputation und werden innerhalb der Branche zum schwarzen Schaf.

Ohne klare Grenzziehung droht Vertrauensverlust.

Ehrliche und offene Kommunikation zahlt sich in diesem Bereich aus. Sie werden an Ihren Worten und Taten gemessen – und zwar vom Team oder Coachee und vom Auftraggeber. In dieser Sandwich-Position ist eine klare Positionierung von Ihrer Seite die

Grundvoraussetzung für eine professionelle Arbeit. Daher unser abschließender

Tipp: Am besten entgehen Sie dem Dilemma mit versteckten Aufträgen, indem Sie ein Sechs-Augen-Gespräch führen, bei dem Coachee, Coach und PE gemeinsam das Coaching-Ziel definieren.

Prozess-Owner oder „Mädchen für alles"?

Sie sind der Überzeugung, Sie haben den Auftrag bestmöglich geklärt und legen los. Doch plötzlich befinden Sie sich in einem komplexeren Beratungsprojekt, als ursprünglich erwartet. Gefordert ist ein vernetztes Handeln von unterschiedlichen Beratern und Trainern. Der Vorteil liegt auf der Hand: Sie können auf vielfältige Kompetenzen, Charaktere und Potenziale zurückgreifen. Der Nachteil ist auch klar: Der Kommunikationsaufwand steigt und die Abstimmung zwischen den Akteuren nimmt oft enorm viel Zeit in Anspruch, sind doch alle Beteiligten bis zu einem gewissen Grad berufsbedingte Einzelkämpfer, Individualisten und manchmal auch Besserwisser.

Wenn der Auftrag größer und größer wird ...

Sie kennen ein solches Projekt bereits aus der Einzelcoaching-Analyse (siehe Kap. 3.3, Das Einzelcoaching im Teamcoaching-Prozess, S. 122ff.). Lassen Sie uns dieses Coaching-Projekt nun aus dem Blickwinkel des Teamcoachings betrachten. Sie erinnern sich an die drei Berufsgruppen in den Teams sowie die Tandemstruktur. Für die schnelle Genehmigung von Verfahren und die zügige Beratung von Kunden musste die Kommunikation zwischen allen Beteiligten reibungslos laufen.

Die Konfliktlinien zwischen den drei Berufsgruppen erwiesen sich dabei als Hindernis, das ausgeprägte Drei-Klassen-Denken war alles andere als förderlich, um effizient zu arbeiten. Ziel des Teamcoachings war es, wieder ein Gemeinschaftsgefühl herzustellen, die hierarchischen Unterschiede zu nivellieren und die neu zusammengewürfelten Teams zu einer effektiveren Arbeitsweise zu bringen.

Dieser Auftrag kam für den Trainer eher zufällig über ein Seminar zum Thema „Konfliktmanagement" zustande. Einige Teilnehmer aus den Teams nahmen daran teil und hatten ihn deshalb auch für das Thema Teamcoaching empfohlen. Da es sich um vier Teams mit der gleichen Struktur handelte und der Auftrag scheinbar klar eingegrenzt war, entschloss sich der Trainer, die Teamcoachings alleine durchzuziehen.

Doch schon nach den ersten Coachings stellte sich heraus, dass die Teams sehr unterschiedliche Bedürfnisse hatten. Einzelcoachings, Trainings und Teamcoachings entwickelten sich in so unterschiedliche Richtungen, dass ein einzelner Trainer oder Coach nicht mehr ausreichte – er brauchte dringend Unterstützung. Eingebunden in die einzelnen Maßnahmen und in die Steuerung des ganzen Projekts, verstrickte er sich immer tiefer im Dschungel aus Evaluierung, Umsetzung und Reflexion des Prozesses. Die Abteilungsleitungen traten mit der Bitte um Einzelcoachings an ihn heran, ein Team brauchte dringend ein Training in Kundenorientierung, die Assistentinnen aller Teams wollten ein Training zum Thema Geschäftskorrespondenz, das Controlling der Teamentwicklung verschlang enorm viel Zeit und die anderen Kunden des Trainers beschwerten sich schon, weil zugesagte Angebote nicht rechtzeitig eintrafen.

Die Aufgaben nehmen überhand – was tun?

Mit steigendem Stress schwindet die Fähigkeit zur Reflexion.

Eine typische „Hilfe, ich bin der Coach – holt mich hier raus"-Situation. Als Prozess-Owner, Einzel- und Teamcoach, Trainer und „Mädchen für alles" verliert ein Einzelner schnell den Überblick. Doch nicht nur das. Involviert in die Teamentwicklung, gerät auch schnell die Fähigkeit zur Reflexion ins Hintertreffen, wenn der Stress überhandnimmt.

Auch die Kapazitäten eines Trainers sind endlich. Bereits bei der Auftragsklärung hätte unser Trainer also schon genauer nachfragen und evaluieren müssen. Doch selbst dann entstehen immer wieder Situationen, die nicht vorhersehbar sind. Dass im geschilderten Beispiel plötzlich alle Teamleitungen auf einem Coaching bestanden, war im Vorfeld nicht unbedingt absehbar. Sie fühlten sich gegenüber der Teamleiterin benachteiligt und wollten einfach nur eine Gleichbehandlung. Dass der Auftraggeber dies auch noch genehmigte, war ebenfalls eher ungewöhnlich. Unser Trainer hätte das nur dann vermeiden können, wenn er von Anfang an bei allen Teamleitungen den Bedarf eines Einzelcoachings eruiert hätte. Und selbst dann kann sich im Prozess immer noch herausstellen, dass der Bedarf größer ist als erwartet.

Egal wie gut oder schlecht die Auftragsklärung im Einzelfall ist: In einer solchen Situation sind gute Netzwerke notwendig – die Kolleginnen und Kollegen müssen ran.

Die einfachste Übung in unserem Fallbeispiel war die Auslagerung der klar abgegrenzten Trainingseinheiten. Für die Themen Geschäftskorrespondenz und kundenorientierte Beratung war schnell eine kompetente Kollegin gefunden. Die genaue Auftragsklärung übernahm unser Trainer gemeinsam mit der Kollegin und dem Kunden. In kürzester Zeit konnten die gewünschten Trainings stattfinden.

Auslagerung klar abgegrenzter Einzelmaßnahmen

Komplizierter gestaltete sich die Thematik der Einzelcoachings. Da der Coach bereits eine Teamleiterin coachte, traten nun auch die anderen drei mit der Bitte nach Coachings an ihn heran. Abgesehen davon, dass das unter Umständen ein Zeit- und Kapazitätsproblem darstellt, ist es für den gesamten Teamcoaching-Prozess problematisch, wenn der Teamcoach zugleich als Einzelcoach für den Teamleiter oder auch andere Teammitglieder fungiert. Die Frage, inwieweit die in den parallelen Coaching-Prozessen erörterten Themen vertraulich bleiben bzw. bleiben können, stellt sich nicht nur der einzelne Coachee, sondern auch das Team. Auf diese Frage werden wir später noch genauer eingehen.

Wenden wir uns zunächst der Kapazitätsfrage eines einzelnen Coaches zu. Der Prozess-Owner hat die Aufgabe, Prozesse zu definieren und zu kontrollieren. Bei einem Teamcoaching ist das noch übersichtlich, bei vier parallelen Teamcoachings schon komplex. Das Hinzuziehen von Kolleginnen und Kollegen lohnt sich in mehrfacher Hinsicht. Zum einen bedeutet es eine Entlastung, zum anderen erhöht es die Coaching-Qualität, denn die Reflexion im Kollegenkreis sorgt für eine Tiefe und Klarheit im Prozess, die sich ein Coach allein kaum erschließen kann. Im Gegenteil: Die Wahrnehmung des einzelnen Teamcoaches ist schnell getrübt und der Blick auf das ganze System geht verloren, wenn die Identifikation mit den Teammitgliedern (zu) hoch ist.

Einbindung von Kollegen erhöht die Coaching-Qualität.

225

4. Der Coach im Prozess

(Selbst-)Reflexion des Coaches

Zu Beginn war der Coach begeistert: ein riesiger Auftrag, spannend und mit großartigen Möglichkeiten. Aber schnell wurde klar, dass es unmöglich war, den Überblick zu behalten und gleichzeitig mit allen Teams in die Tiefe zu gehen. Der Blick ist verstellt, wenn man das Team A über das Team B reden hört. Es ist nahezu unmöglich, sich eine neutrale Position zu erhalten, wenn Team C sich von Team D abgrenzen will und alle gemeinsam über den Abteilungsleiter herziehen.

Wie schnell ein Einzelner zu einer eindimensionalen Betrachtung neigt, zeigt sich immer erst in der Diskussion mit Kollegen. Wenn sich ein Teamleiter als „Trophäe" bezeichnet, hinter der das gesamte Team herrennt, müsste einem Coach eigentlich auffallen, dass an diesem Bild etwas schief ist. Bei einem hohen Stresslevel und bei hoher Identifikation mit dem Team kann der einzelne Coach das Bild fälschlicherweise ganz normal finden.

Die Kollegen aus dem Netzwerk – Hilfe und Herausforderung

Kollegen vor Ort geben dem Prozess mehr Tiefe ...

Die unterschiedlichen Blickwinkel der Kolleginnen und Kollegen sind in diesem Fall einfach hilfreich. Natürlich lässt sich dieser auch über eine Supervisionsgruppe, in Coaching-Gruppentreffen oder in anderen Netzwerken herstellen. Sind die Kollegen aber unmittelbar vor Ort und können die Stimmungen wahrnehmen, gibt das dem Prozess wesentlich mehr Tiefe und Qualität als eine gemeinsame Erörterung, die allein auf der subjektiven Beschreibung des involvierten Coaches basiert. Dies gilt natürlich erst recht für den Blick auf das ganze System durch eine – nämlich seine – einzige Brille.

... und erhöhen die Gefahr von Grundsatz-diskussionen.

Natürlich hat die Vielfalt auch ihre Tücken. Die Gefahr, sich schnell mit zwei, drei anderen Trainern in Detailfragen oder in Grundsatz-diskussionen zu verstricken, ist groß. Umso wichtiger ist es, dass einer alle Fäden in der Hand behält und die Aktivitäten koordiniert und vorantreibt.

Um in einem solchen Projekt die Kollegen als Quereinsteiger mit ins Boot zu holen, muss man sie wirklich gut kennen und darauf vertrauen können, dass sie den Prozess-Owner auch als solchen

226

anerkennen. Sonst wächst die Gefahr, dass die Neuen im Projekt alles in Frage stellen und zu einem komplett neuen Ansatz finden wollen. Die Teams empfinden eine derartige Situation zu Recht als Zumutung – mit der Folge, dass man sich als Initiator des Prozesses schnell auf der Abschussliste wiederfindet. Die Botschaft, die bei einem Kurswechsel wahrgenommen wird, lautet schlicht: „Bisher war alles Quatsch." Hegt der Coach daher größere Zweifel, ob sich die Kollegen auf den bisherigen Prozess einlassen können, so ist es ratsam, andere Kollegen mit ins Boot zu holen. Denn der Prozess-Owner steht immer schlecht da, wenn sich seine Kollegen auf seine Kosten profilieren. Da spielt es auch keine Rolle, dass dies ohne böse Absicht geschieht, sondern einfach aus dem Willen heraus, gute Arbeit zu leisten.

Grundsatz:
Als Prozess-Owner
behalten Sie die Fäden
in der Hand!

Sich mit kompetenten Kollegen auseinanderzusetzen heißt, Zeit in Diskussionen zu investieren. Aus dem Schnellboot der Ein-Mann-Show wird dann ein Tanker mit vielen Individualisten – und damit ein Problem, wenn schnelle Entscheidungen gefragt sind. Umso wichtiger ist es, dass der Prozess-Owner sich auch gegen andere Meinungen durchsetzen kann und rechtzeitig einen Schlussstrich zieht, bevor die Stimmung zwischen den Kollegen kippt.

Tipp: Es empfiehlt sich, in anspruchsvollen und arbeitsintensiven Projekten die Kollegen möglichst früh mit ins Boot zu holen und dabei ganz klar den Prozess zu steuern. Je später die Unterstützung kommt, desto schwieriger wird es, die verschiedenen Ansichten über das „Wie" und das „Was" zu integrieren.

(Selbst-)Reflexion des Coaches

Der Coach war am Anfang sehr dankbar für den anderen Blick auf die Situation, für die Ideen und Vorschläge der Kollegen. Sobald aber das gesamte eigene Konzept in Frage gestellt wurde, konnte das schon zu hitzigen Diskussionen führen. Ihm war es dabei immer wieder schwer gefallen, Offenheit zuzulassen und gleichzeitig eine klare Grenze zu ziehen. „Leute, bis hierher gehe ich mit und der Rest bleibt wie er ist, denn ich stehe für das bisherige Konzept gerade." Ein solchermaßen autoritärer Ton kommt bei den Kollegen nicht immer gut an. Manchmal braucht es aber klare Worte, um

Endlosdiskussionen zu beenden. Wenn die anderen sich dann aber nicht mit der Sache identifizieren und die Arbeit darunter leidet, fällt es schwer, gelassen und sachlich zu bleiben. „Ich schätze meine Kollegen sehr, aber sie können auch ganz schöne Nervensägen sein. Ich brauche in der Arbeit mit anderen vor allem das Gefühl, dass ich mich 100-prozentig auf sie verlassen kann – auch wenn sie von meinem Ansatz nicht völlig überzeugt sind. Ist das nicht gegeben, dann wird die Zusammenarbeit nicht nur ein Krampf, sondern auch ein Kampf!" So die Einschätzung unseres Coaches.

Supervision als Unterstützung für den Coach

Steckt der Trainer in schwierigen gruppendynamischen Prozessen mit den Teams und den Kollegen, dann ist neutrale Unterstützung angesagt. In diesem Fall empfiehlt sich eine Supervisionsgruppe oder auch ein Einzelcoaching für den Coach, um die eigenen Fragen zu beantworten.

Peergroups im Rahmen von Coaching-Ausbildungen nutzen

Oft entstehen solche Supervisionsgruppen im Rahmen von Coach-Ausbildungen. Die ehemaligen Teilnehmer coachen sich gegenseitig über lange Zeit und profitieren dadurch beruflich und privat von diesen Peergroups. Diese Art der kollegialen Beratung hat den Vorteil, die erlernten Methoden kontinuierlich anzuwenden, zu diskutieren und auf die eigenen Bedürfnisse abzustimmen. Sich zu eigenen Themen coachen zu lassen bringt einen persönlich, methodisch und beruflich weiter.

Wenn Ihnen das Heft aus der Hand gleitet ...

Ein Einzelcoaching ist bei sehr tief greifenden Prozessen sinnvoll. Bei emotional besonders belastenden Fragestellungen kann auch eine therapeutische Behandlung hilfreich sein. Spätestens, wenn Sie als Prozess-Owner das Heft nicht in der Hand behalten können und sich von den Kollegen immer wieder in Endlosdiskussionen verstricken lassen, ist es höchste Zeit, sich mit der Frage zu beschäftigen: „Was hindert mich daran und was brauche ich, um den Lead wirklich übernehmen zu können?" Findet in dieser Frage keine Klärung statt, sitzen nicht nur die Kollegen fest, sondern auch die zu coachenden Teams und Teamleiter.

In unserem Beispiel erwies sich das Coaching in der Supervisionsgruppe als ausreichend, um herauszufinden, warum der Coach Schwierigkeiten hatte, die Kollegen ins Boot zu holen und das

Steuer in der Hand zu behalten. Der Gewinn an eigener Klarheit brachte schließlich auch Klarheit in den Auftrag und in die Verteilung der Aufgaben.

Die Übergabe von Aufgaben – der Blick des Coaches

In unserem Fall sah es der Auftraggeber gar nicht gern, dass die Teams von einem anderen Coach begleitet werden sollten. Auch aus den Teams war Ablehnung zu spüren. Eine schwierige Entscheidung stand an. Sollte der Coach verbindlich in seiner Zusage und somit bei den Teams bleiben – auch auf die Gefahr hin, dass er gegebenenfalls hinter seinem eigenen Leistungsanspruch zurückbleibt und dann doch enttäuscht? Oder sollte er die Teams durch seine Absage enttäuschen und das Teamcoaching – sowie die Früchte daraus – seinen Kollegen überlassen? Damit hätte er zwar seine professionelle Berufsauffassung bewiesen, persönlich aber das Gefühl, versagt zu haben.

Sein Bauchgefühl sagte ihm klar und deutlich: „Du kannst die Teamcoachings nicht abgeben!" Es stellte ihm aber auch deutlich und eindringlich die Frage: „Wie willst du das alles schaffen?"

Die fachlichen Themen abzugeben war leicht; und auch bei den Einzelcoachings fiel ihm die Entscheidung nicht schwer, diese an Kollegen abzugeben – mit Ausnahme des bereits angelaufenen Coachings. Doch die bereits begonnenen Teamcoachings abzugeben, schien ihm unmöglich. Er befürchtete, die Teammitglieder zu enttäuschen, schließlich hatten diese ihn erst für den Auftrag empfohlen. Auf der anderen Seite standen auch andere Aufträge an und er wollte seine übrigen Kunden nicht verlieren.

Zudem zeugte das Gefühl, dass er die Dinge am besten kann, nicht unbedingt von Vertrauen in die Kompetenz der Kollegen. Das spürten diese natürlich auch, woraufhin die Kollegen nun ihrerseits begannen, ihn auf verschiedene Art und Weise in die Enge zu treiben. Sie bewiesen ihm durch Beispiele ihre Kompetenz, sie versuchten ihn zu überreden, mit fachlichen Argumenten zu überzeugen, herauszufinden, wo denn seine Bedenken herkämen. Unfreiwillig wurde er immer wieder ihr Coachee – und entfernte sich dabei immer mehr von seiner Rolle als Prozess-Owner.

Wenn der Coach unfreiwillig zum Coachee wird ...

Zum Glück konnte er in der Supervisionsgruppe die Bedenken, Ängste und Zweifel reflektieren, denn beim Auftraggeber musste jetzt schnell eine Entscheidung getroffen werden. Er beschloss, die Einzelcoachings abzugeben und nur das begonnene weiterzuführen. Die Teamcoachings blieben in seiner Hand. Dafür gab er Aufträge von anderen Kunden an die Kollegen weiter und schuf sich dadurch die notwendigen Zeit- und Kraftressourcen für den aktuellen Auftrag.

Kaum war diese Entscheidung durch- und umgesetzt, stand die nächste Herausforderung an: Seine Doppelrolle als Team- und Einzelcoach führte zu weiteren interessanten Verwicklungen.

„Ist unser Coach noch auf unserer Seite?" – Objektivität, Neutralität und Vertrauen

Die Rückkoppelung eines Einzelcoachings an ein paralleles Teamcoaching ist nicht immer einfach. In unserem Beispiel stand der Coachee offen zu seinem Einzelcoaching und die Teammitglieder wussten, dass er im Einzelcoaching die Themen bearbeitete, die sie an ihm kritisierten. Natürlich war im beruflichen Alltag dann auch immer wieder ein Austesten zu beobachten nach dem Motto: „Hat denn unsere Chefin schon etwas dazugelernt?" Und immer, wenn sie etwas dazugelernt hatte, brachte das Unruhe ins Team. Sobald sie mit Mitarbeitern anders umging als bisher, waren diese davon überzeugt, dass im Einzelcoaching über sie gesprochen wurde. Und da der Einzelcoach in diesem Fall auch der Teamcoach war, entwickelte sich nach und nach ein schleichendes Misstrauen ihm gegenüber.

Der Worst Case: Das Team misstraut dem Coach.

Während der Coachee im Teamcoaching die Gewissheit hatte, dass sein Coach nicht über die Themen und Inhalte des Einzelcoachings sprach, hatte das Team diese Möglichkeit nicht. Und da die Stärkung ihrer Vorgesetzten natürlich für einzelne Teammitglieder Auswirkungen nach sich zog, die sie nicht erwartet hatten, stellten einzelne Teammitglieder die Vertrauensfrage und infizierten damit auch den Rest des Teams.

Ein Misstrauensvotum ist für den Coach ein Worst-Case-Szenario. Natürlich stellte sich das Team nicht in einer Reihe auf und erklärte: „Lieber Coach, wir vertrauen Dir nicht mehr." Nein, das Misstrauen war nur in einzelnen Situationen spürbar, an einzelnen Bemerkungen hörbar und wurde an der Haltung einzelner dem Coach gegenüber deutlich. Der Erfolg des Teamcoachings war akut gefährdet. Doch wie beweist ein Coach seine Loyalität?

Misstrauen äußert sich beiläufig.

(Selbst-)Reflexion des Coaches

Zuerst hielt er diese kleinen Sticheleien lediglich für einen Test, mit dem die Teammitglieder etwas über das Einzelcoaching erfahren wollten. Doch nach und nach wurde ihm immer deutlicher: Hier geht es um Vertrauen.

In der Zwickmühle von Vertraulichkeit und Offenheit

Einzelne Interventionen wie „Ich höre da Ihre Befürchtung raus, dass im Einzelcoaching über einzelne Teammitglieder gesprochen wird" wurden nach dem Motto abgewiegelt: „Natürlich dürfen Sie über uns reden, nur nichts Schlechtes ..." Zudem war es nicht zu leugnen und zwangsläufig unvermeidlich, dass im Einzelcoaching über die Teammitglieder gesprochen wurde. Wie also sollte er deutlich machen, dass dort kein „Ablästern" stattfand, sondern ein wertschätzender Umgang mit Fokus auf die Verhaltensweisen der Vorgesetzten? Diese Beweislast war nicht zu erbringen.

Währenddessen nahm das Vertrauen in den Coach weiter ab. Die Stimmung im gesamten Team verschlechterte sich zusehends. So sah er nur noch eine Möglichkeit, das zu klären: Nicht das Team durfte die Vertrauensfrage stellen, sondern er musste es tun. Offen ausgesprochen, löste diese Frage Erstaunen, Befremden, Empörung und Enttäuschung auf einmal aus. Aber erst dadurch wurde eine offene Diskussion über die Schwierigkeiten möglich, die seine Doppelrolle für alle bedeutete.

Die Befürchtungen des Teams

Viele Befürchtungen, aber kein klarer Anlass

Die Befürchtungen im Team hatten unterschiedliche Ursachen. Während die einen dachten, es könnte ihre berufliche Zukunft vielleicht negativ beeinflussen, fand ein anderer Teil der Gruppe einfach nur die Vorstellung unangenehm, dass überhaupt über sie gesprochen wurde. Der dritte Teil der Gruppe fand zwar einige Veränderungen der Führungskraft gut, stellte sich aber die Frage, ob im Coaching für jeden einzelnen Mitarbeiter eine eigene Strategie für den Umgang entwickelt wurde. Die Fantasien der Gruppe waren sehr kreativ und vielfältig.

Es entstand der Eindruck, dass der Coach auf der Seite der Führungskraft stand und nicht mehr für die Belange des Teams eintrat, obwohl es dazu auf der inhaltlichen Ebene keinen Anlass gab. Als das Team Beispiele für die Parteilichkeit des Coaches aufzählen sollte, wurde dann auch schnell deutlich, dass es keine gab.

Der Coach ging mit der Thematik offensiv um und fragte das Team, ob es für alle angenehmer sei, mit einem anderen Coach zu arbeiten. Diese Frage löste Unsicherheit aus, denn der Prozess war schon fortgeschritten und das Team mit der bisherigen Arbeit zufrieden. Die Vorstellung, mit einem anderen Coach wieder von vorne anzufangen, erschien allen wenig attraktiv. Auf der anderen Seite gab es für die Führungskraft und den Coach auch keine Möglichkeit, die Befürchtungen des Teams zu zerstreuen, ohne die Vertraulichkeit im Einzelcoaching aufzuheben. Aus der Pattsituation schien es keinen Ausweg zu geben.

Die Vertrauensfrage – eine ungewöhnliche Lösung

Das Team fand dennoch gemeinsam mit der Führungskraft und dem Coach eine Lösung. Es wurde eine Vereinbarung getroffen, die festlegte, wie mit Befürchtungen und Differenzen umzugehen ist. Sie lautete:

▶ Differenzen und Befürchtungen sollten in jedem Teamcoaching offen angesprochen und geklärt werden.
▶ Die Führungskraft würde dann dazu Stellung nehmen.
▶ Sollte ein Teammitglied der Meinung sein, das Misstrauen sei nicht ausgeräumt, würde ein neuer Coach gesucht werden.

Vereinbarung vertrauensbildender Spielregeln

Der letzte Punkt dieser Vereinbarung sorgte im Team für heftige Auseinandersetzungen. Denn ein Teil des Teams war der Auffassung, dass die Meinung eines Einzelnen nicht ausschlaggebend sein sollte, um für das ganze Team einen anderen Coach zu engagieren. Schließlich ließen sich aber alle davon überzeugen, dass eine weitere Zusammenarbeit keinen Sinn machte, wenn ein Teammitglied dem Coach nicht vertrauen konnte. Dieses Misstrauen würde sich auf andere übertragen und negative Auswirkungen für den gesamten Prozess haben.

Immerhin hatte diese schwierige Situation einen positiven Nebeneffekt: Allein, dass das Team an diesem Punkt zu einer Einigung kam und dass das Thema Misstrauen offen besprochen werden

Ein wichtiger Entwicklungsschritt

konnte, brachte das Team in seiner Entwicklung einen großen Schritt nach vorne.

Hohes Risiko für den Coach

Seine Arbeit vom Urteil eines Teammitglieds abhängig zu machen bedeutete für den Coach natürlich ein hohes Risiko. Doch schon die Tatsache, dass der Coach dieses Risiko auf sich nahm, erwies sich als vertrauensbildende Maßnahme und sprach in den Augen des Teams für eine Fortsetzung der Zusammenarbeit.

Keine Alternative zu einer klaren Position

Da der Coach seine eigene Verstrickung bei der Organisation und Abwicklung des gesamten Prozesses unterschätzt hatte, musste er sich auf dieses Pokerspiel einlassen. Die Arbeit ohne die Vereinbarung fortzusetzen wäre Energie-, Zeit- und Geldverschwendung geworden. Wollte er weiter mit diesem Kunden auch in anderen Projekten zusammenarbeiten, musste er an dieser Stelle eine klare Position beziehen und bereit sein, aus dem Teamcoaching-Prozess auszusteigen.

Unser Coach ist wieder auf unserer Seite

Die Intervention „Vertrauensfrage" war erfolgreich. Die Stimmung im Team stabilisierte sich zunehmend und der Coach war wieder erwünschter Teil des Entwicklungsprozesses. Kleinere Sticheleien konnten mit Humor erwähnt und gehört werden. Die Bedenken und Befürchtungen dahinter wurden thematisiert und bearbeitet. Die Rückkoppelung der Ergebnisse des Einzelcoachings in das Team wurde vom Vorgesetzten in Absprache mit dem Coach geleistet. Die Teamleiterin schilderte den Teammitgliedern die Arbeit mit ihrem inneren Team in Bezug auf die teamrelevanten Themen.

Rückkopplung des Einzelcoachings in das Team durch den Coachee

Die geforderte Neutralität des Coaches war aus Sicht des Teams wieder erreicht. Dadurch konnte der Teamentwicklungsprozess weitergehen. Die erzielten Erfolge stabilisierten ebenfalls das Vertrauensverhältnis zwischen allen Beteiligten. Das Team sah nun auch Vorteile in der Personalunion. „Der Coach kennt die Chefin, der Coach kennt uns und er weiß, wo es brennt." Ein neuer Coach stand nicht mehr zur Debatte.

Reflexion des Coaches

Zur Erleichterung des Coaches fiel die Entscheidung des Teams zu seinen Gunsten aus. Zum einen war das natürlich ein persönlicher Erfolg – er war vertrauenswürdig. Zum anderen war er natürlich auch erleichtert, dass er im Unternehmen sein Gesicht, seine Position und nicht zuletzt seine Kompetenz als Coach und Trainer bewahren konnte.

Was hätten die anderen Teams dazu gesagt? Was wäre aus den noch anstehenden Trainings geworden, wenn er als Coach das Vertrauen des Teams verloren hätte? Zum Glück hatten sich die Dinge positiv entwickelt.

Die „Lessons learned" daraus

> ▶ Teamcoach und Coach in Personalunion zu sein ist äußerst konflikträchtig.
> ▶ Die Vertrauensbasis für die Coachings muss immer wieder neu überprüft werden.
> ▶ Die Rückkoppelung und Anbindung eines Einzelcoachings im Rahmen eines Teamcoachings ist entscheidend für den Erfolg beider Prozesse.
> ▶ Die Offenheit des Coaches gegenüber allen Beteiligten ist Grundlage dieses Vertrauens.
> ▶ Bereits der Anschein von Parteilichkeit gefährdet die weitere Zusammenarbeit.
> ▶ Der Coach braucht in dieser Situation selbst ein Coaching, nur so gelingt es ihm, all die Nuancen in den Stimmungen der Beteiligten wahrzunehmen und professionell darauf zu reagieren.
> ▶ Netzwerke und die fachliche Unterstützung der Kollegen sind für den Erfolg des gesamten Prozesses unabdingbar.
> ▶ Komplexität verstellt dann den Blick, wenn der distanzierte Blick verloren geht.
> ▶ Distanz ermöglicht einen systematischen Blick aufs System und kann nur mit Unterstützung der Kollegen erreicht werden.

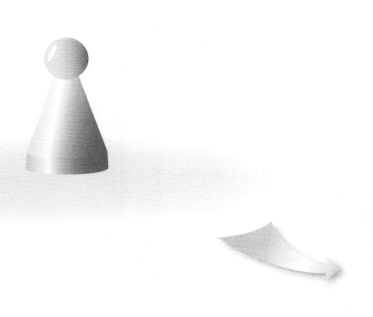

Ein komplettes Prozessbeispiel

Coaching eines Führungsteams aus der Automobil-Industrie

Nachdem die einzelnen Facetten im Teamcoaching beschrieben sind, soll in diesem abschließenden Praxisbeispiel ein kompletter Prozess dargestellt werden. Das Beispiel zeigt Ihnen verschiedene Möglichkeiten und Ansätze auf, die Sie als Teamcoach einsetzen können. Es würde ein weiteres Buch füllen, die genauen „Wies?" und „Warums?" zu klären. Jeder einzelne Prozessschritt wird aber mit einer groben Umfeldbeschreibung sowie einer Coachreflexion erläutert, damit Sie die zentralen Problemstellungen und Meilensteine nachvollziehen können.

Der gesamte Teamprozess wird – je nachdem, wann Sie diese Zeilen lesen – vielleicht immer noch laufen; ein Gesamtprozess, bei dem es Höhen und Tiefen gab, der sich durch hohe Leistungsanforderungen an das Team und dessen Mitglieder, aber auch durch hohe Teamfluktuation zu Beginn bis hin zu Kontinuität und Beständigkeit in Alltagsroutinen und Teamzugehörigkeit auszeichnete. Der Zeitraum dieser Betrachtung erstreckt sich über mehr als fünf Jahre.

Ein Teamprozess von fünf Jahren

Allen Budgetverantwortlichen, die bei dieser Zahl vielleicht leichte Zuckungen bekommen, sei jedoch gesagt, dass der Teamcoach-Einsatz die Firma bei weitem nicht in rote Zahlen oder gar in den Ruin getrieben hat. Vielmehr ist das Gegenteil ist der Fall. In einer Reflexionseinheit stellte der Teamleiter selbstkritisch fest, dass gerade die Phasen, in denen er sich und sein Team unreflektiert managte, letztlich die teuersten, da konfliktträchtigsten und somit unproduktivsten waren. Dies soll im Umkehrschluss natürlich nicht heißen, dass jedes ungecoachte Team unproduktiv ist. Die Schlussfolgerung lautet aber: Sinnvoll eingesetztes Teamcoaching rechnet sich auch langfristig.

Damit zurück zu unserem Praxisfall. Die Teamcoaching-Geschichte besteht aus sechs Phasen:

1. Teamaufbau und -entwicklung
2. Aufbau des Teams /Integration in den Arbeitsalltag
3. Führung, Management & Leadership
4. Unangenehmes Ansprechen
5. Konflikte
6. Ein neues Team beginnt ...

Beginnen wir mit der

1. Phase: Teamaufbau und -entwicklung

Kontakt & Rahmenbedingungen

„... mit Klüngel hät dat nix ze donn, ever besser is et, wenn mer eener kennt ..."* Dieses Zitat aus einem BAP-Song soll darauf hinweisen, dass es auch für einen Teamcoach immer gut ist, gute Kontakte zu haben. Und über einen solch guten Kontakt kam dann auch der Teamcoaching-Auftrag zustande. Aufgabe war es, ein noch in der Entstehung befindliches Führungsteam eines Automotive-Werkes mit direkter Anbindung an den Autohersteller zu entwickeln. Der Auftrag hatte seinen besonderen Reiz, da sich sogar das Werk selbst (Mauern, Maschinen etc.) noch im Aufbau befand; in der Automobilindustrie keine Seltenheit, aber immer eine große Herausforderung. Das Führungsteam bestand aus acht Personen inkl. Teamleiter, die gemeinsam das gesamte Werk leiten sollten. Eine wesentliche Rahmenbedingung bestand darin, bereits eingestellte Mitarbeiter dieser zum Teil noch nicht nominierten Führungsteammitglieder zu integrieren.

Team und Werk im Aufbau

Die Analyse

... fiel äußerst mager aus, da die einzigen verfügbaren Ansprechpartner der Teamleiter (Werkleiter) sowie ein Human-Resources-Direktor aus dem Personalbereich waren und diese auch nur sehr wenig über die neuen Teammitglieder sagen konnten. Zum Zeitpunkt der Analyse lief die Bewerbungsphase noch, so dass erst die

---

* Klüngel (kölsch): ein System auf Gegenseitigkeit beruhender Hilfeleistungen und Gefälligkeiten

Hälfte der Teammitglieder tatsächlich bekannt war. So konnten zunächst einmal nur Ziele für ein Entwicklungsseminar festgelegt werden. Diese Teamziele waren:

▶ Kennenlernen der Teammitglieder
▶ Erkennen der Führungsfähigkeiten und der informellen Führer
▶ Schaffen einer arbeitsfähigen Beziehung
▶ Bereitschaft für die Integration der ersten 35 Mitarbeiter erzeugen
▶ Integration der ersten 35 Mitarbeiter

Neben der Abfrage der Ziele wurden auch die Rahmenbedingungen analysiert. Die Beteiligten beschrieben diese als unkomfortabel (Arbeitsplätze in Containern, Durchzug von Luft und Kälte, Baulärm), unstrukturiert (Prozesse, die zum größten Teil noch nicht vorhanden waren) und extrem instabil (Anforderungen, die sich täglich änderten und „Brandherde", die plötzlich und unerwartet auftauchten). Alle beklagten den enormen Zeitdruck. Dieses Szenario stellte sich im späteren Verlauf noch als untertrieben heraus.

Schwierige Arbeitsbedingungen

Das Konzept
▶ Teil 1: Ein Outdoor-Teamtraining zur Teambildung – 2,5 Tage
Da sich in diesem Training auch die äußeren Rahmenbedingungen widerspiegeln sollten, wurde bewusst eine Hüttenlandschaft mit einfachen Hütten ohne Heizung und einem halboffenen „Seminarraum" gewählt. Inhaltlich sollte das Training auf der Verhaltensebene ansetzen, wobei vor allem das Kennenlernen des Verhaltens der einzelnen Teammitglieder im Vordergrund stand. So diente letztlich auch die Selbstverpflegung des Teams diesem Zweck. In den zweieinhalb Tagen sollten über reflektierte Übungen typische Handlungsweisen aufgezeigt und diese auf die bevorstehenden beruflichen Herausforderungen hin abgeglichen werden. Die letzte Phase des Trainings war der Vorbereitung auf die Ankunft der künftigen Mitarbeiter vorbehalten.

Gegenseitiges Kennenlernen der Handlungs- und Verhaltensweisen

▶ Teil 2: Die Integration der ersten 35 Mitarbeiter – 2,5 Tage
Hierbei stand die didaktische Überlegung im Vordergrund, nach dem „Welcome" der neuen Mitarbeiter dem Führungsteam selbst die Rolle der Trainer und Beobachter der Outdoor-Übungen zu übertragen. Die Mitglieder des Führungsteams sollten nach der Übung (mit Coach-Unterstützung) den Ablauf eigenständig reflektieren und

Das Führungsteam übernimmt die Trainingsaufgabe.

sich so bereits als künftige Führungskraft etablieren. Da sie vorher die gleichen Übungen gemacht hatten, konnten sie nunmehr ihre eigenen Erfahrungen einfließen lassen.

Umsetzung/Methoden

Mit folgendem Konzept sollten diese Ziele erreicht werden:

1. Tag
- ▶ Ankunft/Begrüßung/Ziele
- ▶ Übung „Seilbrücke"
- ▶ Gruppenarbeit zum Praxistransfer
- ▶ Selbst zubereitetes Abendessen

2. Tag
- ▶ Frühstück
- ▶ Übung „Abseilen" (Einführung, Durchführung, Kurzanalyse)
- ▶ Mittag
- ▶ Übung „Seilquadrat" (Einführung, Durchführung, Kurzanalyse)
- ▶ Gesamtreflexion und Praxistransfer

3. Tag
- ▶ Einstimmung auf die neuen Mitarbeiter (Wie wollen wir sie empfangen?)
- ▶ Vorbereitung der Aktivitäten (Kochen, Umfeldgestaltung, Begrüßung)
- ▶ Integration der Neuankömmlinge

Reflexion des Führungsverhaltens

Da sich die beiden Abläufe von Teil 1 und Teil 2 stark ähnelten, fand die Differenzierung zwischen den beiden Teilen in den Analysen statt. Für das Führungsteam diente Teil 1 als Teamentwicklungsmaßnahme. Entsprechend standen die Themen Reflexion von persönlichem Verhalten (= Kennenlernen dieses Verhaltens durch diese Reflexion) mit dem speziellen Fokus auf das Verhalten in der Zusammenarbeit sowie auf das Führungsverhalten im Vordergrund. Da das Führungsteam auch in der Implementierung neuer Prozesse im Sinne eines intensiven Problem-Managements stark gefordert war, wurde dies an zweiter Stelle analysiert.

Integration der neuen Mitarbeiter

Im 2. Teil lag der Schwerpunkt auf der Integration. So wurden die Neuankömmlinge vom Führungsteam mit einem selbst gemachten Essen (auf hohem Niveau) begrüßt. Danach ging es in die Übungen, wobei die Führungsteammitglieder ihren Mitarbeitern Feedback gaben (der Teamcoach stand als Ratgeber zur Seite) und damit ihre persönliche Art und Weise der zukünftigen Führung zu erkennen gaben. Die Hauptaspekte der Reflexion konzentrierten sich hier auf die Zusammenarbeit und gegenseitige Unterstützung. Im Anschluss daran kam auch das Führungsteam selbst nochmals zusammen, um über ihre Reflexion zu reflektieren. So konnte von Mal zu Mal eine Verbesserung des Reflexionsverhaltens erzielt werden.

Überprüfung/Controlling des Seminars

Das Controlling der Maßnahme erfolgte über das Feedback in mehreren intensiven Gesprächen mit Teamleiter und HR-Direktor, auch via Telefon. Analyse-Instrumente wurden von den Beteiligten in dieser Phase als unangebracht, neutrale Feedbackbögen als nicht vertrauensbildend angesehen. Vielmehr sollte das einzelne Gespräch mit den Mitarbeitern das Feedback persönlich und damit integrativ gestalten.

Reflexion des Coaches

Das ursprünglich auf der reinen Verhaltensebene geplante Training ging durch die intensive Reflexion seitens des Teamleiters (zugleich Werkleiter) darüber hinaus. Seine Wertevorstellungen wurden von ihm sehr deutlich kommuniziert, was in dieser frühen Phase der Unstrukturiertheit für die Mitarbeiter eine klare Orientierung bedeutete. Sein leicht autoritäres Vorgehen wurde ihm hier (noch – siehe Phase 2) nicht nachgetragen, sondern wirkte eher vertrauensbildend, da es Perspektiven aufzeigte.

Der Teamleiter gibt die Linie vor.

Trotz widrigster Wetter- und Umweltbedingungen (Kälte, Regen, kein geschlossener Aufenthaltsraum, Schlafen mit bis zu sieben Personen in unbeheizten Hütten) wurden den Teilnehmern Sinn und Intention der Maßnahme sehr schnell klar. Auch Jahre später hatten noch viele der Teilnehmer intensive Erinnerungen an das Training und es prägte nachhaltig die Zusammenarbeit des Teams.

Die Reflexionen – passiv wie aktiv – bewirkten bei den Führungsteammitgliedern, dass die erste Stufe der Teamentwicklung schnell angegangen werden konnte. Die Bewältigung der gemeinsamen Herausforderungen hatte zusammengeschweißt.

2. Phase: Aufbau des Teams/Integration in den Arbeitsalltag (wenige Wochen später)

Kontakt

Auch wenn bei diesem Teamcoaching nie ein expliziter Coaching-Vertrag zustande kam, so wurde durch den engen Kontakt zum Teamleiter und einigen der Teammitglieder spätestens in dieser Phase die Rolle vom Teamtrainer zum Teamcoach vollzogen und anerkannt. Dazu trug nicht zuletzt das angemessene Kontaktverhalten des Coaches bei. Es war nicht so eng, dass der Teamcoach Teil von Alltagsprozessen wurde, aber auch nicht so sporadisch, dass eine umfangreiche Teamanalyse erforderlich wurde. Der ausschlaggebende Ansprechpartner und Entscheider für den Teamcoach war in dieser Phase der Teamleiter. Mit ihm wurde ein- bis zweimal wöchentlich über das Team und dessen Entwicklung gesprochen.

Der Teamleiter wird zum zentralen Ansprechpartner des Coaches.

Coaching des Führungsteams

▶ **Die Rahmenbedingungen:** Das Team befand sich nun bereits in ersten geordneten Abläufen. Regelmäßige Teammeetings sowie Treffen von Teilen des Teams fanden statt und wurden unreflektiert durchgeführt. Das Führungsteam hatte bereits einen ersten Wechsel hinter sich. Ein Teammitglied hatte – aus privaten Gründen – seinen Vertrag nicht unterschrieben.

▶ **Das Konzept:** Es wurde eine Prozessbegleitung vereinbart, das Führungsteam-Meeting sollte gecoacht werden.

▶ **Umsetzung/Methoden:** Die Meetings des Führungsteams starteten um 13.00 Uhr und dauerten in der Regel ein bis zwei Stunden. Die Reflexion sollte am Schluss erfolgen, um den Ablauf nicht zu unterbrechen. Auch seitens des Coaches waren keine Interventionen vorgesehen.

Reflexion des Coaches

Bedingt durch den starken äußeren Druck und die Dominanz des Teamleiters hatte sich eine Atmosphäre in der Teamsitzung aufgebaut, die nur mit dem Gleichnis des Kaninchens vor der Schlange zu beschreiben war. Wie zum klassischen militärischen Rapport bestellt, erstatteten die einzelnen Teammitglieder Bericht und wurden, da die vom Teamleiter erwartete Leistung bei keinem Teammitglied in Gänze vorlag, einzeln vorgeführt. Bei dem Team führte das dazu, dass jeder zitternd über seine Arbeit berichtete, heilfroh war, wenn der Kelch an ihm vorbei war, um dann gespannt das Gesche-

Zittern vor der Autorität des Teamleiters

hen bei den anderen Teammitgliedern zu beobachten. Es herrschte eine hoch angespannte Prüfungsatmosphäre.

Der Coach intervenierte nicht, um zu sehen, ob sich dieses Verhaltensmuster tatsächlich bei allen Teammitgliedern vollzog. Danach stellte er erst einmal die Arbeits- und damit die Feedback- und Analysefähigkeit der Teammitglieder her. Dies geschah durch die Befragung des Teamleiters, ob und inwieweit er eine Aussage zu dem Verhalten der Teammitglieder machen und auch die Gründe dafür benennen könne. Seine Aussage war zwar durchaus aufschlussreich und diskussionsöffnend, kam jedoch nicht wirklich auf den Punkt. Da von den Teilnehmern (noch) keine Rückmeldung zu erwarten war, startete der Coach mit einer Hypothese, in der er seine oben gemachte Beobachtung schilderte und als Metapher das Kaninchen-Schlangen-Bild anbot. Das gezielte Befragen der selbstbewusster erscheinenden Teammitglieder (Wie fühlten Sie sich in dieser „Kaninchen-Rolle"?) legte dann die individuellen Befindlichkeiten offen, woraufhin dann auch über die ausgelösten Ängste gesprochen werden konnte (*„Ich habe folgende Merkmale* – zitternde Hände, trockener Mund etc. – *bei Ihnen beobachtet, worauf führen Sie das zurück?"*).

Letztlich erbrachte das Feedback, dass der Teamleiter durch seine Verhaltensweise Opposition und Widerstand herausfordern wollte, was für ihn ein Schlüsselmoment zur Akzeptanz seiner Mitarbeiter darstellte. Er wollte ein Team um sich bauen, dass stark und konfrontativ war. Gleichzeitig hatte er wenig Respekt vor angepassten Leuten. So ging der Teamleiter mit der Aufgabe aus dem Meeting heraus, mehr Sensibilität im Umgang mit seinen Mitarbeitern zu zeigen und die Teammitglieder mit dem Wissen, ihren Teamleiter stärker zu konfrontieren. Dies wurde an jeweils zwei bis drei konkreten Beispielen festgemacht, abschließend ein weiterer Termin zur Reflexion dieses Verhaltens vereinbart. Das Meeting endete schließlich gegen 20.00 Uhr.

Der Teamleiter braucht die Konfrontation.

3. Phase: Führung, Management & Leadership

Die Rahmenbedingungen

Es sind rund fünf Monate vergangen. Zwischenzeitlich wurde ein Ziele-Workshop durchgeführt, bei dem die Konzernziele auf die Werksziele und schließlich auf die Ziele für jeden Bereich der einzelnen Teammitglieder heruntergebrochen wurden. Des Weiteren wurde ein Schnittstellen-Seminar mit der nächstniedrigeren Führungsebene durchgeführt. Die angrenzenden Bereiche der einzelnen Teammitglieder wurden so besser miteinander verwoben. Da der Teamcoach über entsprechende Kompetenzen für diese Aufgaben verfügte, konnte er auch diese Workshops mitgestalten. Somit waren in beiden Workshops immer auch Phasen der Teamreflexion enthalten. Erneut wechselte ein Teammitglied, da es den hohen Anforderungen des Teamleiters nicht gewachsen war.

Die Analyse

Problem: Hohe Leistungsbereitschaft, aber wenig Managementerfahrung

Der starke Druck von allen Seiten (Kunden, Konzernvorgaben, Teamleiter, Zulieferer), der auf dem gesamten Team lastete, brachte einige der Mitglieder an ihre Grenzen. Da es sich um ein relativ junges Team handelte, war zwar eine hohe Leistungsbereitschaft vorhanden, jedoch fehlte es an Führungserfahrung. Dabei handelte es sich nicht nur um einen Mangel an Leadership, vielmehr machte auch das Managen von Problemen und der eigenen Abteilungen fast allen Teammitgliedern zu schaffen. Durch den unterschiedlichen Erfahrungs- und Entwicklungsstand gab es auch sehr unterschiedliche persönliche Schwierigkeiten.

Das Konzept

Coaching im Sechs-Augen-Gespräch

Es erfolgte eine gezielte Unterstützung einzelner Teammitglieder, indem individuelle Probleme und Schwierigkeiten im Sechs-Augen-Gespräch zwischen Coach, Teamleiter und Teammitglied analysiert wurden. Diese Konstellation ergab sich automatisch, da der Teamleiter der Mitarbeiterentwicklung einen hohen Stellenwert einräumte und sie zur Chefsache gemacht hatte. Der Teamleiter wurde auf diese Weise auch zum verlängerten Arm des Coaches bei der Beobachtung des Coachee-Verhaltens. Dies war konzeptionell eine wichtige Institution, da bei einem Coachee die Vermutung groß war, dass sein Selbst- und Fremdbild stark voneinander abwichen. Er neigte dazu, Verhaltensweisen als erfolgreich zu betrachten, die jedoch von seinem Umfeld eher als kontraproduktiv angesehen wurden.

Im Rahmen der Einzelcoachings wurden zwischen Coach und Teammitglied die Ziele festgelegt sowie die Eckpunkte der Berichterstattung über diese Einzelarbeit (Vertraulichkeit, Umfang, grobe Schritte, Zeit) vereinbart.

Umsetzung/Methoden

Mit den Teammitgliedern wurden Einzelcoachings vereinbart, wobei in zwei Fällen ein Live-Coaching integriert wurde. Die Zielsetzungen waren sehr unterschiedlich: Erlernen und Umsetzen des Führungsmodells „Situatives Führen", „Entwicklung eines stärkeren Durchsetzungsvermögens", „ein klares und nach außen sicht- und verstehbares Kommunikationsverhalten entwickeln" bis hin zu der – nur auf den ersten Blick – einfachen Zielsetzung, „die tägliche Arbeitszeit von 15 bis 16 Stunden auf ca. neun bis zehn Stunden zu verringern". Ein kleiner Hinweis auf die oben geschilderten Rahmenbedingungen.

Unterschiedlichste Zielsetzungen

Überprüfung/Controlling

Das Sechs-Augen-Gespräch diente zur Überprüfung von Erfolg und Fortschritt der Maßnahmen. Grundsätzlich bestand für jeden der drei Beteiligten immer die Möglichkeit, spontan ein solches Sechs-Augen-Gespräch bei Abstimmungsbedarf einzuberufen. Von dieser Möglichkeit machten die Beteiligten mangels Anlass jedoch keinen Gebrauch, so dass zum Abschluss ein letztmaliges Sechs-Augen-Gespräch durchgeführt wurde.

Reflexion des Coaches

▶ **Coaching-Prozess im Vier-Augen-Gespräch**
Da ein enormer Druck auf den jeweiligen Coachees lastete, empfanden diese die Unterstützung durch den Coach in allen Fällen als zielführend und förderlich. Schon die bloße Möglichkeit, in einem isolierten Raum über die eigene Vorgehensweise zu reflektieren, wurde durch eine große Offenheit und Bereitschaft mitzuarbeiten honoriert.

Die Herausforderung im Coaching bestand nahezu immer darin, Verhaltensweisen zu generieren, die schnell umzusetzen und unter hohem Druck anwendbar waren. Dabei war bei den Coachees keine bis wenig Motivation zu erkennen, proaktiv Druck abzubauen, vielmehr ging es ausschließlich darum, angemessen zu reagieren. An diesem Punkt wurde das Leistungsverständnis des gesamten

Wunsch nach schnell umsetzbaren Verhaltensweisen

jungen Teams deutlich. Kaum einer hatte Erfahrung, mit dem Druck umzugehen, gleichwohl gehörte es zu ihrem Selbstbild eines guten Mitarbeiters, viel zu arbeiten. Zum „Running Gag" avancierte die Bemerkung eines Teammitglieds, das einen Kollegen beim Verlassen des Werkes um 17.30 Uhr fragte, ob er denn einen halben Tag Urlaub hätte.

Ein besonderes Augenmerk lag auf den Commitments und Hausaufgaben zwischen den einzelnen Coaching-Einheiten. Hier zeigte sich, wer tatsächlich intensiv am eigenen Verhalten arbeitete. In dieser Phase bestand das Teamcoaching nahezu ausschließlich aus den hier geschilderten Einzelcoachings. Somit übernahm der Teamcoach beinahe wie selbstverständlich auch das Einzelcoaching. Wie bereits erläutert, ist dies in Einzelfällen sicherlich möglich, sollte jedoch genau bedacht werden. Im vorliegenden Fall stellte sich im Nachhinein die Frage, inwieweit durch das rechtzeitige Trennen der Team- und Einzelcoaching-Prozesse Chancen verpasst wurden. Zumindest ging so eine weitere Sicht auf das Team und dessen Entwicklung verloren (vgl. hierzu Kap. 3.3, Das Einzelcoaching im Teamcoaching-Prozess, S. 122ff.).

▶ **Sechs-Augen-Gespräch**
Das Sechs-Augen-Gespräch gestaltete sich von Beginn an als Lernprozess für Coach und Teamleiter. Beim Start der ersten Einzelcoachings hielt man sich an die „klassische" Vorgehensweise: Coach und Coachee gingen mit der getroffenen Zielsetzung an den Start und arbeiteten bis zum definierten Coaching-Ende. Dies erfuhr eine rasche Wende, als bei einem Teammitglied des Führungsteams eine deutliche Diskrepanz zwischen Selbst- und Fremdbild deutlich wurde. Es handelte sich um die konkrete Umsetzung eines speziellen Führungsverhaltens, das vom Coachee selbst als gut umgesetzt, vom Teamleiter, aber auch von den Mitarbeitern des Coachees als irritierend und unklar erlebt wurde – letztlich sogar als kontraproduktiv. Leider wurde diese Diskrepanz erst zum Schluss des Coachings deutlich. Es war zwischenzeitlich sehr viel Vertrauen zerschlagen worden – zu viel für den Teamleiter.

Nicht jeder Coaching-Prozess verläuft nach Wunsch

Der Teamleiter als Coaching-Beobachter

In der Reflexion zwischen Teamleiter und Coach wurde dann das Sechs-Augen-Gespräch eingeführt, das die Rolle des Teamleiters im Coaching komplett neu definierte. Er bekam – mit dem Coachee vorher abgesprochene – spezielle Beobachtungsaufgaben und wurde so in den laufenden Coaching-Prozess immer wieder integriert.

▶ Live-Coaching

Bei einem der beiden „life" gecoachten Teammitglieder stellte sich schnell heraus, dass dieser das eigene Verhalten wenig selbstkritisch bewertete. Deutlich wurde dies in den Kurz-Feedbacks nach den jeweiligen Beobachtungen. Durch intensive Buchlektüre – und dem Zitieren dieser im Coaching – war es ihm gelungen, das eigene Bild auch vor dem Coach in deutlich positiveres Licht zu rücken, als es tatsächlich der Fall war. Was nun folgte, war eine intensive Aufbereitung dieses „Beschönigungsverhaltens", vor allem durch die Methode der Teile-Arbeit (siehe Kap. 3.3, S. 130 ff.).

4. Phase: Unangenehmes ansprechen

Die Rahmenbedingungen

Zum Ende der Coaching-Phase, nach weiteren fünf Monaten, reduzierte sich das Arbeitsaufkommen des Teams. Auch zeigten die erarbeiteten Führungsansätze Wirkung. Ein neues Thema trat jetzt in den Vordergrund: Das Führen zu führen. Im Führungsteam hatten alle Teammitglieder Mitarbeiter, die wiederum Führungsaufgaben umzusetzen hatten. Es galt nun, Aufgaben herunterzubrechen, Anweisungen zu geben, zu trainieren, zu coachen, zu delegieren. Hiermit vollzog sich auch ein Wandel in den Arbeitsschwerpunkten. Arbeiten auf der reinen Sach- und Fachebene wichen zunehmend der Aufgabe, Mitarbeiter zu motivieren. Prozesse etablierten sich und damit auch Gewohnheiten – der Übergang von der Aufbauphase zur Etablierung von Arbeitsroutinen vollzog sich.

Eine neue Aufgabe: Führungskräfte führen

Die Analyse

Immer häufiger war zu beobachten, dass Anweisungen nicht im gewünschten Maße umgesetzt wurden. Bei der Einzelanalyse der Teammitglieder war dabei festzustellen, dass sehr oft die zwingende Deutlichkeit in der Anweisung fehlte. Es war den Mitarbeitern der Führungsteam-Mitglieder oft nicht klar, welche Wertigkeit und Dringlichkeit hinter der Anweisung stand. Diese Diskrepanz war insbesondere dann zu beobachten, wenn es um „Persönliches" ging, also kritische Verhaltensweisen bzw. konkrete Verhaltensänderungen des Mitarbeiters zur Sprache kamen. Das Bedürfnis, mehr der „Kumpel" sein zu wollen, stand unbewusst der Rolle des Einforderers im Weg. Diese Ergebnisse der Einzelanalyse wurden sowohl in

Das Problem: Anweisungen werden nicht umgesetzt.

jeweiligen Gesprächen der Teammitglieder mit dem Teamleiter als auch mit dem Coach ermittelt.

Das Konzept

Ein Seminar zum Thema „Unangenehmes ansprechen" wurde konzipiert und durchgeführt. Die Inhalte:

▶ Psychologische Kenntnis, warum mir etwas unangenehm ist
▶ Beispiele aus der Praxis (zur Sensibilisierung)
▶ Unangenehmes ansprechen durch ...
  – gegenseitiges intensives Feedback
  – die Methode „heißer Stuhl" (wahrgenommen in Person des Teamleiters)
▶ Übung (bei der Grenzen des Einzelnen aufgezeigt und angesprochen werden müssen)
▶ Spielregeln für „Unangenehmes ansprechen" in den Teammeetings

Umsetzung/Methoden

Der Teamleiter als Sparrings-Partner

Die wichtigste Methode in diesem Seminar war zweifellos der „heiße Stuhl". Dieser bot sich im vorliegenden Fall schon deshalb an, weil die starke Autorität des Teamleiters für alle Teammitglieder eine große Herausforderung – und damit für jeden eine sehr unangenehme Situation – darstellte. Um die Hürde überhaupt nehmen zu können und das Ansprechen bzw. Feedbackgeben dem Teamleiter gegenüber nicht auf der Oberfläche zu belassen, wurde folgendes Setting gewählt:

▶ **1. Inhalte des Feedbacks:** Was ist wirklich wichtig? Was muss unbedingt angesprochen werden? (Das „Wie" ist dabei erst einmal egal.)

▶ **2. Abstimmung der Vorgehensweise:** Das vordringliche Anliegen des Coaches war es, eine Form zu wählen, die klar zum Ausdruck bringt, dass die geäußerten Meinungen vom gesamten Team getragen werden und nicht nur die Einzelmeinung desjenigen darstellen, der gerade vorträgt. Auf diese Weise soll verhindert werden, dass jemand später diese Teammeinung unterläuft. Zum Start des „heißen Stuhls" wurde dies vorab eingefordert und das Team beauftragt, dafür eine Lösung zu finden.

R. Alf-Jähnig, T. Hanke, B. Preuß-Scheuerle: Teamcoaching

▶ **3. Der „heiße Stuhl":** Der Teamleiter setzt sich auf den heißen Stuhl, so dass er vis-a-vis dem Team gegenübersitzt. Dabei ist auf eine gleiche Stuhlhöhe zu achten, um keine optische Machtposition zu schaffen. Anschließend werden die Themen einzeln genannt und der Teamleiter um entsprechende Stellungnahme gebeten. An dieser Stelle war es wichtig, dass oft die Personen wechselten, damit jeder etwas Unangenehmes ansprechen konnte.

Reflexion des Coaches

Das Seminar wurde sehr offen und kritisch angenommen. Die Thematik war für alle Teammitglieder hochaktuell. Auffällig war, dass die Basis für ein Ansprechen unangenehmer Themen nur sehr schwach ausgeprägt war. Das betraf gleichermaßen die eigene Kritikfähigkeit als auch das eigene Unrechtsempfinden. Entsprechend selten kamen diese Themen überhaupt zur Sprache. Im Seminar mussten dann des Öfteren die Auswirkungen dieser Problematik auf das Team und die Ziele des Teams thematisiert werden, um die Sensibilität dafür zu wecken.

Zur mangelnden Kritikfähigkeit kommt fehlendes Unrechtsempfinden.

Mit hoher Spannung wurde natürlich der „heiße Stuhl" erwartet. Die einzelnen Phasen der Vorbereitung entpuppten sich dann auch als stressiger für die Teammitglieder als der „heiße Stuhl" selbst. In dieser Vorphase kamen die Ängste deutlich zum Ausdruck und wurden damit auch besprechbar. Intensiv wurde ausdiskutiert, wer was zu dem Teamleiter sagen sollte. Eindringlich wurde Teamloyalität eingefordert, um nachher mit seinem Statement nicht alleine dazustehen. Hier bestand die Aufgabe des Coaches darin, die Gefühle der Betroffenen zu spiegeln. Der Teamleiter konnte sich in dieser Zeit seinerseits auf den „heißen Stuhl" vorbereiten, wobei ihm der Coach für Fragen zur Verfügung stand.

Die eigentliche Phase des „heißen Stuhls" entpuppte sich dann als eher harmlos. Durch die intensive Diskussion im Vorfeld waren die Fragen und Argumentationen so ausgereift und überlegt, dass dem Teamleiter quasi nur ein rhetorisches Abnicken blieb. Aber auch der Teamleiter hatte sich seine Situation im Vorfeld deutlich schlimmer vorgestellt. Die Themen waren durch die Vorbereitung auf beiden Seiten scharf, aber auch wertschätzend formuliert worden. Der Teamwert „Fairness" sorgte dafür, dass diese Atmosphäre entstehen konnte. Dies wurde abschließend vom Teamcoach reflektiert.

Ein offener, aber auch wertschätzender Umgang

Dass dieser „heiße Stuhl" letztlich aber trotzdem äußerst heiß war, bewies der anschließende Abend an der Bar. Selten wurde so intensiv getrunken.

5. Phase: Konflikte

Die Rahmenbedingungen

Ein neuer Teamleiter – ein konträrer Führungsstil

Rund ein Jahr ging ins Land und in der Zwischenzeit war viel passiert. Der Teamleiter hatte eine neue Herausforderung gesucht und das Team verlassen. Infolgedessen war ein Teammitglied zum Werkleiter und damit zum Teamleiter aufgestiegen. Die Führungsstile des vorherigen und des neuen Teamleiters konnten unterschiedlicher nicht sein. Vom straighten, direkten, häufig autoritären Stil mit deutlichen Ansagen und strikten Entscheidungen des einen hin zum sehr kooperativen, bisweilen „laisser-fairen" Stil mit sanften Ansagen und manchmal ausbleibenden Entscheidungen des anderen. Die Regelmäßigkeit der Führungsteam-Meetings und auch der Teamcoaching-Sitzungen hörte auf. Vor allem die Teamcoaching-Termine wurden, bedingt durch eine neue Prioritätensetzung, bis zu achtmal verschoben.

Die Analyse

Das fehlende Machtwort schafft Beziehungskonflikte und Koalitionen.

Der Wechsel des Teamleiters veranlasste die übrigen Teammitglieder zum Austesten neuer Grenzen. Die neu gewonnene Freiheit in dem Sinne, dass Grenzen im Umgang miteinander nicht mehr deutlich vom Teamleiter eingefordert wurden, führte dazu, dass die Teammitglieder nun ihre Unstimmigkeiten direkt miteinander austragen mussten. Jetzt wurden Beziehungskonflikte deutlich. Eine Art informelle Rangordnung wurde zwar nicht offen ausgelebt, aber zumindest gegeneinander ausgespielt. Das fehlende und bisher stets ausgesprochene Machtwort des Teamleiters zur Klarstellung einer solchen Situation führte nun zu ungeklärten Beziehungen. Als Konsequenz entstanden Bündnisse von einzelnen Teammitgliedern.

Meetings und Coaching-Termine fallen aus.

Die Führungsteam-Meetings als Forum zum Informations- und Beziehungsaustausch wurden nicht mehr regelmäßig durchgeführt. Es herrschte der Glaubenssatz im Team, dass zu diesem der Teamleiter einladen und dieses auch durchführen muss. Keiner aus dem Team übernahm Verantwortung dafür oder forderte gar ein Meeting ein. Gleiches geschah mit den Teamcoaching-Terminen. Bisher regelmäßig vierteljährlich durchgeführt, wurden über ein Jahr lang gesetzte Termine immer wieder verschoben. Die Ursache war eine geänderte Prioritätensetzung des Teamleiters, die er aber – nach eigener Aussage rund ein Jahr später – als Fehleinschätzung erkannte. Externe Anforderungen an seine Rolle hatten seinen Blick eher nach außen als nach innen gerichtet. Inzwischen erreichten die Konflikte die 3. Eskalationsstufe nach dem Konfliktstufenmodell von Friedrich Glasl (vgl. S. 147/148). Weder dem Teamleiter noch den betroffenen Teammitgliedern war es jedoch möglich, diesen Konflikt selbst zu lösen.

Der Konflikt eskaliert ...

Konzept und Umsetzung

Nachdem man sich endlich auf ein Treffen geeinigt hatte, sollte in einem 4er-Gespräch mit den Betroffenen eine Einigung unter Hinzuziehen des Teamcoaches erzielt werden. Das Wort „Mediation" fiel seitens der Betroffenen zu diesem Zeitpunkt noch nicht, da man sich über die Dimension des Konfliktes nicht bewusst war. In diesem Gespräch konnte dann auch keine tief gehende Einigung erzielt werden. Die Verhärtung der Fronten war bereits sehr groß und das anberaumte Zeitfenster im Vorfeld eines Workshops wiederum sehr klein. Die getroffenen Spielregeln und Absprachen erwiesen sich als nicht nachhaltig und tragfähig. Wiederum zogen drei Monate ins Land, in denen das alte Dilemma der Priorisierung des Teamleiters eine weitere Zusammenkunft zur Bearbeitung des Konflikts verhinderte.

In der kritischen Überprüfung seiner eigenen Rolle zog dann der Teamcoach, der durch diese Verhaltensweise zur Ohnmacht gezwungen war, selbst die Notbremse – in Form einer Intervention. Er kündigte, in Absprache mit dem Teamleiter, eine Darstellung der Teamsituation anlässlich eines Führungsteam-Meetings an. Zu diesem Zweck führte er im Vorfeld Einzelgespräche mit jedem Teammitglied. Bei der gewählten Darstellung handelte es sich um eine visuelle Aufstellung mittels PowerPoint, in der alle Teammitglieder, einschließlich des Teamleiters, in Beziehungsform positioniert wurden. Auch die Konfliktbetroffenheit und die Koalitionen wurden dargestellt. Da es sich um eine systemische Darstellung handelte, wurden dabei auch Auswirkungen auf andere Systeme (Meister, Betriebsrat etc.) deutlich.

... und der Coach interveniert.

Betroffenheit und Bereitschaft, sich dem Problem zu stellen

Die Wirkung dieser Konfrontation war groß, ebenso die Betroffenheit unter den Beteiligten. Im anschließenden Einzelblitzlicht identifizierten sich alle Teammitglieder (nach einer Feinjustierung) mit dieser Aufstellung. Die Notwendigkeit eines Austauschs untereinander wurde mehr als deutlich. Team und Coach einigten sich auf ein Seminar mit den Zielen:

► Emotionen besprechbar machen
► Austausch auf der Werte-Ebene: Was hat sich verändert?
► Dezidiertes Feedback mit Ansätzen zur Verbesserung
► Ausblick auf die künftige Entwicklung zur Bewältigung der Herausforderungen

Es dauerte zwar wiederum über sechs Wochen bis zur Durchführung, jedoch waren alle Teilnehmer immer noch hoch sensibilisiert. Es kam zu einem individuellen Feedback für jedes Teammitglied, bei dem künftige Verhaltenswünsche und -möglichkeiten visualisiert und (vgl. Kap. 2.8, Kein Teamcoaching ohne Überprüfung/Evaluation, S. 100ff.) als Commitment definiert wurden – inklusive der Aufgabe, dieses beim nächsten Treffen zu überprüfen.

Reflexion des Coaches

An dieser Stelle möchten wir uns auf die „eigenmächtige" Intervention des Coaches konzentrieren: ein nicht alltägliches Vorgehen, das bei einem Fehlschlag sicherlich den Auftragsverlust zur Folge gehabt hätte. Gleichzeitig war gerade dieser Auftrag unklar geworden. Was war passiert? Trotz einer guten persönlichen Beziehung zwischen Teamleiter und Teamcoach war die Arbeitsbeziehung abgebrochen. Die fehlende stringente Einforderung aller (führungs-)teamrelevanten Belange seitens des Teamleiters ließ eine Laisser-faire-Führung entstehen. Es fehlte der nötige Veränderungsdruck. Das Team fühlte sich in seinen Belangen alleingelassen.

Fehlender Veränderungsdruck und Laisser-faire-Führung

Die Konfrontation als letzter Ausweg

Auch der Teamcoach fühlte sich bald nicht mehr ernst genommen und geriet in eine Zwickmühle. Er sah das wachsende Dilemma des Teams und wurde zunehmend zu dessen „Sorgentante", jedoch waren ihm die Hände gebunden. In dieser Rolle war kein Teamcoaching aus einer neutralen und unabhängigen Position heraus möglich. Es gibt für den Teamcoach in einer solchen Situation letztlich nur diesen Ausweg: Konfrontation, Rollenklarheit (wieder-)herstellen und eine Entscheidung im Sinne von „Ganz oder gar nicht!"

herbeiführen. In diesem Fall wurde die „Pistole auf der Brust" von Team und Teamleiter durch eine Einzelanalyse eingeleitet. Darin sollten noch einmal alle Argumente für eine Weiterführung des Prozesses recherchiert werden. Gleichzeitig diente diese Analyse dem Coach zur Absicherung seiner Entscheidung.

Man mag hier streiten, ob es dem Teamcoach an dieser Stelle zustand, ohne eigentlichen Auftrag zu handeln und zu konfrontieren. Letztlich übernahm er damit eine Führungsaufgabe, die eigentlich dem Vorgesetzten des Team- bzw. Werkleiters zusteht. Dieser war jedoch so weit vom „Tatort" entfernt, dass ihm der gesamte Teamprozess – bis heute – unbekannt ist. Daher sind wir in diesem Fall der Meinung, dass die Mittel das Ergebnis rechtfertigten: Der Konflikt wurde so offen- und damit zur Bearbeitung freigelegt.

Grenzwertig: Aktiv werden ohne Auftrag

6. Phase: Ein neues Team beginnt ...

Die Rahmenbedingungen

Auch wenn dieses Führungsteam gerade noch einmal die Kurve gekriegt hatte, so war doch eine Menge Porzellan zerschlagen worden, das für drei Teammitglieder nicht mehr zu kitten war. Sie verließen sukzessive das Team. Gleichzeitig sollte ein weiteres Teammitglied in einem anderen Bereich für Entlastung sorgen, was letztlich eine personelle Veränderung des Teams von 50 Prozent bedeutete. Mit dem Ausscheiden der alten Teammitglieder verloren allerdings auch die bisherigen Konflikte an Bedeutung.

Eine neue Situation: Die Hälfte des Teams wechselt.

Die Möglichkeit – und letztlich auch die Erfordernis –, noch einmal neu in der Teamentwicklung zu starten, wurde nach den Erfahrungen, die natürlich auch bei den dabei gebliebenen Teammitgliedern ihre Spuren hinterlassen hatten, für gutgeheißen und unterstützt.

Als Voraussetzung für eine nun erfolgreiche Teamentwicklung stellte der Teamcoach ein Fünf-Stufen-Programm vor, mit dem zum einen das Team in die Lage versetzt werden sollte, den Anlauf eines neuen Auto-Modells zu bewältigen, zum anderen sollte das Programm die Nachhaltigkeit im Teamentwicklungsprozess sicherstellen.

Das Konzept/die jeweiligen Ziele:

1. **Schritt:** Öffnung des Teams, Kennenlernen der Teammitglieder, Teamanalyse

Maßnahme – Seminar

2. **Schritt:** Klarheit über Potenziale, Stärken, Schwächen, Glaubenssätze, Führung (gemeinsames Verständnis)

Maßnahme – Seminar

3. **Schritt:** Abgleich/Konfrontation im Arbeitsalltag

Maßnahmen – Prozessbegleitung
– Live-Coaching

4. **Schritt:** Klarheit über Werte, Umgang mit Emotionen und emotionaler Intelligenz

Maßnahme – Seminar

5. **Schritt:** Öffnung zu und Umgang mit anderen Gruppen (extern), gefühlsmäßige Teamidentität

Maßnahme – Seminar

Die Umsetzung soll im Rhythmus von zwei bis drei Monaten geschehen.

Vielleicht hat das beschriebene Team zum Zeitpunkt, an dem Sie diese Zeilen lesen, sogar schon alle Schritte umgesetzt. Vielleicht sind aber auch ganz andere Themen plötzlich in den Fokus gerückt – wer weiß? Was auch immer Sie sich bei dem Lesen dieses Beispieles und aller Zeilen zum Teamcoaching generell gedacht haben, es ist jedenfalls deutlich zu erkennen, dass die Arbeit eines Teamcoaches nie langweilig wird.

Anhang

Literaturverzeichnis

Literatur zu den Themen Team & Coaching:

Wilhelm Backhausen, Jean-Paul Thommen: Coaching. Durch systemisches Denken zur innovativen Personalentwicklung. Gabler, 2. Auflage Wiesbaden 2004

Gabriele & Klaus Birker: Teamentwicklung und Konfliktmanagment. Effizienzsteigerung durch Kooperation. Cornelsen, Berlin 2001

Marius Born, Stefan Eiselin: Teams – Chancen und Gefahren, Hans Huber, Bern 1996

Gerhard Comelli: „Anlässe und Ziele von Teamentwicklungsprozessen" in: Stumpf, Siegfried & Thomas, Alexander (Hrsg.): Teamarbeit und Teamentwicklung. Hogrefe, Göttingen, Bern, Toronto, Seattle 2003

Ingeborg & Thomas Dietz: Selbst in Führung. Achtsam die Innenwelt meistern. Jungfermann, Paderborn 2007

Friedrich Glasl: Konfliktmanagement. Ein Handbuch für Führungskräfte, Beraterinnen und Berater. Verlag Freies Geistesleben, Stuttgart 2004

Siegfried Greif, Hans-Jürgen Kurtz: Handbuch Selbstorganisiertes Lernen. Verlag für Angewandte Psychologie, Göttingen 1996

Willy Kriz, Brigitta Nöbauer: Teamkompetenz – Konzepte, Trainingsmethoden, Praxis. Vandenhoerk & Ruprecht, Göttingen 1996

Daniel Meier: Wege zur erfolgreichen Teamentwicklung. Solutions-Surfers®, Basel 2005

Ester Merath: Sozialpsychologische Aspekte bei typischen Störungen im Team. Diplomarbeit am Institut für Angewandte Psychologie und Psychosomatik. Düsseldorf 2004

Christopher Rauen (Hrsg.): Handbuch Coaching. 2. überab. Auflage, Hogrefe, Göttingen, Bern, Toronto, Seattle 2002

Friedemann Schulz von Thun, Johannes Ruppel, Roswitha Stratmann: Miteinander reden, Kommunikationspsychologie für Führungskräfte. Rowohlt TB, Reinbek 2007.

Kristin Zerner: Effektivität und Wirkungsweise von Outdoortrainings: Eine Evaluationsstudie. Rheinische Friedrich Wilhelms-Universität Bonn, 1998

Literatur zum Thema Evaluation

Dave Francis, Don Young: Mehr Erfolg im Team. Windmühle 1998

Mario Gust, Reinhold Weiß: Praxishandbuch Bildungscontrolling. USP 2007

Ingela Jöns, Walter Bungard (Hrsg.): Feedbackinstrumente im Unternehmen. Gabler 2005

Eckhard König, Gerda Volmer: Systemisches Coaching. Beltz 2003

Literatur zum Thema Teamanalyse/-diagnose

R. Meredith Belbin: Management Teams. Heinemann 1981

Eric Berne: Was sagen Sie, nachdem Sie „Guten Tag" gesagt haben? Fischer 2007

Eric Berne: Spiele der Erwachsenen, Psychologie der menschlichen Beziehungen. Rowohlt 2002

Dave Francis, Don Young: Mehr Erfolg im Team. Windmühle 1998

Thomas A. Harris: Ich bin o.k. Du bist o.k. Rowohlt Taschenbuch Verlag 1975

Simone Kauffeld: Teamdiagnose. Hogrefe Verlag für Angewandte Psychologie 2001

Ingela Jöns, Walter Bungard (Hrsg.): Feedbackinstrumente im Unternehmen. Gabler 2005

Quellen

Eine **Übersicht** über die am Markt etablierten **Teamdiagnosever-fahren** liefert das Bildungsportal von managerSeminare (http://www.managerseminare.de/ctr/frontend/knowhow_detailom.html?urlID=153723)

Informationen zur **Belbin-Teamrollenanalyse** sowie zur entspre-chenden Trainerlizenzierung erhalten Sie über Bergander Team- und Führungsentwicklung, Wörrstadt sowie im Internet unter: www.bergander.de

Der Fragebogen und das Testauswertungsprogramm zur **Master Per-sonal Analysis (MPA)** sind über den Hogrefe-Verlag, Testzentrale Göttingen erhältlich, Bestell-Nr. 0126802, 258 Euro (komplett mit umfangreicher Mappe). Kontakt über: www.testzentrale.de

Der **Egogramm-Fragebogen** zur Ermittlung der Anteile der Ich-Zu-stände steht im Internet unter www.transferx.de/Fragebogen_Ego-gramm.pdf zum Download bereit.

Weiterführende Informationen zum **Internal Family System (IFS)** von Richard Schwartz, Ron Kurtz und Halko Weiss sowie zu dessen Einsatz im Coaching erteilen Inge und Thomas Dietz sowie ihre Kollegen vom „Heidelberger Beraterkreis". E-Mail: contact@dietz-training.de

R. Alf-Jähnig, T. Hanke, B. Preuß-Scheuerle: Teamcoaching

Stichwortverzeichnis